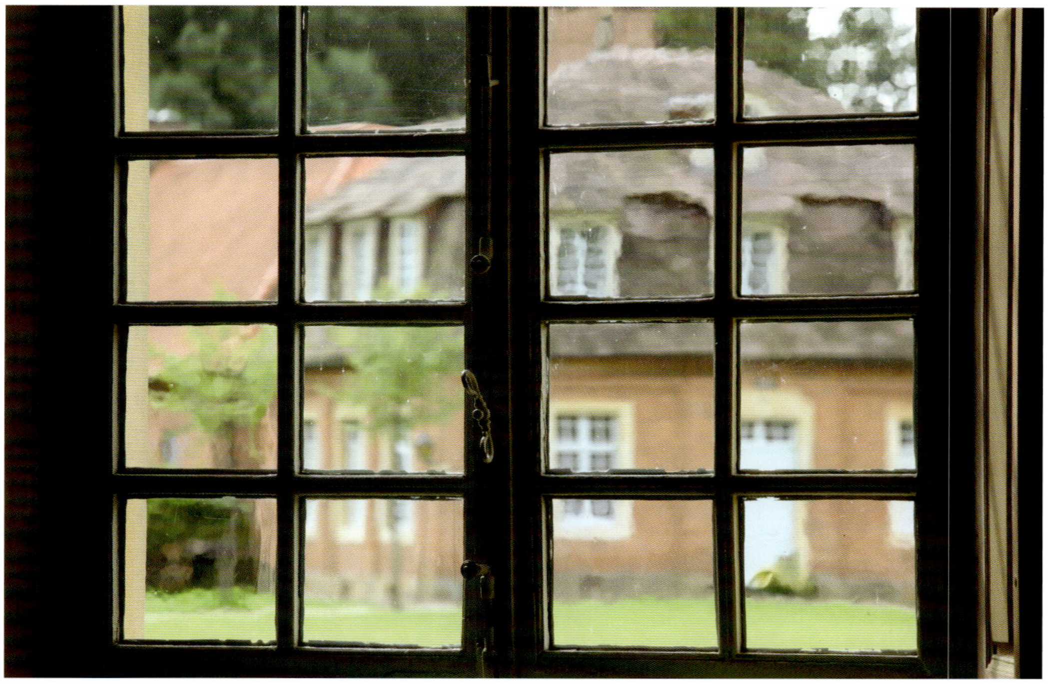

Wilken von Bothmer (Hrsg.)
Jens Beck (Text)
Karl Johaentges (Fotos)

Gärten und Parks
in Niedersachsen

HINSTORFF

Inhalt

7	Vorwort
9	Einleitung

21 Im Zentrum der Macht – Die Gärten der großen Residenzen

25	Celle
28	Braunschweig
29	Wolfenbüttel
33	Oldenburg
33	Hannover

43 Am Rande der Macht – Jagdschlösser, Sommerresidenzen und kleine Großfürsten

43	Bückeburg
46	Rastede
46	Neustadt am Rübenberge
47	Jever
51	Clemenswerth
51	Burg Bentheim
55	Agathenburg

57 Ländliche Gartenkunst – Anlagen der großen adeligen Güter

61	Lütetsburg
61	Destedt
63	Wrisbergholzen
63	Gesmold
69	Eckerde

71 Profane und sakrale Gartenkunst – Amts-, Pfarr- und Klostergärten, Friedhöfe

74	Stift Fischbeck
75	Kloster Medingen
77	Pfarrgarten Beber
79	Haus Altenkamp
81	Hase- und Johannisfriedhof in Osnabrück
85	Jüdische Friedhöfe

87	**Öffentliches Grün** – Kuranlagen, Promenaden und Stadtparks	
87	Bad Pyrmont	
92	Seesen	
94	Göttingen, Wallanlagen	
95	Braunschweig, Wallanlagen	
95	Hannover, Maschpark	
99	Wilhelmshaven, Stadtpark Rüstringen	
101	**Neue Auftraggeber** – Gärten von Fabrikanten und Künstlern	
101	Soltau, Breidings Garten	
104	Goslar, Garten Borchers	
104	Delmenhorst, Gärten der Nordwolle	
107	Rechtenfleth, der Garten von Hermann Allmers	
114	Worpswede, Gärten der Künstler	
114	Jesteburg, Kunststätte Bossard	
117	**Sammelleidenschaft und Naturliebhaberei** – Botanische Gärten und Arboreten	
117	Göttingen, Alter botanischer Garten	
120	Hannover, Berggarten	
121	Melzingen, Arboretum	
122	Hameln, Park auf dem Ohrberg	
125	**Gartenkunst im 20. Jahrhundert** – Neue Außenräume	
125	Hannover, Gärten auf dem EXPO-Gelände	
127	Wolfsburg, Grünanlagen der Autostadt	
131	Osnabrück, Neuer botanischer Garten	
131	Gärten der Ippenburg	
136	Celle, Heilpflanzengarten	
139	**Der Lieblingsgarten des Autors** – Horneburg	

NORDSEE
OSTSEE
Neumünster
Lübeck
Wismar
Cuxhaven
Elbe
Schwerin
Hamburg
Stade
Agathenburg
Horneburg
Bremerhaven
Lütetsburg
Norden
Jever
Wilhelmshaven
Stadtpark
Emden
OSTFRIESLAND
Weser
Rechtenfleth
Gronningen
Rastede
Buchholz
in der Nordheide
Jesteburg
Lüneburg
Worpswede
Leer
Ems
Oldenburg
Schlosspark
Bremen
LÜNEBURGER
HEIDE
Medingen
Papenburg
Aschendorf (Altenkamp)
Delmenhorst
Melzingen
WENDLAND
OLDENBURGER
Soltau
Uelzen
Cloppenburg
Aller
Sögel
(Clemenswerth)
Vechta
MÜNSTERLAND
Meppen
ALTMARK
Nienburg
Celle
Neustadt am
Rübenberge
Lingen
Gifhorn
Herrenhäuser
Gärten
Hannover
Wolfsburg
Ippenburg
Braunschweig
Neuer botanischer
Garten
Hase- und
Johannisfriedhof
Maschpark
Bad Bentheim
Minden
Bückeburg
Eckerde
EXPO-
Gelände
Wallanlagen
Destedt
Richmond
Hildesheim
Osnabrück
Gesmold
Beber
Wolfenbüttel
Magdeburg
Fischbeck
Hameln
Salzgitter
Wrisbergholzen
Bielefeld
Bad Pyrmont
Münster
Seesen
Goslar
HARZ
Hamm
Paderborn
Gelsenkirchen
Alter botanischer
Garten
Göttingen
Wallanlagen
Essen
Bochum
Dortmund
Duisburg
Düsseldorf
Wuppertal
Kassel
0 10 20 30 40 50 100 150 Kilometer

Vorwort

»Und Gott der Herr pflanzte einen Garten in Eden gegen Morgen und setzte den Menschen hinein, den er gemacht hatte.« So steht es im 1. Buch Moses, 2. Kapitel. Seit eh und je beschäftigt den Menschen der Garten. Der Garten als durch den Menschen gestalteter Naturraum, genutzt für die Ernährung, angelegt auch als Kunstwerk, geformt sowohl durch den Menschen als auch durch die Kraft der Natur. »Wichtigstes Handwerkszeug des Landschaftsgärtners sind Axt und Säge«, bemerkte schon Hermann Fürst von Pückler-Muskau, der der Gartenkunst sein Leben und nicht nur sein eigenes Vermögen widmete. Unterbleibt der Einsatz der Säge, setzt sich die Natur wieder durch und es entschwindet die Kunst. Nichts also ist statisch im Garten, das Spiel der Kräfte beeinflusst jede derartige Anlage an jedem Tag und fasziniert den Menschen. Diese Faszination der Gärten hat in den vergangenen 15 Jahren zu einem touristischen Boom geführt, der Interessierte in bisher ungeahnt großer Zahl öffentliche wie private Gärten, Gartenfestivals, Gartenmessen, Gartenmärkte, Kulturveranstaltungen in Gärten und nicht zuletzt Gartenkaufhäuser aufsuchen lässt.

Die Gartenkunst eines ganzen Landes von der Ausdehnung Niedersachsens in einem einzigen Buch vorstellen zu wollen, ist nicht möglich. Zu groß ist die Anzahl der Anlagen, die in solch einem Werk dargestellt werden müssten.

Ein Bildband über die Gärten Niedersachsens, der eine Übersicht über die Gartenkunst in dem Bundesland ermöglicht, fehlte jedoch bisher. Diese Lücke soll mit dem nun vorgelegten Buch geschlossen werden.

Die große Zahl der so unterschiedlichen Anlagen erforderte daher am Beginn der Arbeit eine sorgfältige Auswahl. Die durch viele Hinweise des Textautors Jens Beck unterstützte Inspiration des Fotografen sowie die Möglichkeiten der Darstellung in einem Buch reduzierten die lange Liste auf insgesamt gut 40 der bedeutendsten Schöpfungen, die in diesem Band gezeigt werden. Mit dem Fotografen Karl Johaentges konnte ein Künstler gewonnen werden, der es beeindruckend versteht, in seinen Bildern die Sinnlichkeit und besondere Atmosphäre der Gärten einzufangen. Deutlich wird, wie groß und vielfältig der kulturelle Schatz entsprechender historischer Ensembles in Niedersachsen ist.

Der vorliegende Band bietet eine umfassende Orientierung über die Geschichte der Gartenkunst zwischen Emsland, Heide und Harz. Er zeigt die beeindruckende Vielfalt faszinierender Anlagen, die zu den liebenswürdigsten Schöpfungen von Fürsten, Gutsherren, Bürgern, Bauern, Klöstern und Kommunen zählen. Alle Gärten zeugen von dem Bedürfnis, die Umgebung nicht nur nach funktionalen und wirtschaftlichen Aspekten zu gestalten, sondern dem Wunsch nach Schönheit, Ästhetik und Emotionalität nachzugehen. So soll dieses Buch eine Anregung zum Besuch der Gärten sein, die fast alle ohne besondere Einschränkungen zugänglich sind. Wer sich erst einmal auf den Weg gemacht hat, die Anlagen aufzusuchen, wird sehen, dass seine Zeit kaum reicht, Niedersachsens Gartenkunst erschöpfend zu erkunden. Mit diesem Buch wollen wir möglichst viele Menschen ermuntern, Touristen zu werden und die große Vielfalt der Gartenkultur in Niedersachsen zu suchen und zu erfahren.

Sparkassen-Gesellschaft zur Förderung der kommunalen Infrastruktur

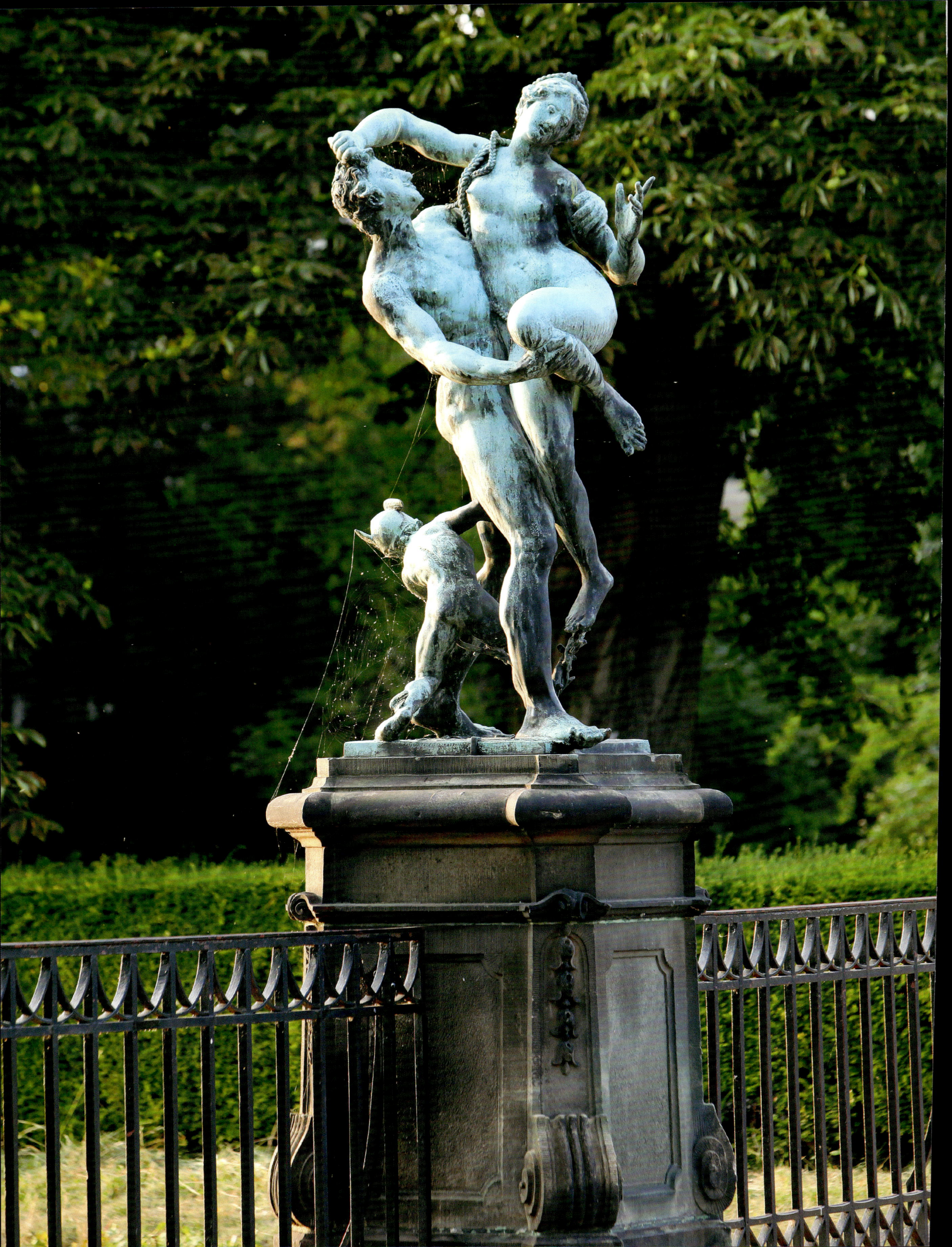

Einleitung

Am Anfang war von Gartenkunst noch keine Rede, nicht einmal von Gärten. Diesen Begriff kannten die Menschen vermutlich nicht, die in der später Niedersachsen genannten Tiefebene in den gut organisierten sächsischen Stämmen zusammenlebten. Sie bezeichneten mit den Worten »gards« oder »garda« lediglich die aus geschnittenen Gerten bestehenden Einfassungen der kleinen Stücke umgegrabenen Landes, mit denen sie es vor wilden Tieren oder den neidischen Nachbarn schützen wollten. Vermutlich wären sie sehr erstaunt gewesen, wenn sie erfahren hätten, dass auch das durch die Gerten umschlossene Land selbst einmal als »garda« oder »Garten« bezeichnet werden würde. Mehr noch: dass spätere Generationen darin den Beginn einer großartigen Kulturleistung erkannten, die einen gewichtigen Beitrag zu einem gesamteuropäischen Phänomen leisten sollte – der Gartenkunst. Leider hat sich keiner der großen römischen Schriftsteller in den ersten Jahrhunderten unserer Zeitrechnung die Mühe gemacht, die Lebenswelt der Chauken, der Langobarden, der Angrivarier, der Ampsivarier oder der Cherusker zu beschreiben, und so bleiben die Ursprünge der niedersächsischen Freiraumplanung im Dunkeln.

Erste aussagekräftige Quellen über Gärten und Parkanlagen im nordwestdeutschen Raum stammen aus dem 15. Jahrhundert. Es sind überwiegend Darstellungen auf Altarbildern der großen Kirchen und Klöster, die das in der Bibel berichtete Geschehen kurzerhand in heimische Gärten, Städte und Landschaften verlegen. Sie stellen zwar idealisierend, aber doch recht genau die Dinge dar, die tatsächlich die Gartenkunst der Zeit prägten: geometrische Blumenbeete, Reihen von geschnittenen Obstbäumen, einfache Holzbänke, deren Sitzflächen mit Rasen belegt waren, kunstvolle Brunnen, verschiedene Zäune, zierliche Lauben und vor allem Rosen in allen Formen und Farben, die wichtigsten und symbolträchtigsten Pflanzen überhaupt. Allerdings bleiben es einzelne, zudem in ihrem Aussagewert bezüglich der tatsächlich damals existierenden Gärten schwer zu beurteilende Hinweise. Einige Flächen, von denen zumindest bekannt ist, dass sie bereits im späten Mittelalter gärtnerisch gestaltet waren, sind bis heute erhalten: Friedhöfe, Anlagen bei Klöstern oder Burgen. In Fischbeck beispielsweise ist eine jahrhundertealte gärtnerische Tradition zu bestaunen, die liebevoll bis heute fortgeführt wird. Auch Flächen der ersten im Umfeld der Städte entstandenen Gärten sind mancherorts noch zu finden, da an ihre Stelle später öffentliche Grünanlagen getreten sind. Diese enthalten häufig noch die wesentlich älteren Wälle und Gräben der mächtigen Festungswerke. Sichtbar ist der frühere »Unterbau« vor allem in den Wallanlagen der großen Städte, etwa in Göttingen und Braunschweig. Insgesamt ist jedoch ungewiss, ob mit den gewaltigen Bauleistungen des hohen und späten Mittelalters eine ebenso hochstehende Gartenkultur einherging.

Im 16. und frühen 17. Jahrhundert entwickelte sich eine erste kulturelle Hochblüte, meist getragen von kunstsinnigen Persönlichkeiten der kirchlichen oder weltlichen Oberschicht, aber auch vom Bürgertum der aufstrebenden Städte. Die Schlösser in Oldenburg und Neustadt, in Jever und Wolfenbüttel lassen heute noch Reichtum und Ausdruckswillen dieser Zeit erkennen. Auch die stolzen Bürgerhäuser in Lüneburg, Göttingen und Goslar sind eindrucksvolle Monumente einer kunstliebenden Epoche. Von den Gärten geben hingegen nur einige Abbildungen und Berichte eine Vorstellung, so dass sich bis zum Ende des Dreißigjährigen Krieges noch kein klares Bild ergibt. Immerhin sind an verschiedenen Orten einige Zipfel dieser künstlerisch bemerkenswerten Zeit noch greifbar. Dazu gehören die wunderbaren Figuren von Adrian de Vries und Hans Wulff in Bückeburg, die alten Eichen im Französischen Garten in Celle und die Wassergräben der Herrenhäuser in Gesmold, Eckerde und anderen Gütern.

◀ Bückeburg, Schlossbrücke, »Raub der Proserpina« von Adrian de Vries

Seiten 10 | 11: Der Große Garten in Hannover-Herrenhausen ▶

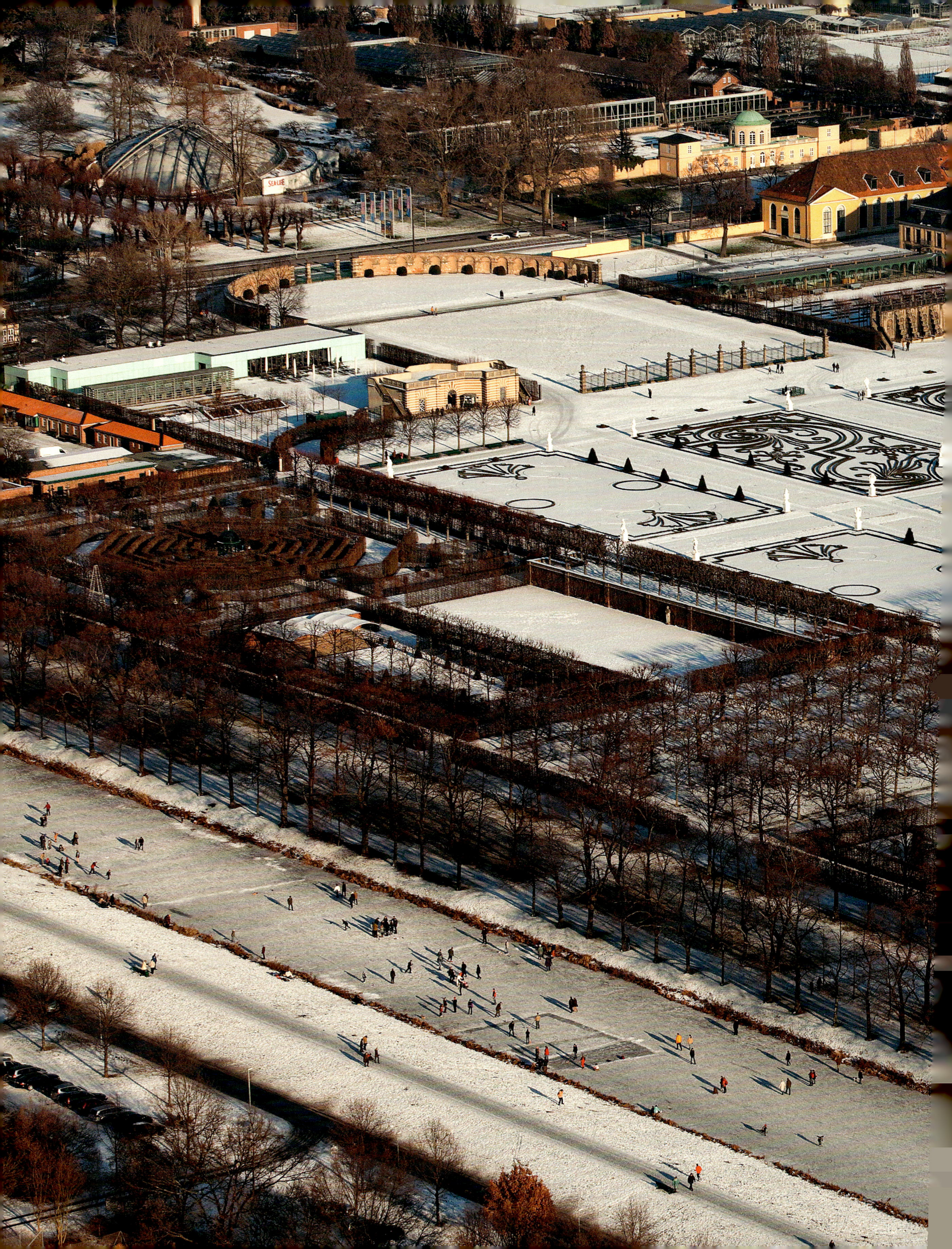
SEA LIFE

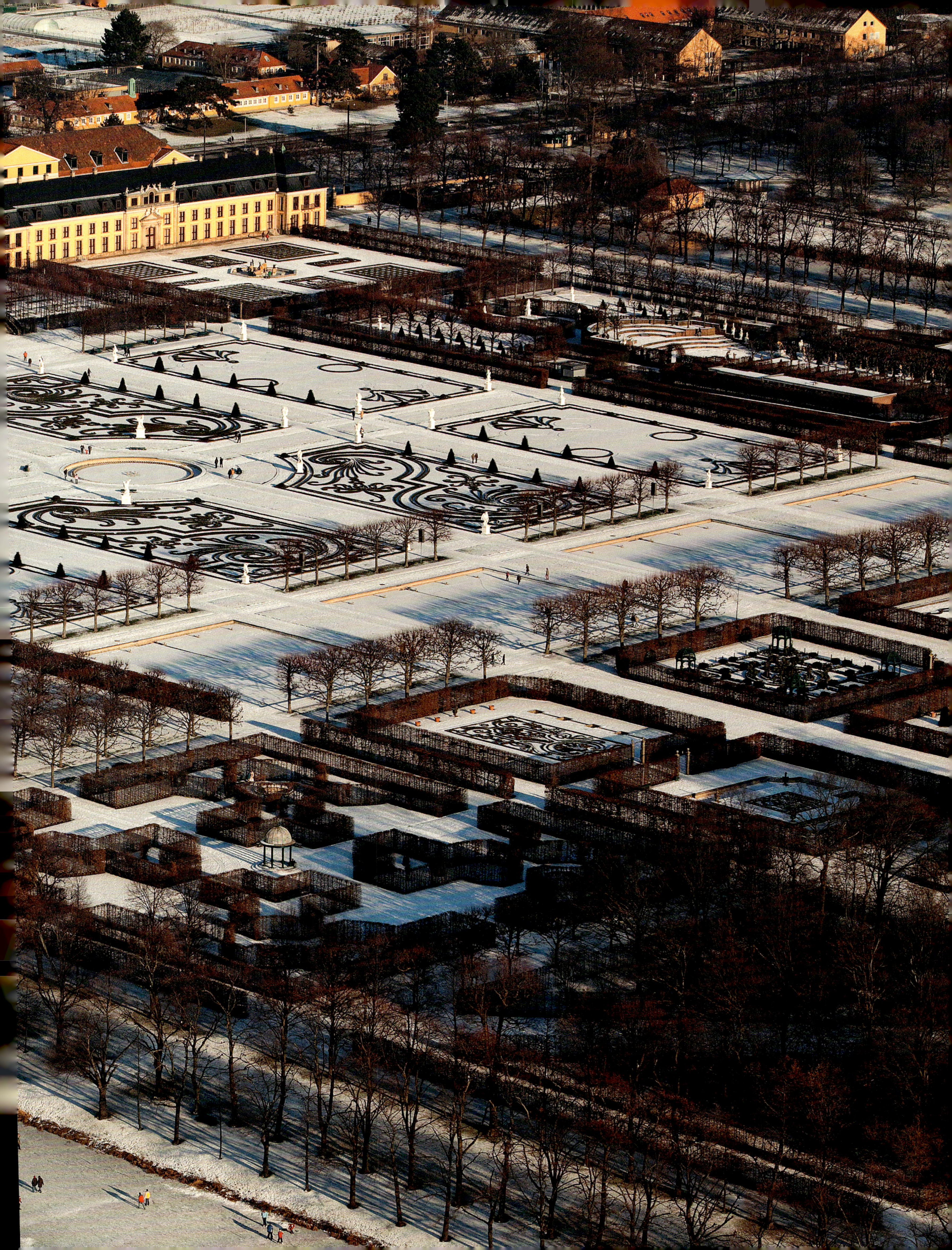

Die Auswirkungen der langen Kriegszeit waren im ganzen Land zu spüren, wenn auch mit unterschiedlicher Intensität. Während die Städte weniger stark betroffen waren, wurden vor allem die Gegenden, durch die die Heere zogen – das Weser- und Leinetal, der Lüneburger Raum, aber auch das abgelegene Ostfriesland – schwer in Mitleidenschaft gezogen. Dem Gebiet zwischen Elbe und Weser brachte der Krieg eine jahrelange schwedische Besatzung, die erst nach 1700 endete. Immerhin setzten sich einige verdiente Generäle wie der umtriebige Hans Christoph von Königsmarck bauliche Denkmäler. Er errichtete die nach seiner Frau benannte Agathenburg bei Stade mit einer der größten Gartenanlagen der Region.

Während sich die allgemeine wirtschaftliche Lage relativ schnell wieder stabilisierte, war das kulturelle Leben noch lange durch die schrecklichen Erfahrungen gehemmt. Erst gegen Ende des 17. Jahrhunderts setzte mit der Festigung des fürstlichen Absolutismus wieder eine Entwicklung ein, die bleibende Werte hinterließ.

Ein für die Gartenkunst entscheidendes Datum war das Jahr 1666: In Versailles wurde mit der Bepflanzung des berühmten Labyrinths der erste Bauabschnitt dieses großartigsten aller Barockgärten beendet und damit ein neues Kapitel in der Kunstgeschichte aufgeschlagen; und in Hannover-Herrenhausen begannen die Arbeiten an einer ersten kleinen Anlage, die in den folgenden Jahrzehnten zum Großen Garten ausgebaut werden sollte. Damit war auch in den Territorien der Welfenfamilien eine neue Epoche eingeläutet, in der sich einer Art Wettstreit um die glanzvollste Residenz entwickelte.

Denn es gelang nach wie vor nicht, die verschiedenen Fürstentümer zwischen Harz und Nordsee zu vereinen. Und selbst wenn eine gewisse Konzentration auf die Hauptstadt des zum Kurfürstentum aufgestiegenen Herzogtums Calenberg zu beobachten war, so zeigten sich doch auch andere Persönlichkeiten bestrebt, ihrem Machtanspruch baulichen Ausdruck zu verleihen. Allen voran die Wolfenbüttler Herzöge August der Jüngere und Anton Ulrich, mit deren Namen die Gründung der Bibliothek und der Umbau der alten Domäne Salzdahlum zur prachtvollen Sommerresidenz mit einem Aufsehen erregenden Garten verbunden ist. Ihre kulturellen Aktivitäten stellten zeitweise das Hofleben in Hannover in den Schatten, wenn auch um den Preis einer enormen Verschuldung. In Celle etablierte sich unter Herzog Georg Wilhelm und seiner Gattin Eleonore d'Olbreuse ein von französischen und italienischen Künstlern getragenes Hofleben, das allerdings 1705 mit dem Erlöschen der Celler Welfenlinie endete. Der Hannoversche Hof, dessen Geistesleben die überragende Persönlichkeit des Gottfried Wilhelm Leibniz prägte, feierte die 1692 errungene Kurwürde ausgiebig und nahm diese zum Anlass, nun auch das Sommerschloss Herrenhausen mit seinen Nebengebäuden und dem Großen Garten im Sinne des Barock standesgemäß auszubauen.

Nachdem den Kurfürsten 1714 der englische Thron zugefallen und Georg Ludwig als Georg I., König von England, mit seinem Gefolge nach London gezogen war, setzte eine kuriose Entwicklung ein: Die Hauptstadt Hannover hatte mit dem Hof ihren politischen und gesellschaftlichen Kern verloren und konnte das hohe Niveau der begonnenen kulturellen Entwicklung nicht halten. Und da fast gleichzeitig die anderen geistlichen und weltlichen Zentren ebenfalls in eine Art Erstarrungszustand fielen, nahm keines von ihnen die quasi vakante Stelle des kulturellen Mittelpunktes ein: Oldenburg gehörte seit 1667 zum dänischen Königreich und war nur noch Sitz eines Statthalters; die Residenzen in Celle und Wolfenbüttel wurden 1705 und 1753 aufgegeben. Braunschweig konnte sich lange Zeit nicht von den Folgen des Dreißigjährigen Kriegs erholen, zudem verlor die Stadt 1671 ihre Selbstständigkeit. Und den einst mächtigen Bistümern Osnabrück und Hildesheim war mit der Durchsetzung der Reformation ihr früherer Einfluss genommen. Daher konnte sich kein für die Zeit des Barock typisches Hofleben entfalten. Gefüllt wurde dieses auch gartenkünstlerische Vakuum von einer Reihe bemerkenswerter kleinerer Anlagen, unter denen das Jagdschloss Clemenswerth und Schloss Baum bei Bückeburg mit seinen rätselhaften Gärten herausragen. Ein sehr gutes Beispiel für die zahlreichen Orte, an denen sich die barocke Kunst im Kurfürstentum ausbildete, ist das im Emsland gelegene Haus Altenkamp mit seinem bis heute vollständig erhaltenen Alleensystem.

Die zweite Hälfte des 18. Jahrhunderts brachte für alle Staaten Europas große Veränderungen, die vielschichtige gesellschaftliche und politische Prozesse in Gang setzten. Nicht nur Ereignisse wie die Französische Revolution oder technische Erfindungen waren dabei von Bedeutung, sondern auch allmähliche Entwicklungen, die erst nach Jahrzehnten sichtbar wurden und bis heute wirksam sind. Davon zeigten sich auch alle Bereiche der Kultur betroffen; die ästhetischen Ideale wandelten sich in dieser Epoche so

Clemenswerth, sogenannter Klostergarten ▶

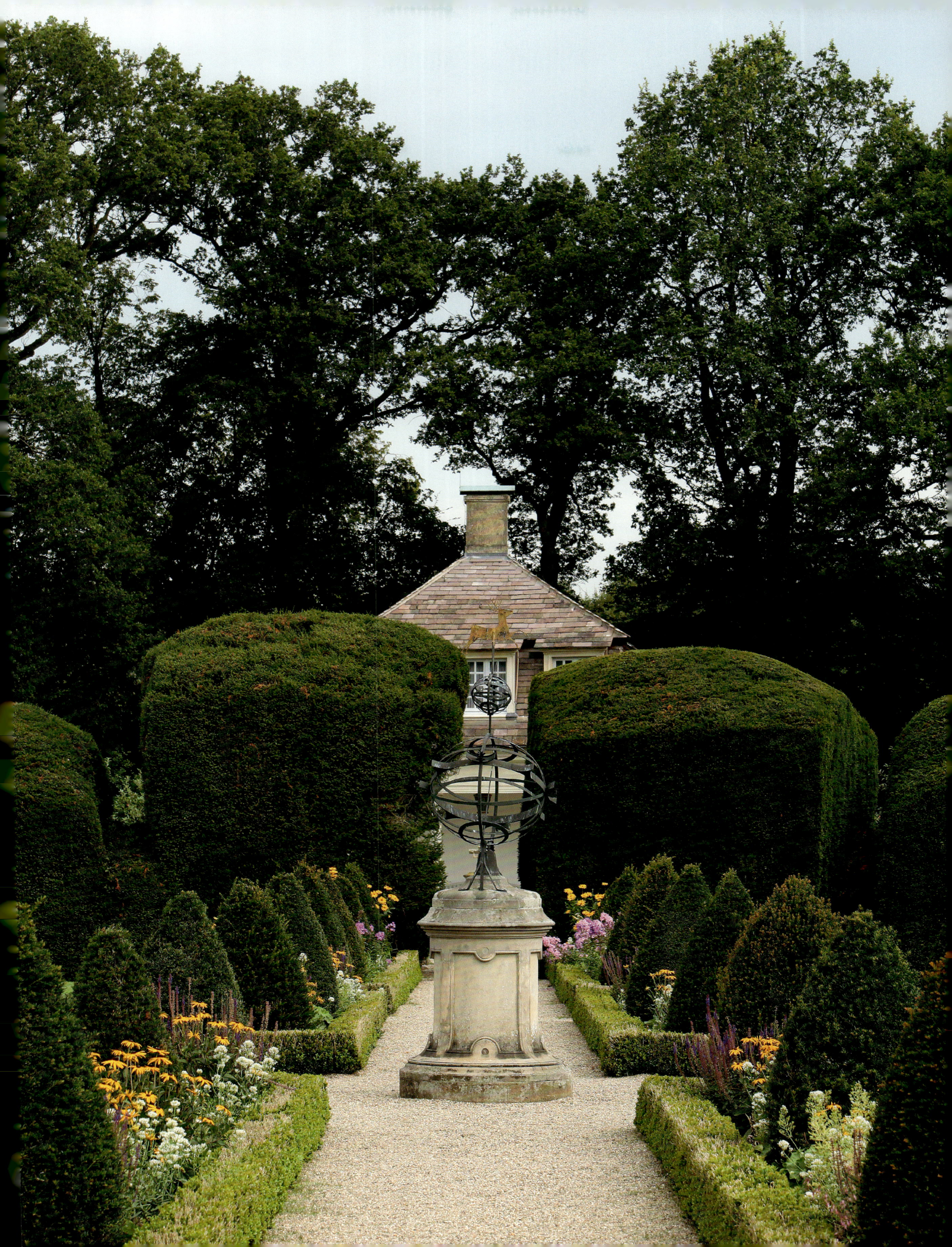

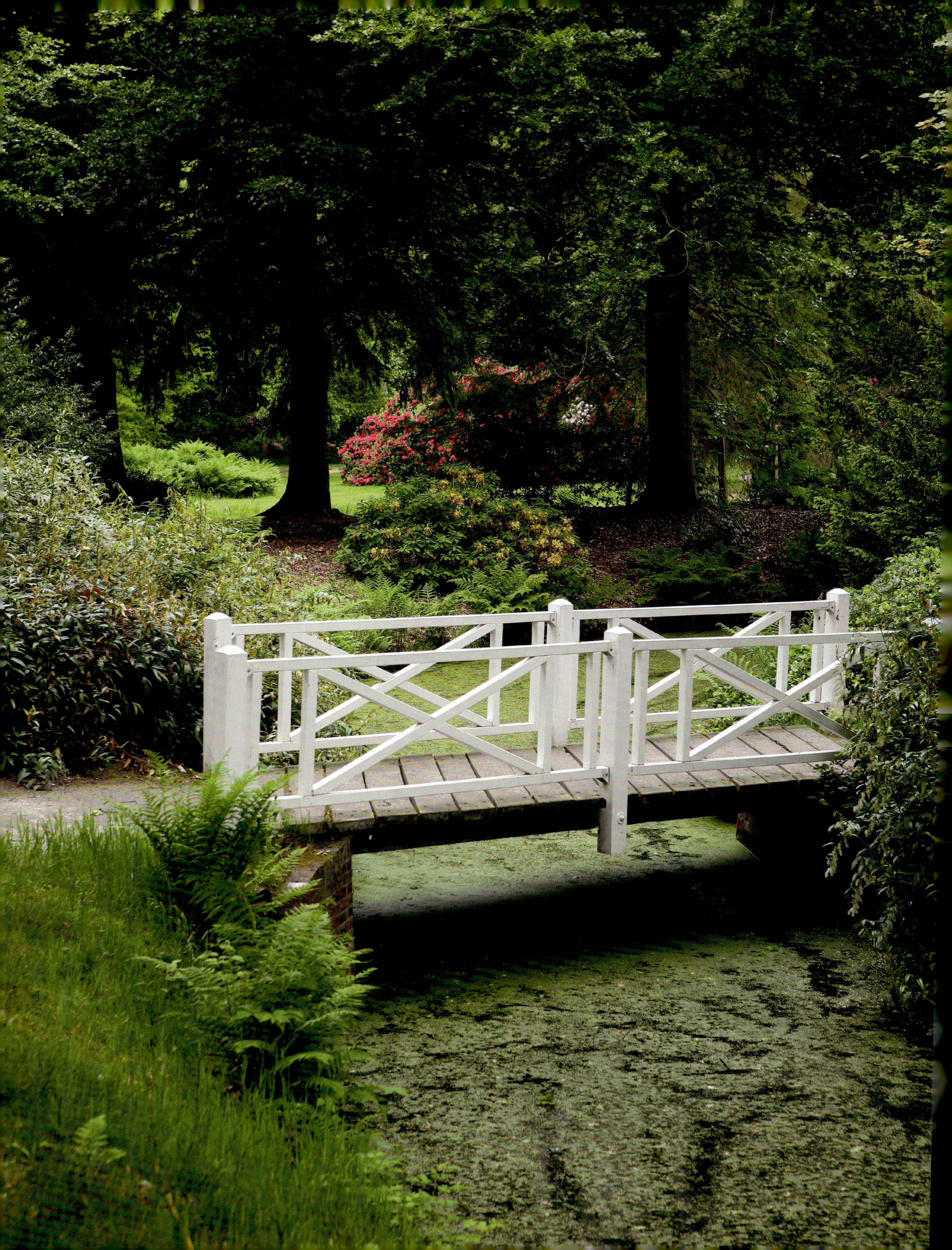

schnell und grundlegend, dass tatsächlich vor einer Zäsur oder, je nach Anschauung, von einem Entwicklungsschub der europäischen Kunst gesprochen werden kann. Teilweise in sehr kurzer Zeit wurden die künstlerischen Traditionen ganzer Jahrhunderte über Bord geworfen, anscheinend ohne besondere Widerstände, vielmehr freudig begrüßt von zahlreichen hervorragenden Künstlern, die sich sogleich der neuen Ausdrucksmöglichkeiten bedienten. Die Musik beispielsweise konnte mit der Einführung der wohltemperierten Stimmung auf eine völlig neue Grundlage gestellt werden, die Architektur fand gegen Ende des 18. Jahrhunderts zu einer bis dahin nicht gekannten Körperlichkeit, und auch die Gartenkunst veränderte sich vollständig. Bis etwa 1710 schuf man Gärten ausschließlich geometrisch in Grund- und Aufriss. Dann entstand in England innerhalb einer Generation eine völlig neue Gestaltungsform, die einer gegensätzlichen Auffassung folgte und jede Geometrie verbannte: der englische Landschaftsgarten. Bereits um 1730 wurden die ersten entsprechenden Anlagen konzipiert, und spätestens mit dem Sturz der französischen Könige hatte sich die Ästhetik in ganz Europa endgültig durchgesetzt.

In den Anfangsjahren kam die Planung eines Landschaftsgartens einem gesellschaftspolitischen Bekenntnis gleich, das sich gegen das herrschende Regime richtete. Denn die strenge Geometrie der barocken Anlagen wurde nun gleichgesetzt mit Unfreiheit, affektierter Künstlichkeit und Zwang. Geschnittene Hecken erschienen wie ein Sinnbild des in seiner wahren Natur beschnittenen und gemaßregelten Menschen. In den nach mathematischen Berechnungen aufgebauten Gärten schien für persönliche Empfindungen ebenso wenig Platz zu sein wie für neue politische Konzepte jenseits des Hofzeremoniells. Für den Menschen der Aufklärung, den die englischen Schriftsteller und Philosophen herbeisehnten und dem Jean-Jacques Rousseau literarische Gestalt gab, war eine neue Umgebung notwendig. In England beschleunigte die Opposition gegen die »fremden«, aus Hannover stammenden Könige die Entwicklung und Ausbreitung des Landschaftsgartens zusätzlich, da die Regenten die gerade erst erlangten parlamentarischen Freiheiten wieder einschränkten. Für die Gegner der erstarkenden Monarchie war die Anlage eines Gartens, der sich der neuen, nicht mit dem Hofleben verbundenen Formensprache bediente, Ausdruck ihrer kritischen Haltung.

◀ Lütetsburg, eine der zahlreichen Brücken im Schlosspark

Es ist eine der merkwürdigen Launen der Geschichte, dass gerade in den Stammlanden der Könige, gegen die sich die Kritik richtete, die neue Gestaltung sehr früh Fuß fasste. Welcher Anlage das Prädikat »erster Landschaftsgarten außerhalb Englands« gebührt, lässt sich nicht sagen. Aber um 1750 sind für einige Güter – Harbke und Schwöbber – die ersten Arbeiten mit dem Ziel einer Umgestaltung »in englischer Manier« dokumentiert. In den folgenden Jahren entstanden weitere Anlagen und die ersten theoretischen Schriften, die sich mit dem Landschaftsgarten beschäftigen. Aber erst die Umgestaltung des Schlossparks in Wörlitz (ab 1764) markiert den Beginn einer nicht mehr umkehrbaren Entwicklung. Und mit der 1779 bis 1785 erschienenen »Theorie der Gartenkunst« des Kieler Philosophieprofessors Christian Cay Lorenz Hirschfeld erhielt die neue Auffassung in Deutschland ihr literarisches Fundament. Hirschfeld war nicht nur theoretisch, sondern zumindest als Berater auch praktisch tätig; besondere Beachtung fand die Anlage des Guts Breese im Bruche südlich von Dannenberg, in dessen Park die Grafen Grote Deutschlands erstes Lessingdenkmal aufstellten.

Um 1800 hatte sich der Landschaftsgarten so weit etabliert, dass nun auch die bestehenden Anlagen umgestaltet wurden. Nicht nur diejenigen der alten Residenzen, allen voran der Französische Garten in Celle und der Park in Bückeburg, waren bald dem neuen Geschmack angepasst, sondern auch die zahlreichen großen und kleinen Gutsgärten, darunter Lütetsburg, Wrisbergholzen und Destedt. Viele Anlagen entstanden jedoch auf bisher freiem Gelände: der gewaltige Schlosspark in Rastede, der Park auf dem Ohrberg bei Hameln und das entzückende Richmond südlich von Braunschweig, mit dessen Gestaltung bereits um 1771 begonnen worden war. Auch das eher konservative, kirchliche Umfeld konnte sich den Neuerungen nicht entziehen. Denn welche Priorin, welcher Pastor wollte sich nachsagen lassen, an einer modernen Umgebung kein Interesse zu haben oder gar geizig zu sein? Die Klöster Fischbeck und Medingen bieten anschauliche Beispiele für Äbtissinnengärten »im neuen Stil«, ebenso der kleine Landschaftspark der Pfarrei in Beber am Süntel.

In Hannover wurden verschiedene Anlagen neu konzipiert, darunter der Georgengarten, der Berggarten und – gegen Ende des 19. Jahrhunderts – der Maschpark, die erste bedeutende kommunale Grünanlage der Stadt. Herrenhausen jedoch machte wiederum eine Ausnahme. Die von vielen Künstlern und Kritikern geforderte Umgestaltung des Großen Gartens zu einem Landschaftspark unterblieb auf Geheiß des Königs, der ein bedeutendes Monument der ruhmreichen Familiengeschichte für die Nachwelt erhalten wollte – ein früher Akt der Denkmalpflege, allerdings unter reaktionären Vorzeichen. Andere barocke Schöpfungen verdanken ihre Erhaltung einer Art Dornröschenschlaf, etwa das abgelegene Clemenswerth oder der kleine Garten auf der Bentheimer Burg.

Das heraufziehende Industriezeitalter brachte mit dem Anwachsen der Bevölkerung und dem Erstarken der Städte eine bis dahin nicht gekannte Auffächerung der Gesellschaft in viele unterschiedliche Interessengruppen. Für deren Bedürfnisse mussten auch neue Erholungsräume entwickelt werden: Stadtparks mit Sport- und Spielplätzen zum Beispiel, Kuranlagen, Promenaden, Gartenkolonien, botanische Schau- und Schulungsgärten. Viele hervorragende Objekte sind insbesondere in den großen Städten erhalten geblieben. Aber auch auf dem Land entstand eine Vielzahl qualitätvoller Parkanlagen, vor allem in den Gütern des Landadels. In diesem Fall lässt sich sogar von einer Welle der Neugestaltung sprechen. Auslöser war das Ende des hannoverschen Königreichs 1866 durch den Zugriff Preußens. Viele Staatsbedienstete quittierten verbittert ihren Dienst und zogen sich auf ihre Stammsitze zurück. Dies kam einer Wiederentdeckung des Landlebens gleich und fand seinen Niederschlag in einer beispiellosen Neu- oder Umbautätigkeit. Die oft lange vernachlässigten Schlösser und Gutshäuser und auch die Gärten wurden nun dem veränderten Zeitgeschmack und den modernen Bedürfnissen angepasst.

Während die früheren Eliten und Herrscher, die in der Regel auch die Bauherren waren, allmählich verschwanden, traten neue, selbstbewusste Personen mit neuen Ideen auch zur Gestaltung von Gärten in Erscheinung: einflussreiche, wohlhabende Unternehmer, die – wie im Fall der Familie Röders in Soltau – sich große Villen mit ebenso großen Landschaftsparks leisteten; leicht verschrobene, eigenwillige Künstler, zu denen der Schriftsteller Hermann Allmers mit seinem idyllischen Gärtchen in Rechtenfleth zu zählen ist; oder engagierte Einzelpersonen, die sich um 1900 zu den vielerorts entstehenden Verschönerungsvereinen zusammenschlossen und selbst gärtnerisch betätigten. Auf das Gemeinwohl gerichtet waren gleichfalls die Bemühungen einiger Fabrikbesitzer, die nicht nur auf den größtmöglichen Ertrag achteten. Ihnen lag auch die Verbesserung der Lebensumstände der Arbeiter am Herzen, unter anderem durch die Bereitstellung von Gartenland und anspruchsvoll gestalteten Parkanlagen. In Delmenhorst befindet sich ein großartiges Denkmal dieser Unternehmenskultur: der in wesentlichen Teilen erhaltene Komplex der früheren Nordwolle, einer riesigen Wollkämmerei und Kammgarnspinnerei. Er umfasst auch Arbeitergärten, die Gärten der Fabrikbeamten, den kleinen Park am Wohnhaus der Besitzerfamilie Lahusen und eine öffentliche Grünanlage, den »Wollepark«.

Mit diesen Anlagen war bereits die Schwelle zum 20. Jahrhundert erreicht, das für Europa die Schrecken zweier Kriege und die Verbrechen der Faschisten brachte, aber auch Phasen höchster künstlerischer Kreativität und produktiver Diskussion. Zwar trat die Gartenkunst nun etwas in den Hintergrund, dennoch hatte auch sie Anteil an der Reformzeit der 20er-Jahre, die einen kulturellen Fortschritt ohnegleichen bedeutete. Nach fast zweihundert Jahren landschaftlicher Gestaltung fanden wieder geometrische Formen Verwendung in den sogenannten »architektonischen« Gärten und Parkanlagen. Sie wurden zuerst von den der künstlerischen Avantgarde nahe stehenden Bauherren in Auftrag gegeben und setzten sich nach 1920 allgemein durch. Eine der Kreationen, welche die gestalterischen Absichten der Zeit am besten zeigt, ist der Hausgarten der Familie Borchers in Goslar. Aber auch die eigenwillige Gestaltung des Künstlergartens Bossard in Jesteburg, mit der bereits vor dem Ersten Weltkrieg begonnen wurde, ist ein sehr gutes Beispiel für den Wandel. In den rasch wachsenden Großstädten waren solche Schöpfungen für viele allerdings ein unerreichbarer Luxus. Aber die moderne Stadtplanung maß der Versorgung der Einwohner mit ausreichend Grün große Bedeutung bei, und so entstanden die weitläufigen Stadt- und Bürgerparks, deren beste Beispiele jedoch in den großen Kommunen wie Hamburg, Bremen, Berlin und Frankfurt zu finden sind. Hannover stellt auch in diesem Fall eine Ausnahme dar, denn mit den Herrenhäuser Gärten, dem Stadtwald der Eilenriede und dem Maschpark standen eine Fülle unterschiedlicher, großer Grünanlagen zur Verfügung. Mit dem Maschsee kam darüber hinaus eine weitere bedeutende Freifläche hinzu. Der einzige große Stadtpark des frühen 20. Jahrhunderts in Niedersachsen, der überregionale Bedeutung besitzt, ist der von Leberecht Migge entworfene im Wilhelmshavener Stadtteil Rüstringen. Er vereinigt exemplarisch verschiedene Freiräume für die diversen Bedürfnisse der Einwohner einer modernen Großstadt in einem zukunftsweisenden Entwurf.

Soltau, Breidings Garten ▶

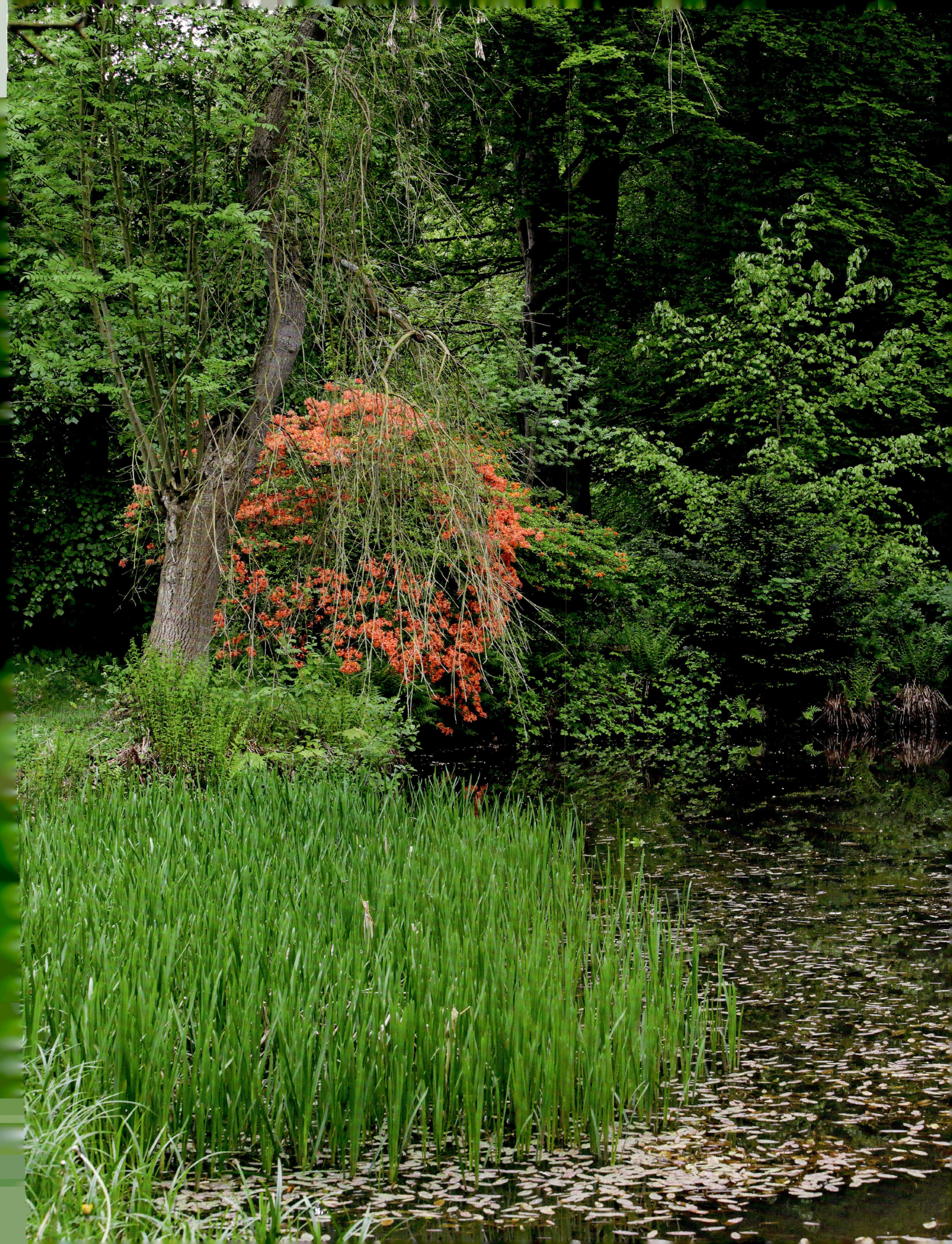

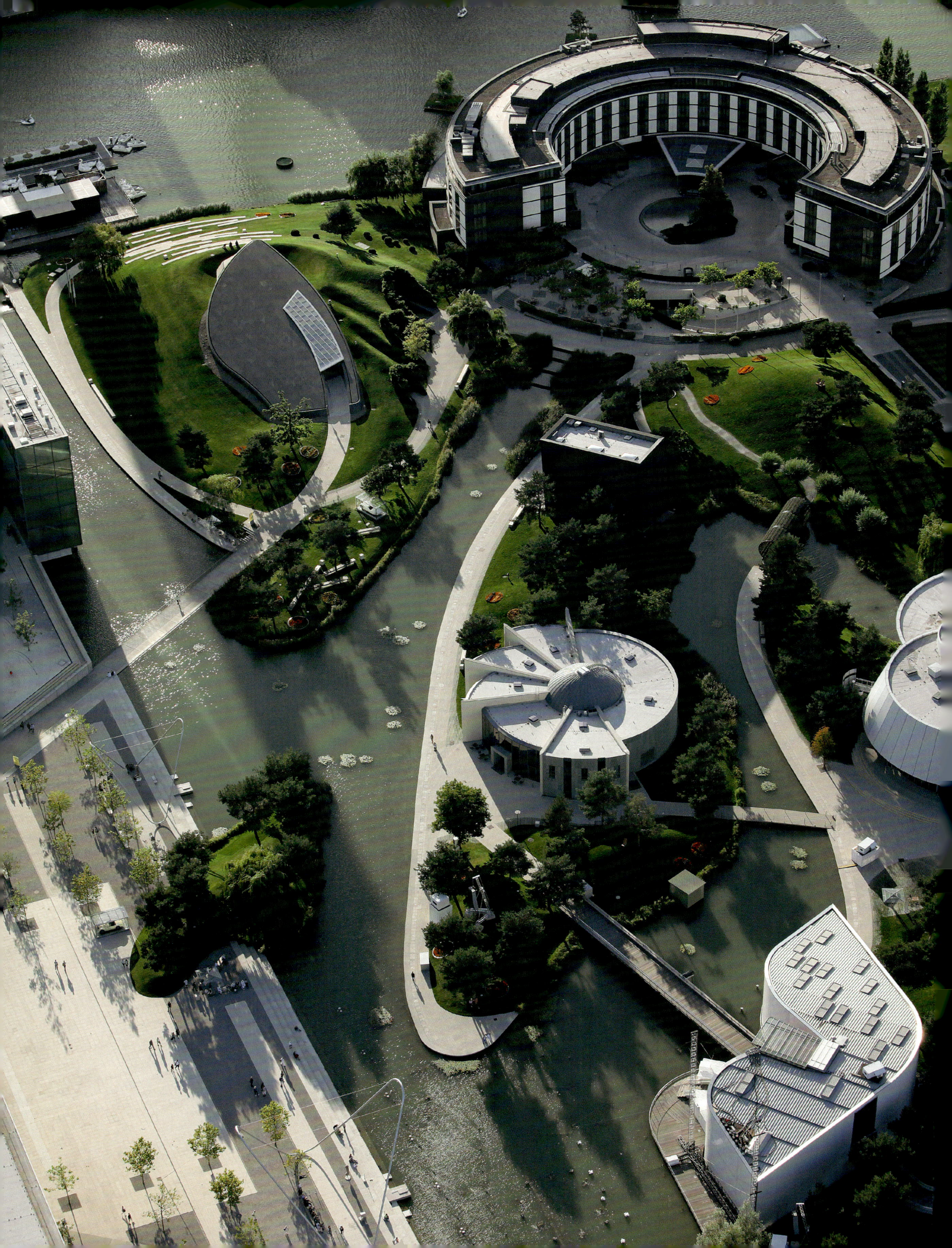

Ein Blick auf die um die Jahrtausendwende entstandenen Grünanlagen zeigt, dass ein solcher Ansatz auch heute noch aktuell ist. Weder die Grundanforderungen noch die Bedürfnisse der Menschen haben sich entscheidend verändert. Selbst wenn sich das Freizeitverhalten gewandelt hat, die Lebensumstände deutlich verbessert wurden und nicht zuletzt die Pflege und Unterhaltung von öffentlichem Grün mit wachsenden Problemen verbunden ist: Der Wunsch nach großzügigen, nutzbaren und ästhetisch ansprechenden Erholungsräumen besteht nach wie vor. Und so verwundert es nicht, wenn für Grünanlagen, die besonders im Fokus der öffentlichen Aufmerksamkeit stehen, aus Wettbewerben anspruchsvolle Entwürfe hervorgehen und realisiert werden. Dies ist vor allem dann der Fall, wenn sie Teil eines symbolträchtigen Ereignisses oder eines zukunftsweisenden Komplexes sind. Die Außenanlagen der Weltausstellung Expo 2000 in Hannover waren in einen solchen Kontext eingebunden, auch wenn sich die selbstgesteckten Ziele der Großveranstaltung nicht erfüllt haben; die Autostadt des VW-Konzerns in Wolfsburg bedient sich einer vielfältig gestalteten Parkanlage, um die Leistungsschau des Automobils noch überzeugender zu präsentieren. In beiden Fällen ist Freiraumgestaltung auf hohem Niveau entstanden, die der Gartenkunst neue Wege eröffnet. Daneben stehen einige private Schöpfungen, die ebenfalls auf gärtnerisches Neuland vorstoßen, mal im intimen, privaten Rahmen, mal auf ein breites Publikum ausgerichtet. Das überzeugendste und qualitätvollste Beispiel in Niedersachsen sind ohne Zweifel die Schaugärten der Ippenburg.

Abseits dieser großen, die Aufmerksamkeit auf sich ziehenden Kreationen gibt es immer noch eine Fülle kleiner, liebevoll gestalteter Gärten, die ihre Entstehung der Leidenschaft einzelner Personen verdanken. Sie berühren die Besucher durch einen sehr persönlichen Ausdruck. Die 1968 begonnene Gehölzsammlung, die Christa von Winning in dem kleinen Ort Melzingen bei Uelzen zusammengetragen hat, ist längst zu einem ansehnlichen Arboretum herangewachsen und lässt sich wie ein botanisches Tagebuch ihres Lebens lesen. Und schließlich der Garten der Christiane von Düring bei Horneburg, der eine einzige Liebeserklärung an die schönste Tätigkeit ist, die der Mensch bisher ersonnen hat: das Gärtnern.

◀ Wolfsburg, Teilansicht der Autostadt aus der Luft

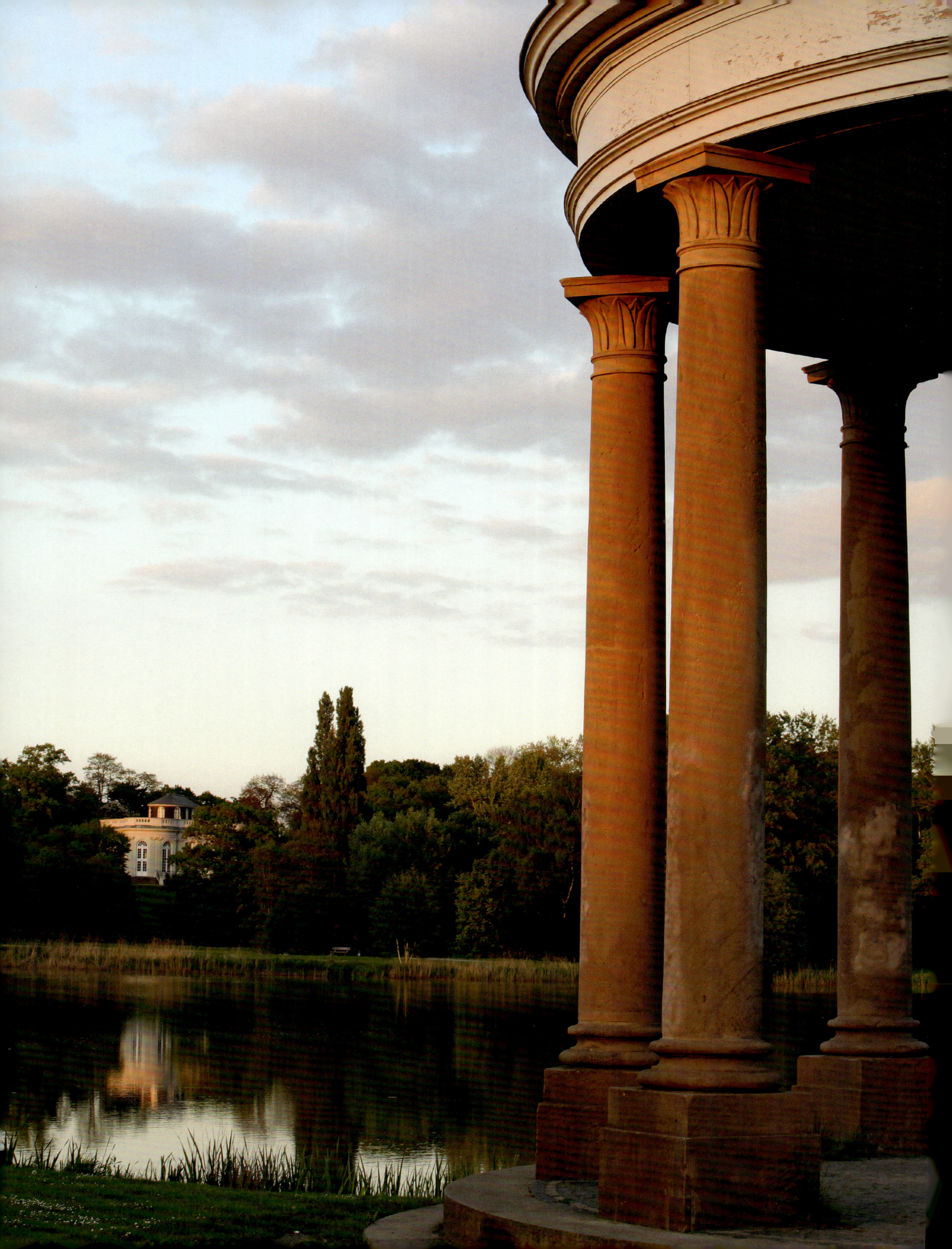

Im Zentrum der Macht –
Die Gärten der großen Residenzen

Die wechselvolle Geschichte der landesherrlichen Territorien zwischen Elbe und Ems und vor allem die verwirrende Vielzahl der welfischen Familienzweige hat dem Land Niedersachsen eine kaum zu durchschauende Vergangenheit beschert, aber zugleich einen einzigartigen Reichtum an Gärten und Parkanlagen. Selbst wenn nicht alle Zeugnisse der prachtliebenden Fürsten und Herzöge die Zeiten überdauert haben, ist die Zahl der erhaltenen Objekte groß. Denn praktisch jede anspruchsvolle Residenz besaß einen entsprechenden Garten. Schließlich sicherten erst die reich geschmückten Außenanlagen einem herrschaftlichen Sitz die gewünschte Aufmerksamkeit und damit künstlerische wie auch politische Ausstrahlung.

Wer dieser Entwicklung nicht folgen konnte oder wollte, musste sich den Vorwurf gefallen lassen, in einer unmodernen, bestenfalls rustikalen Behausung zu leben, die quasi noch mittelalterlich in erster Linie auf die Verteidigung ausgerichtet war und nicht auf Kultur und Lebenslust. So wie die spätere Kurfürstin Sophie sich darüber empörte, dass der sonst der Kunst durchaus zugetane Hof in Hannover über keinen ansehnlichen Garten verfügte, sondern sie sich mit ein paar Blumentöpfen zufriedengeben sollte, klagten auch die Herren und Damen in den Residenzen von Braunschweig, Wolfenbüttel, Celle und Oldenburg über die beengten Verhältnisse ihrer Stadtschlösser. An Gartenkunst war hier wegen Platzmangels nicht zu denken.

Soweit bekannt ist, gab es zur Zeit der Renaissance und in den Jahrhunderten davor an den großen Residenzen oder in deren Umfeld keine Gärten, die künstlerisch über das Mittelmaß hinausragten. Zwar war in Celle abseits des Schlosses eine als »Wundergarten« bezeichnete Anlage vorhanden, Oldenburg besaß eine »Wunderburg« mit allerlei Wasserspielen, aber von diesen Schöpfungen existieren nur sehr vage Berichte, so dass sich kein klares Bild von deren Eigenart und Qualität gewinnen lässt. Der Wolfenbütteler Herzog Julius beauftragte 1588 den damals berühmten holländischen Künstler Jan Vredemann De Vries mit dem Entwurf eines großartigen Gartens, aber es ist unsicher, ob überhaupt mit den Arbeiten begonnen wurde. So bleibt als einzige Anlage, die tatsächlich Aufsehen erregte und bis in die Gegenwart als ein glänzendes Beispiel der Gartenkunst des frühen 17. Jahrhunderts gilt, der um 1610 ebenfalls von Herzog Heinrich Julius in Auftrag gegebene Garten eines Lustschlosses in dem kleinen, heute zu Sachsen-Anhalt gehörenden Ort Hessen. Von diesem ist jedoch lediglich die Grundfläche erhalten geblieben.

Es bedurfte wohl erst des Beispiels Versailles, um auch die Welfenherzöge aus ihrer gartenkünstlerischen Trägheit zu reißen. Und es dauerte selbst dann noch einige Jahre, bis die ersten ernsthaften Anstrengungen unternommen wurden, den durch die französischen Könige gesetzten Maßstäben gerecht zu werden. Dennoch konnte sich keiner der welfischen Herrscher zu einem wirklich großen Wurf entschließen, denn oft waren die Geländeverhältnisse schwierig, die finanziellen Mittel knapp oder die besten Künstler nicht greifbar. Unglücklicherweise sind gerade die originellen und künstlerisch außergewöhnlichen Anlagen der Barockzeit völlig oder bis auf wenige Reste zerstört worden, wie der nur relativ kurz existierende Garten in Salzdahlum (ab 1688) oder der vermutlich von Graf Wilhelm zu Schaumburg-Lippe ab 1757 selbst konzipierte Garten seines Lustschlösschens Baum. Der wichtigste Neubau jener Epoche mit einer entsprechenden Außenanlage war das Osnabrücker Schloss (1665/81). Der eigenwillige, mit dem Gebäude als Einheit geplante Garten ist im Lauf der Jahre auf wenige Grundstrukturen reduziert worden.

Geblieben sind jedoch einige sehr schön gestaltete Park- und Gartenanlagen, die bis heute von den Besuchern hoch geschätzt werden.

◄ Braunschweig, Blick zum Schloss Richmond, rechts der aus Salzdahlum stammende Rundtempel, der im Jahr 2000 hierher versetzt worden ist

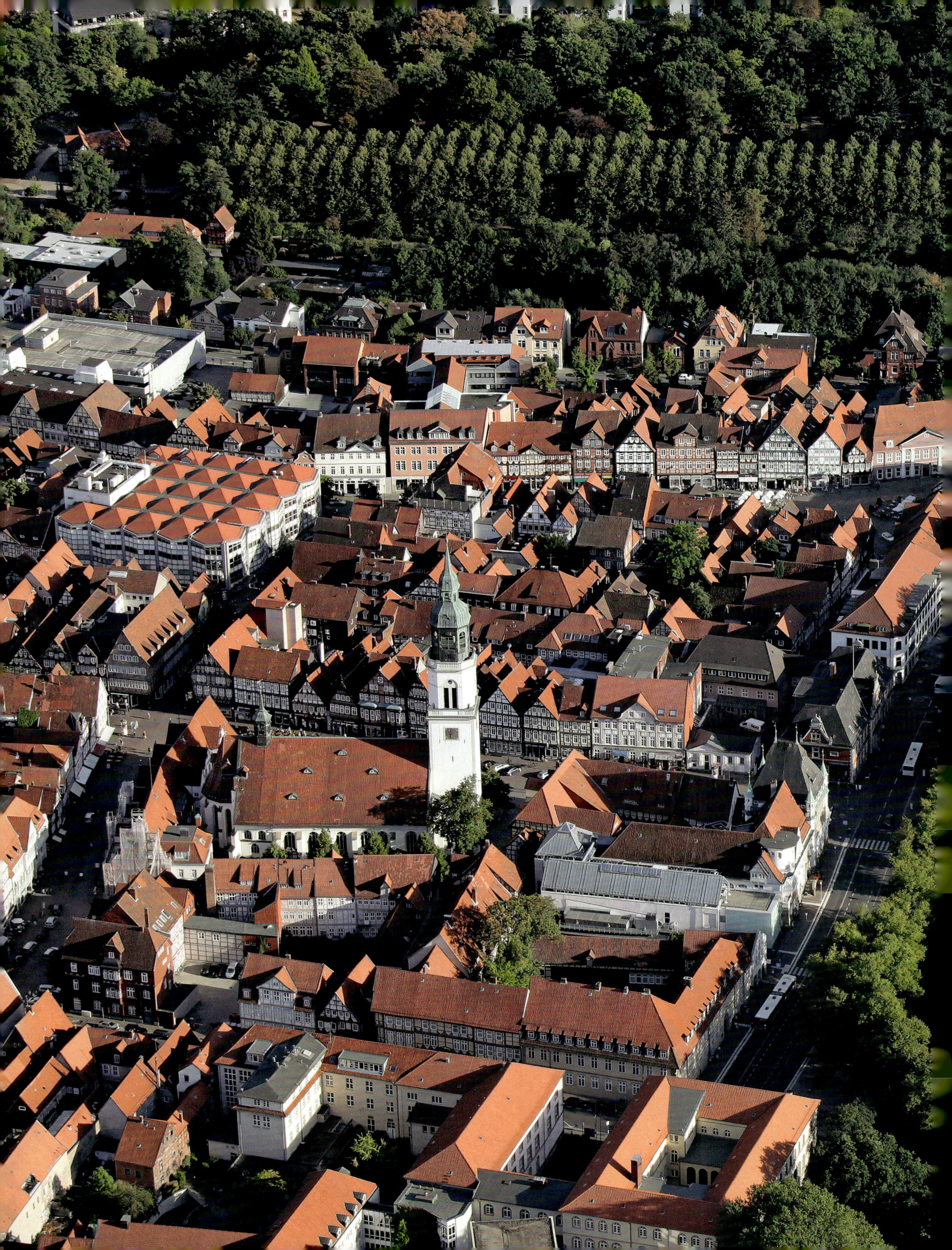

Celle, Schlossgarten (vorn) und Französischer Garten (hinten) aus der Vogelperspektive

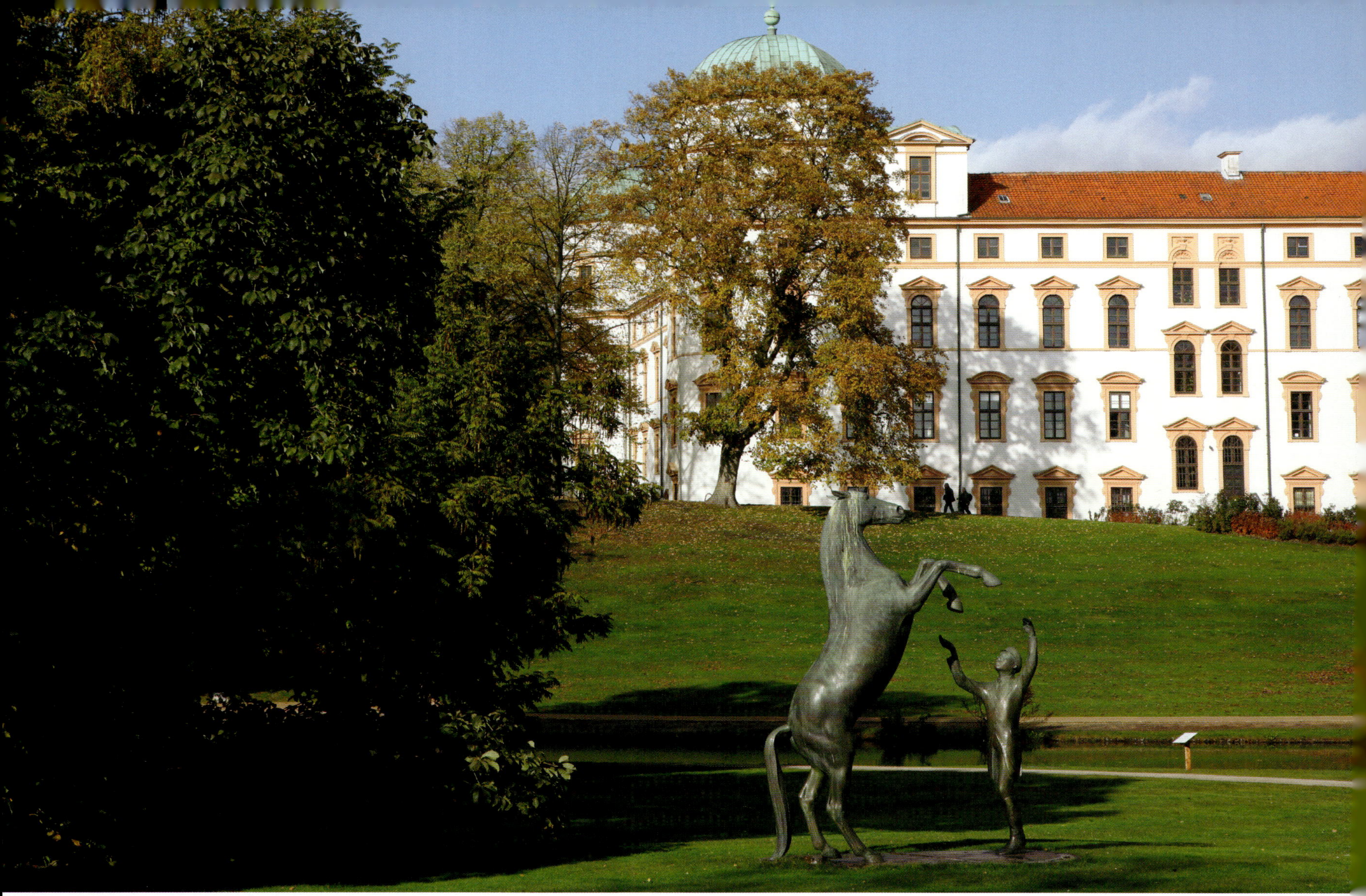

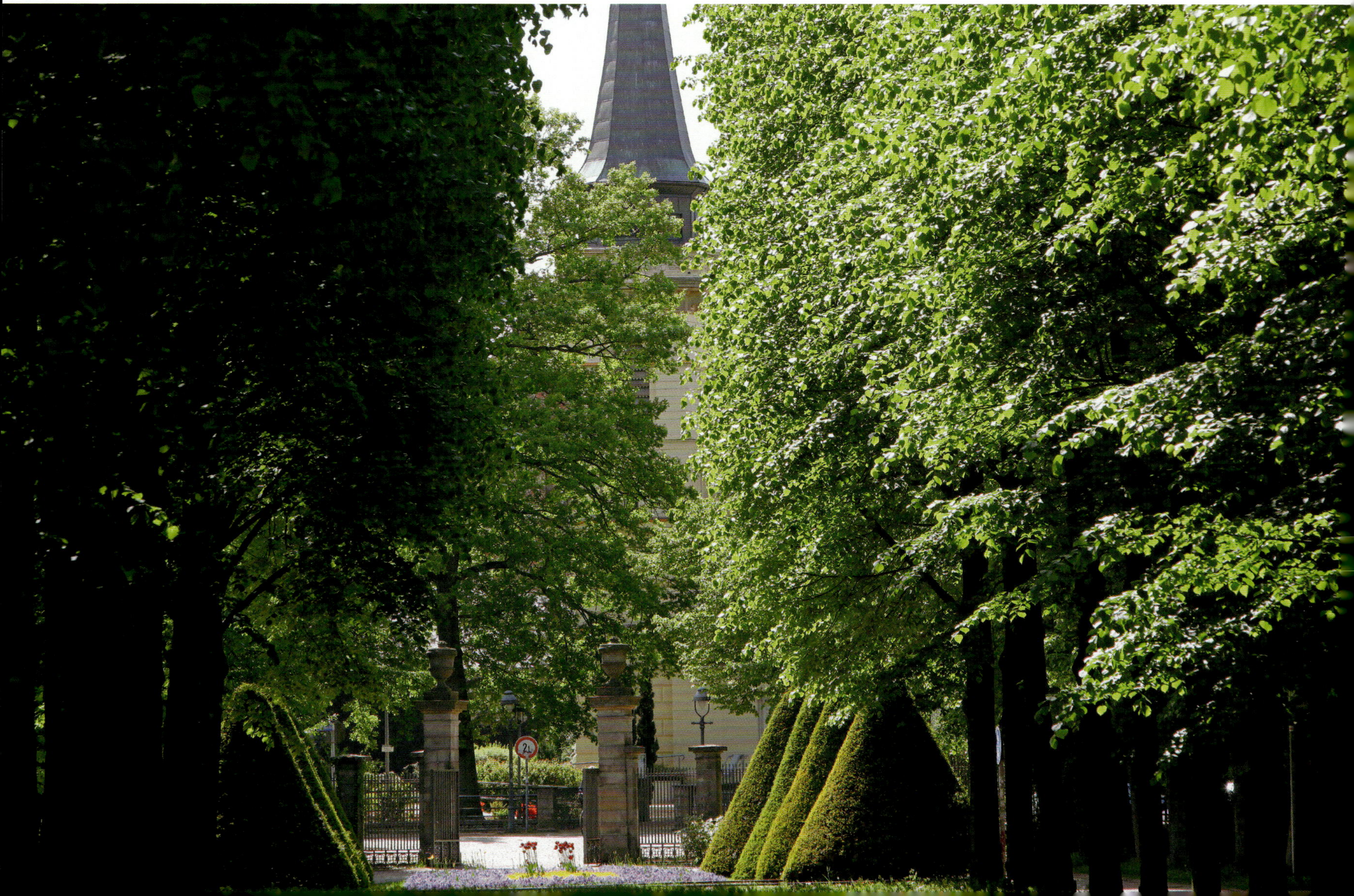

CELLE An keiner Residenz waren die räumlichen Voraussetzungen für eine zeitgemäße Gestaltung günstig. In Celle beispielsweise verhinderten die Verteidigungsgräben und -wälle die Konzeption einer Grünanlage unmittelbar am Schloss. Dieser Mangel wurde jedoch durch verschiedene, etwas abseits platzierte und aufwendig ausgestattete Gärten kompensiert, unter denen die später Französischer Garten genannte Anlage herausragt. Ihre Wurzeln liegen vermutlich im 15. Jahrhundert, Nachweise in den Akten finden sich allerdings erst für das 17. Jahrhundert. Zu dieser Zeit war Celle eine bedeutende Residenzstadt. Das Schloss wurde laufend von zumeist italienischen Künstlern modernisiert und umgestaltet, mit den Gartenarbeiten waren Künstler aus Frankreich betraut. Während in Hannover das Hofleben erst begann, wurde in Celle bereits Theater gespielt und konnte die feine Gesellschaft schon ab 1695 in der neu gepflanzten, vierreihigen Allee im Französischen Garten flanieren. Sie entstand fast dreißig Jahre vor der großen Allee in Herrenhausen. Der Garten war in Grund- und Aufriss geometrisch gestaltet, mit geraden Wegen, die das Gelände in unterschiedlich ausgestattete, annähernd quadratische Beetfelder und Heckenquartiere unterteilten. Darüber hinaus gab es vier Wasserbassins, die später zu einem großen, ovalen Teich zusammengefasst wurden. Über die Ausstattung im Detail ist leider nur wenig bekannt.

Der Große Garten in Herrenhausen hat den Celler Gärten einiges zu verdanken. Als sich das Erlöschen der Celler Welfenlinie abzeichnete (1705), wurden verschiedene Ausstattungsstücke nach Hannover gebracht, darunter einige Figuren und Vasen, schließlich der gesamte Bestand an Orangeriepflanzen. Damit war die Blütezeit der Celler Gartenkunst vorbei. Allerdings wurde auch im 19. Jahrhundert viel Arbeit in die verbliebenen Anlagen gesteckt, es kamen sogar neue, dem Zeitgeschmack entsprechend landschaft-

▲ Schlossgarten Celle, Blick über den Wall zur Stadtkirche St. Marien
◀ oben: Schlossgarten Celle
◀ unten: Celle, Französischer Garten, Blick durch die große Allee auf das westliche Eingangstor

Braunschweig, Schlosspark Richmond,
Blick über den Spielmannsteich

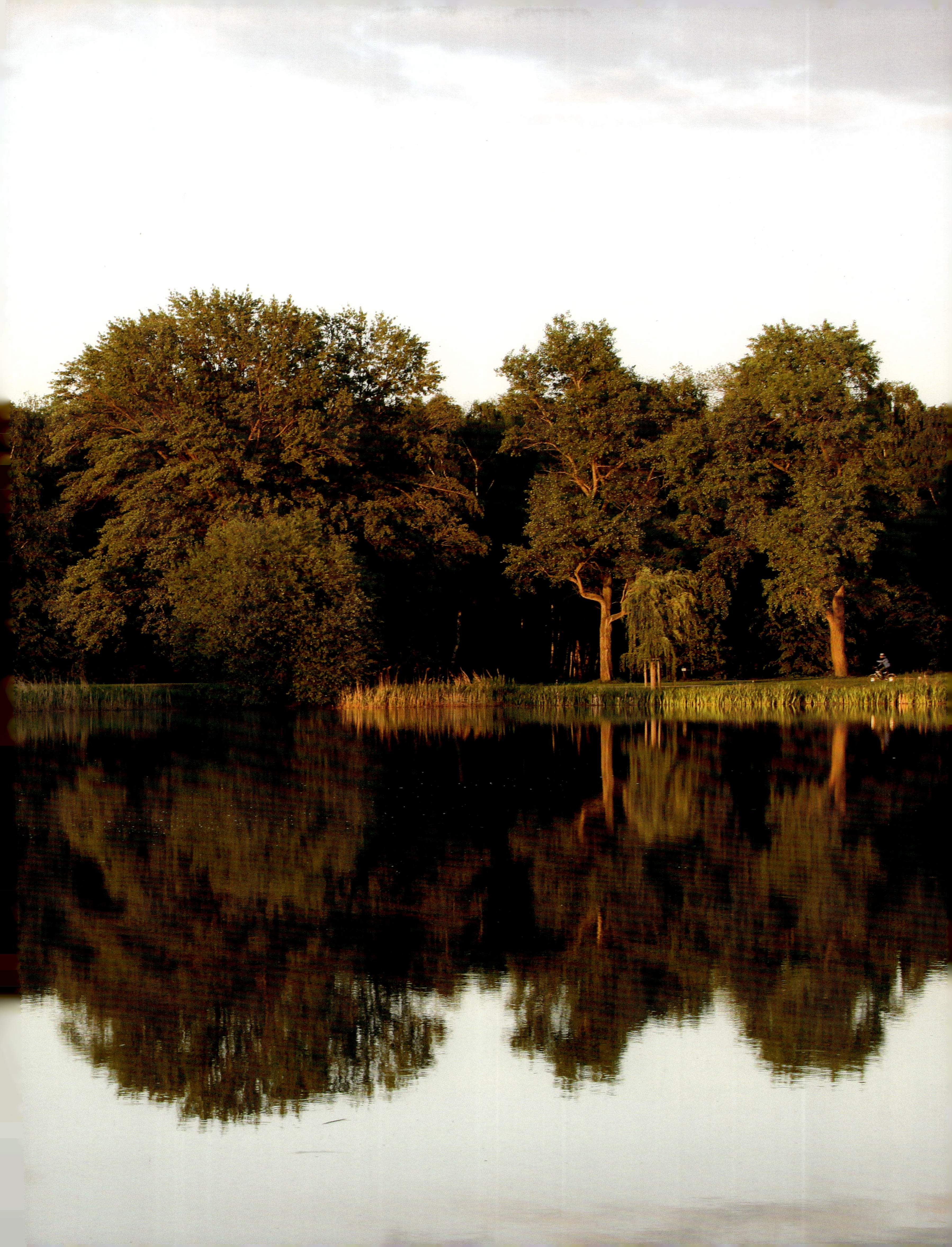

Braunschweig, Schloss Richmond von Westen

liche Partien hinzu. Und endlich wurde das ehrwürdige Schloss zumindest von einem Teil seiner engen Umwallung befreit: Vier Jahrzehnte nach der Aufgabe der Residenz erhielt es eine angemessene Umgebung (ab 1847). Dass auf der vergleichsweise kleinen, noch von Bebauung freien Fläche um den Verteidigungsgraben ein geschmackvoller, das Schloss weich umfließender Landschaftspark von großer Qualität entstand, ist dem Gartenkünstler Christian Schaumburg zu verdanken. Er schuf ein Kleinod, das angesichts der Größe anderer Anlagen wie eine heitere Fingerübung wirkt und seinen Reiz vor allem dem Wechselspiel von Architektur, Wasser und der vielfältigen Bepflanzung verdankt.

Während der Schlossgarten in einem Zuge neu entstand, wurde der Französische Garten ab dem späten 18. Jahrhundert schrittweise zu einem englischen Landschaftspark umgestaltet. Freie Formen lösten auch hier die barocke Geometrie nach und nach auf; Gehölzgruppen, weite Rasenflächen und geschwungene Wege ersetzten die alten, strengen Strukturen. Lediglich die Allee wurde nicht angetastet. An den Arbeiten, die aus dem einst höfischen Garten einen vielbesuchten Stadtpark machten, waren viele Künstler beteiligt, darunter auch der hannoversche Hofgärtner Wendland.

BRAUNSCHWEIG

Ob die ruhmreiche Burg Dankwarderode, die Kaiser Otto IV., Heinrich dem Löwen und anderen Herzögen als Residenz diente, jemals einen Garten besaß, ist nicht bekannt. Das spätere Stadtschloss, der 1838 fertig gestellte und nach dem Krieg abgebrochene bedeutende Bau von Carl Theodor Ottmer, verfügte immerhin über eine kleine Anlage, die sich jedoch ebenfalls nicht in der »autogerechten Stadt« behaupten konnte. Es bleiben einige der vielen im Umfeld der Residenz entstandenen Parkanlagen, auch wenn sie ebenfalls stark verändert, verbaut oder durch Straßen zerschnitten wurden.

Einen guten Eindruck von der besonderen Atmosphäre dieser ehemals abgeschiedenen Rückzugsorte vermittelt bis in die Gegenwart das liebenswürdige Richmond, dessen elegantes Schlösschen unbeeindruckt von den mittlerweile bedrohlich nahe herangerückten Verkehrsadern auf der klei-

Wolfenbüttel, das Residenzschloss

nen Anhöhe steht. »Allein es hat so viel Heiterkeit und Glanz, und liegt so frey im Angesicht der schönen Natur, daß man in dem mildern Frühling und Herbst, oder in den Abendstunden des Sommers sich nicht leicht eine angenehmere Wohnung denken kann«, schrieb 1785 Christian Cay Lorenz Hirschfeld – und daran hat sich nichts geändert. Der Park, ab 1771 bepflanzt, breitet sich vom Schlosshügel Richtung Westen aus und gewinnt trotz des städtischen Umfelds eine überraschende Weitläufigkeit. Wunderbare Details wie das schöne Eingangstor bereichern die Szenerie. Und wenn das Wasser die Seele eines Gartens ist, so besitzt Richmond eine mit besonders weitgespannten Flügeln, denn das Herzstück der Anlage bildet ein großer Teich. In ihm spiegelt sich das Sonnenlicht, und die dichten Gehölzbestände werfen ihre Schatten auf seine vom Wind leicht bewegte Oberfläche.

WOLFENBÜTTEL
Die Wolfenbüttler Residenz, die dritte traditionsreiche Burg der Welfenherzöge, darf für sich in Anspruch nehmen, zumindest für eine kurze Zeit die besten und kreativsten Kräfte des Landes vereinigt zu haben. Die kulturliebenden Herzöge August d. J. und Anton Ulrich konnten sich zwar politisch nicht gegen die hannoversche Linie der Familie durchsetzen, aber die von ihnen zusammengetragenen Sammlungen, die überkommenen Bauten und vor allem die Berichte der Zeitgenossen zeigen, dass sie auf allen Gebieten der Kultur erstklassige Leistungen zu schätzen wussten und diese entsprechend förderten. Die Gartenkunst war selbstverständlicher Bestandteil dieses kulturellen Kosmos, dessen Glanzstück der prachtvolle Schlossgarten in Salzdahlum darstellte. Da in Wolfenbüttel selbst ebenfalls kein Platz für einen Park war, wurde die unscheinbare Domäne großartig ausgebaut. Leider ist die bedeutende, aufwendig ausgestattete Anlage heute nur noch ein Stück Ackerland, und vielleicht findet manchmal ein Landwirt beim Pflügen der Fläche einen goldenen Mörser wie im Grimmschen Märchen von der klugen Bauerntochter. Das Stadtschloss hingegen war noch bis zum Ende des 18. Jahrhunderts von einem Wassergraben umfasst und erhielt erst ab 1804, lange nach der Verlegung der Residenz ins benachbarte Braunschweig, eine gärtnerisch

Wolfenbüttel, Einfassung des Parks am Kleinen Schloss mit Putten als Monatsdarstellungen (1733)

oben: ▶
Der Teepavillon im Schlosspark Oldenburg,
1817–19 nach Plänen von Heinrich Carl Slevogt errichtet
unten: ▶
Oldenburg, Schlosspark

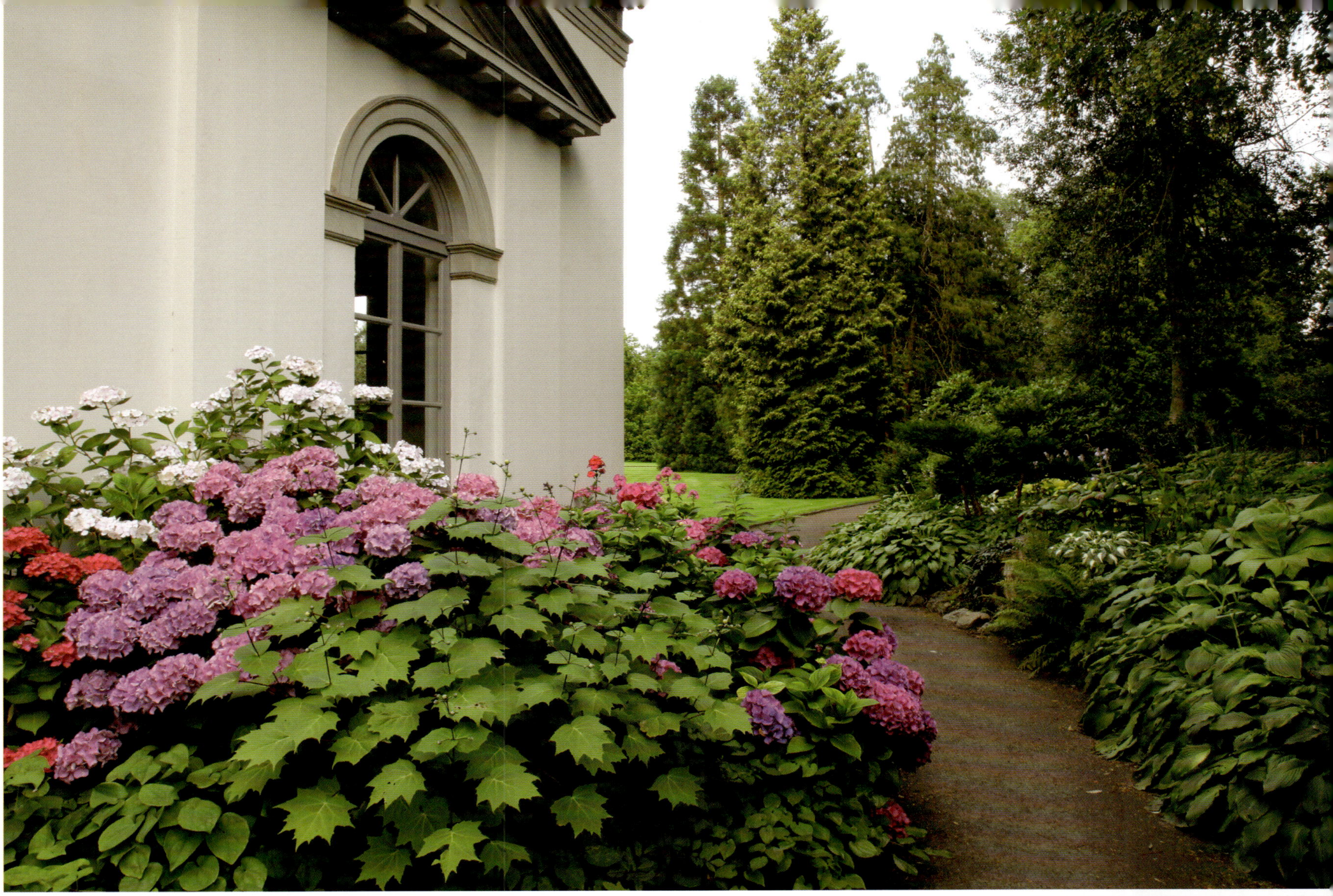

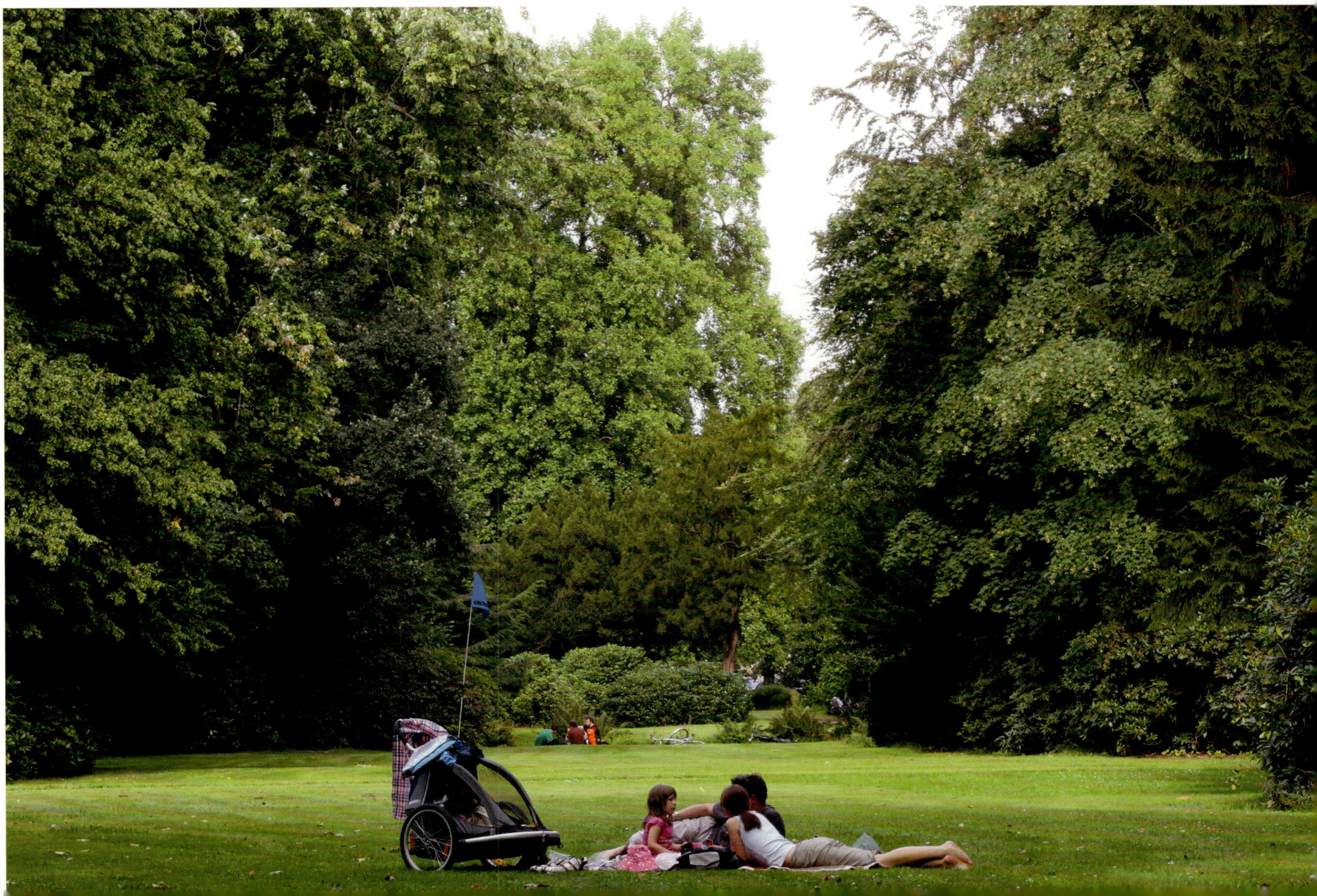

Hannover-Herrenhausen, der aus dem späten 18. Jahrhundert stammende Leibniz-Tempel wurde 1934 vom Waterlooplatz in den Georgengarten nach Herrenhausen versetzt.

Seiten 34 | 35: ▶
Hannover-Herrenhausen,
Großer Garten aus der Luft
Seiten 36 | 37: ▶
Die Augustenbrücke im Georgengarten,
Hannover-Herrenhausen

gestaltete Umgebung. Das kleine, landschaftliche Ensemble hinter dem Schloss ist ein Teil der Wallanlagen, die anstelle der alten Befestigungswerke entstanden sind. Sie bergen noch Reste der früheren Kasematten und Bastionen.

OLDENBURG Ähnlich ungünstig wie in den genannten Städten waren die räumlichen Verhältnisse in Oldenburg. Auch hier boten sich der Gartenkunst nicht die gewünschten Entfaltungsmöglichkeiten, da das aus einer früheren Wasserburg hervorgegangene Schloss quasi ein Teil der Stadtbefestigung war. Darüber hinaus gehörte Oldenburg nach dem Dreißigjährigen Krieg von 1667 bis 1773 zum Dänischen Königreich und stellte nur einen unbedeutenden Verwaltungssitz dar. Die Gartenkunst war in dieser Zeit offensichtlich ein verzichtbarer Luxus. Erst mit dem Wiedererlangen der Selbstständigkeit setzte eine rege Bautätigkeit ein, die Stadt wurde zum Mittelpunkt des nunmehr zum Herzogtum aufgestiegenen Landes. Da der Höhepunkt der Barockzeit bereits überschritten war, entfaltete sich in Oldenburg der Klassizismus und damit auch der englische Landschaftsgarten zu einer Hochblüte. 1797 reiften die ersten Pläne zur Gestaltung einer großzügigen Parkanlage, die sich vom Schloss an der Hunte entlang stadtauswärts ziehen sollte. Durch die französische Besatzung und die teilweise immer noch vorhandenen Wälle zunächst gehemmt, wurden die Arbeiten unter dem kunstsinnigen Herzog Peter Friedrich Ludwig ab 1814 vorangetrieben. Ihm standen einige der besten Gärtner seiner Zeit zur Verfügung, die alle aus der von Carl Ferdinand Bosse (1755–1793) begründeten Familiendynastie stammten und im 19. Jahrhundert das Bild der Stadt maßgeblich prägten. 1832 war der Park weitgehend vollendet. Noch heute ist er mit seinem Reichtum an architektonischen Kleinoden, dem vielfältigen Gehölzbestand und den Wasserläufen ein hervorragendes Beispiel der landschaftlichen Gartenkunst aus der ersten Hälfte des 19. Jahrhunderts.

HANNOVER Die im Allgemeinen eher sparsamen Hannoverschen Herzöge waren jahrzehntelang ohne einen Garten am Stadtschloss ausgekommen und konnten sich erst nach der Erlangung der Kurwürde (1692) entschließen, wenn nicht ihren Hauptsitz, so doch wenigstens ihre Sommerresidenz Herrenhausen entsprechend auszubauen. Dies geschah dann allerdings rasch und im großen Stil. Zudem wurde sehr sorgfältig vorgegangen und der Anlage eine solche Bedeutung beigemessen, dass diese nach der Fertigstellung das kleine Schloss deutlich dominiert haben muss. Die Hauptbautätigkeit fällt in die Jahre zwischen 1680 und etwa 1700, wobei man ein kleineres Vorgängerensemble von 1666 mit einbezog. Aber auch nach dem Ende dieser großen Bauphase wurden – und werden – im Großen Garten immer wieder Veränderungen vorgenommen. Dass er durch die Jahrhunderte sein Gesicht zwar verändert hat, seine Grundstruktur und große Teile seiner Ausstattung jedoch fast unbeschadet erhalten sind, ist ein außergewöhnlicher Glücksfall. Zu Recht darf ihn Wilfried Hansmann »zu den ruhmreichsten deutschen Barockgärten« zählen.

Herrenhausen war immer mehr als nur eine herzogliche Sommerfrische. Der Große Garten ist ein eigentümlicher Organismus, der ganz spezieller Fachleute bedarf, um lebendig zu bleiben. Zwar gibt es heute keine ausgewiesenen Maulwurfsfänger mehr, aber außer den Gärtnern sind Wasserbautechniker, Wegebauer und viele andere Handwerker notwendig bis hin zu den Restauratoren und Vergoldern, die erst jüngst bei der Erneuerung der Figuren im Heckentheater ihr Können unter Beweis gestellt haben. Liebevoll gepflegt kann der Garten seinen ganzen Reiz entfalten und seinerseits Anregungen geben und Kreativität freisetzen. Ein einfacher Spaziergang eröffnet Raumeindrücke, die nur ein barocker Garten bietet. Die großen Perspektiven, die strengen geometrischen Heckenquartiere und die strikte Symmetrie lassen jeden Besuch zu einer persönlichen Studie zum Thema Mensch und Raum werden. Künstlern bietet der Große Garten eine glänzende Bühne und Anknüpfungspunkte für das eigene Schaffen. Auch dies hat eine lange Tradition: Seit es den Garten gibt, gibt es auch Kunst im Garten in jeder Form.

Darüber gerät leicht in Vergessenheit, dass die Anlage nicht zu jeder Zeit die gleiche Wertschätzung erfuhr. Und es ist durchaus interessant, dass nach der Entstehung des Landschaftsgartens in der zweiten Hälfte des 18. Jahrhunderts viele Kunstsinnige sie als Abbild einer verschwindenden Zeit begriffen. Vor allem die strenge Geometrie wurde heftig kritisiert und als künstlich sowie im Sinne der Aufklärung als unnatürlich verworfen. Der große Theoretiker Hirschfeld spürte vor allem den »Zwang gegen die Natur« und sah in der großen Fontäne gar eine Metapher für das Ende des Absolutismus, wenn er 1785 schrieb: »Indessen

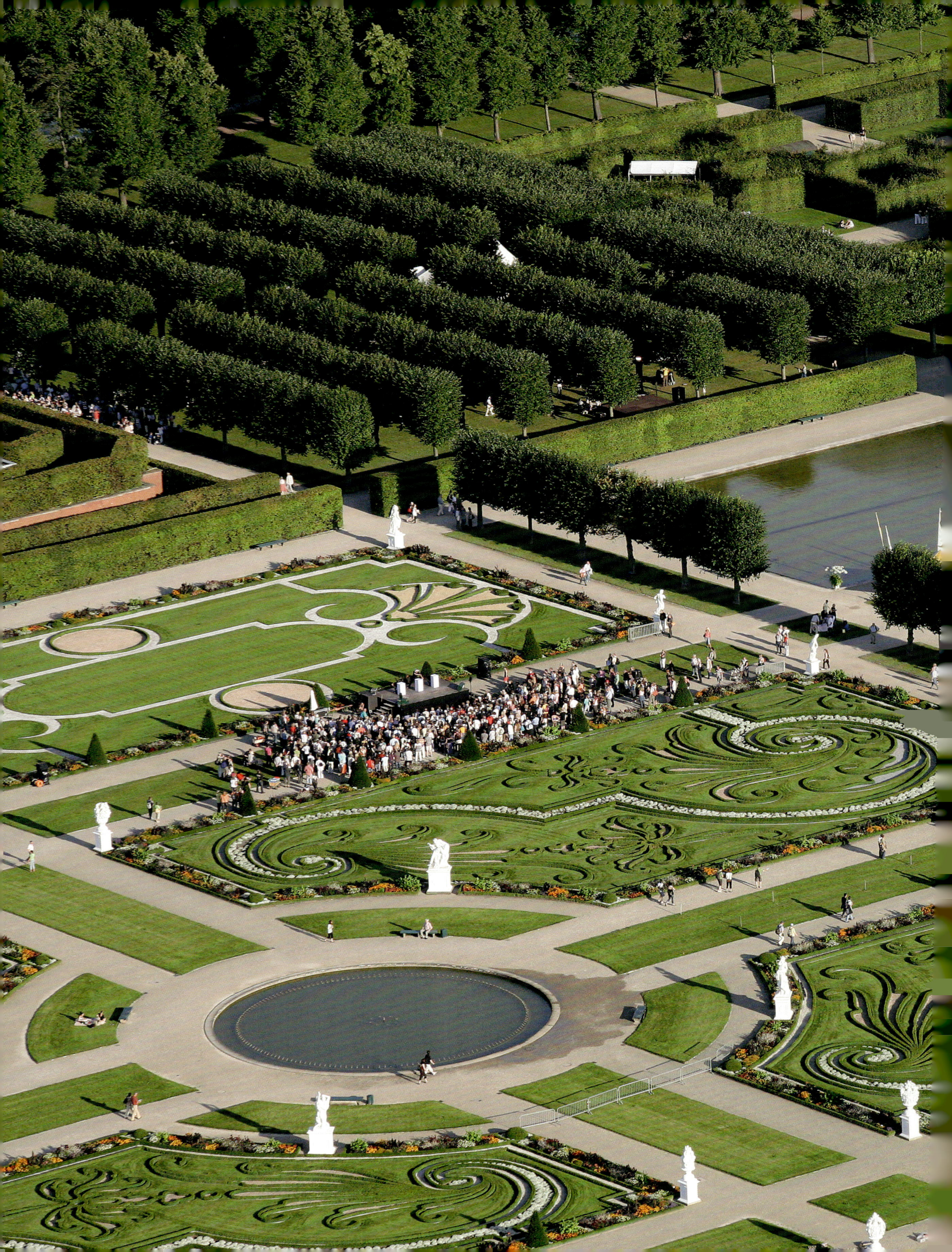

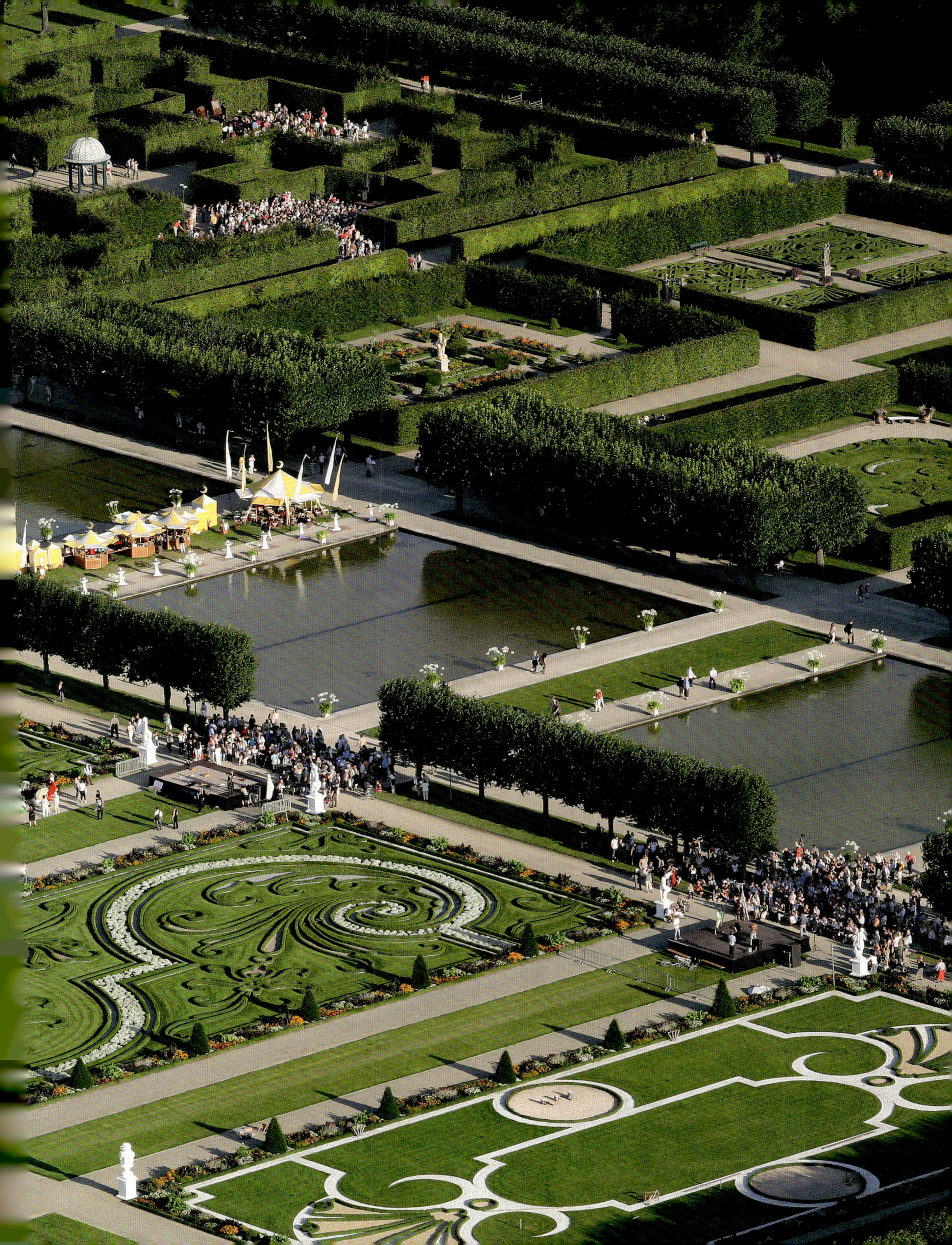

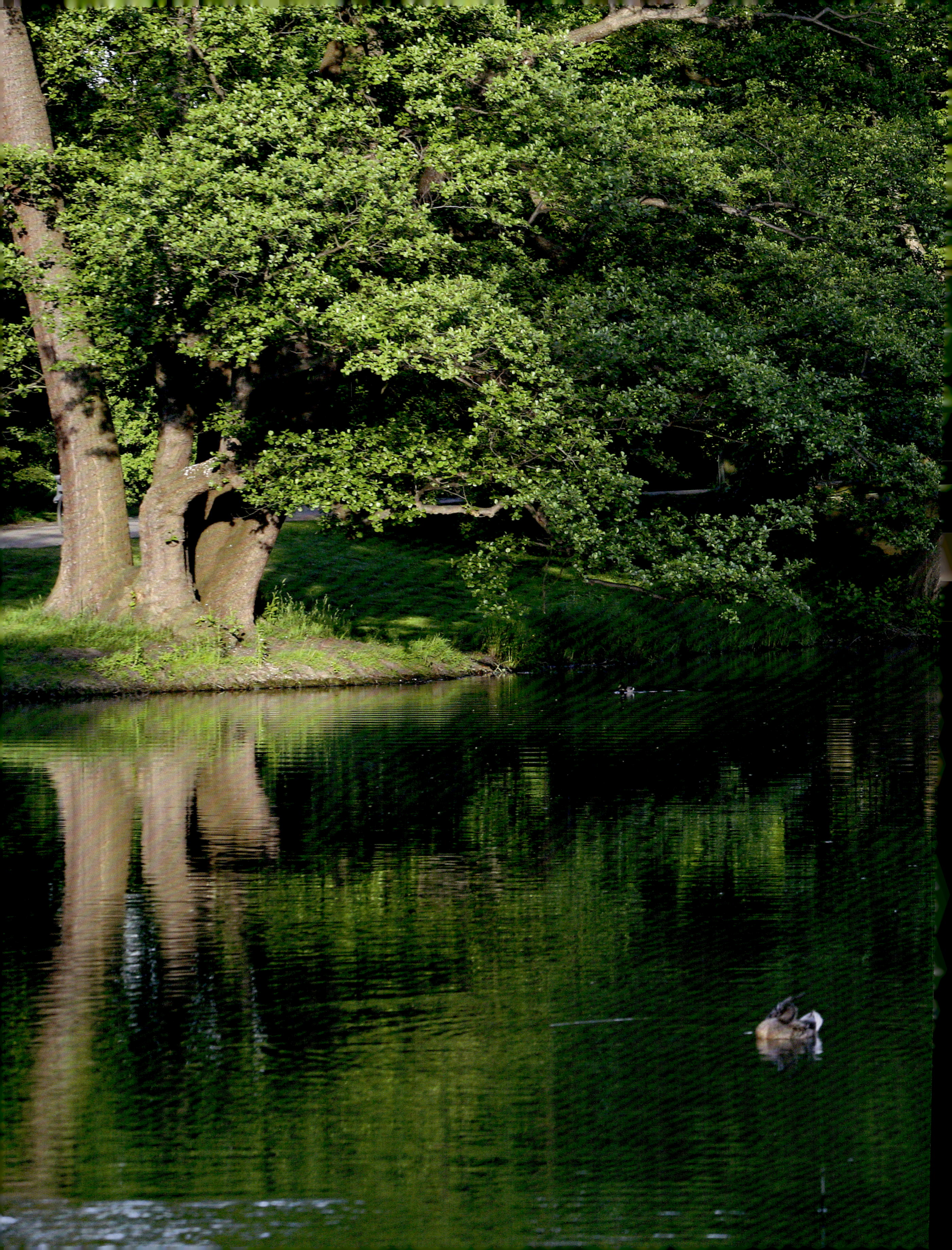

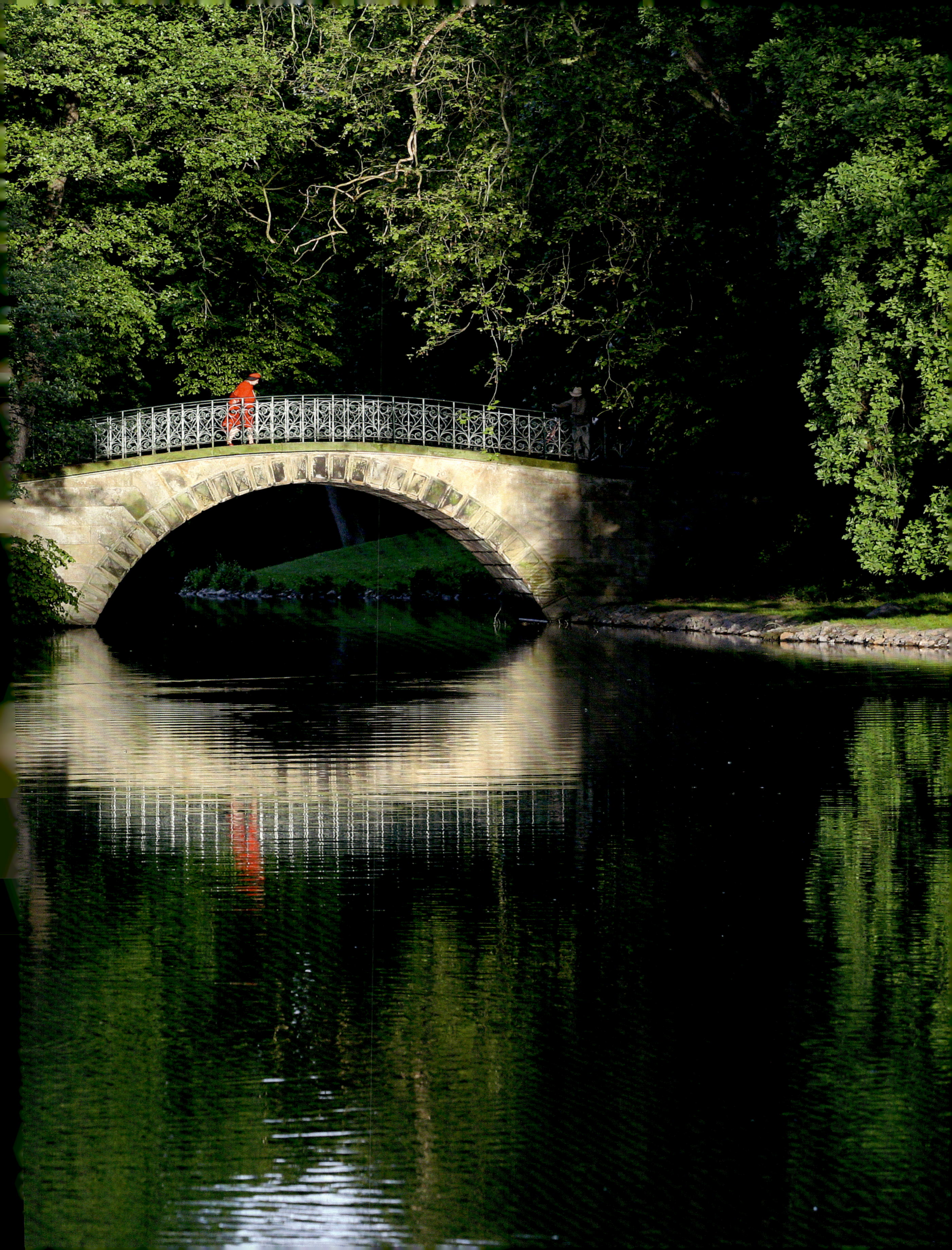

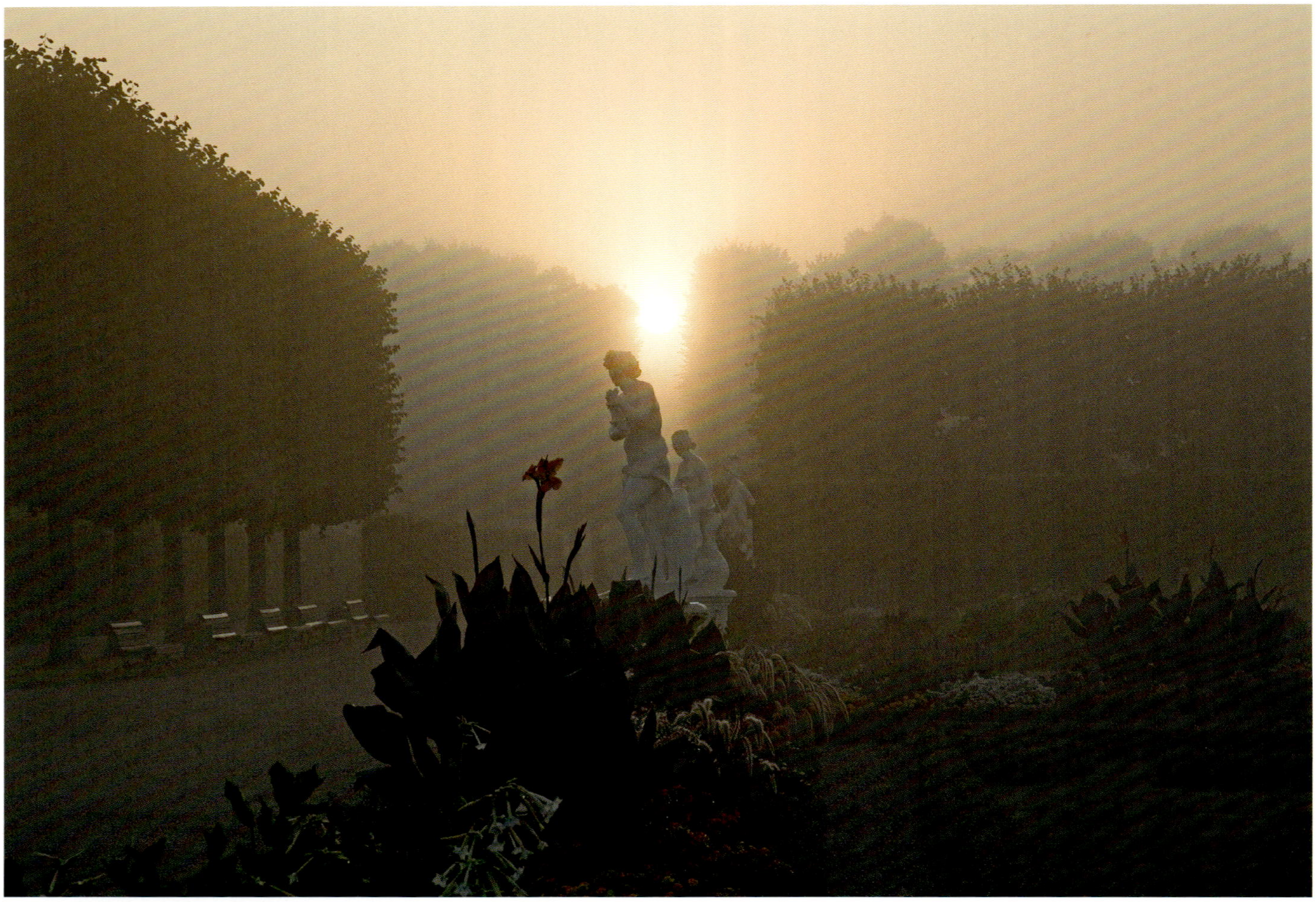

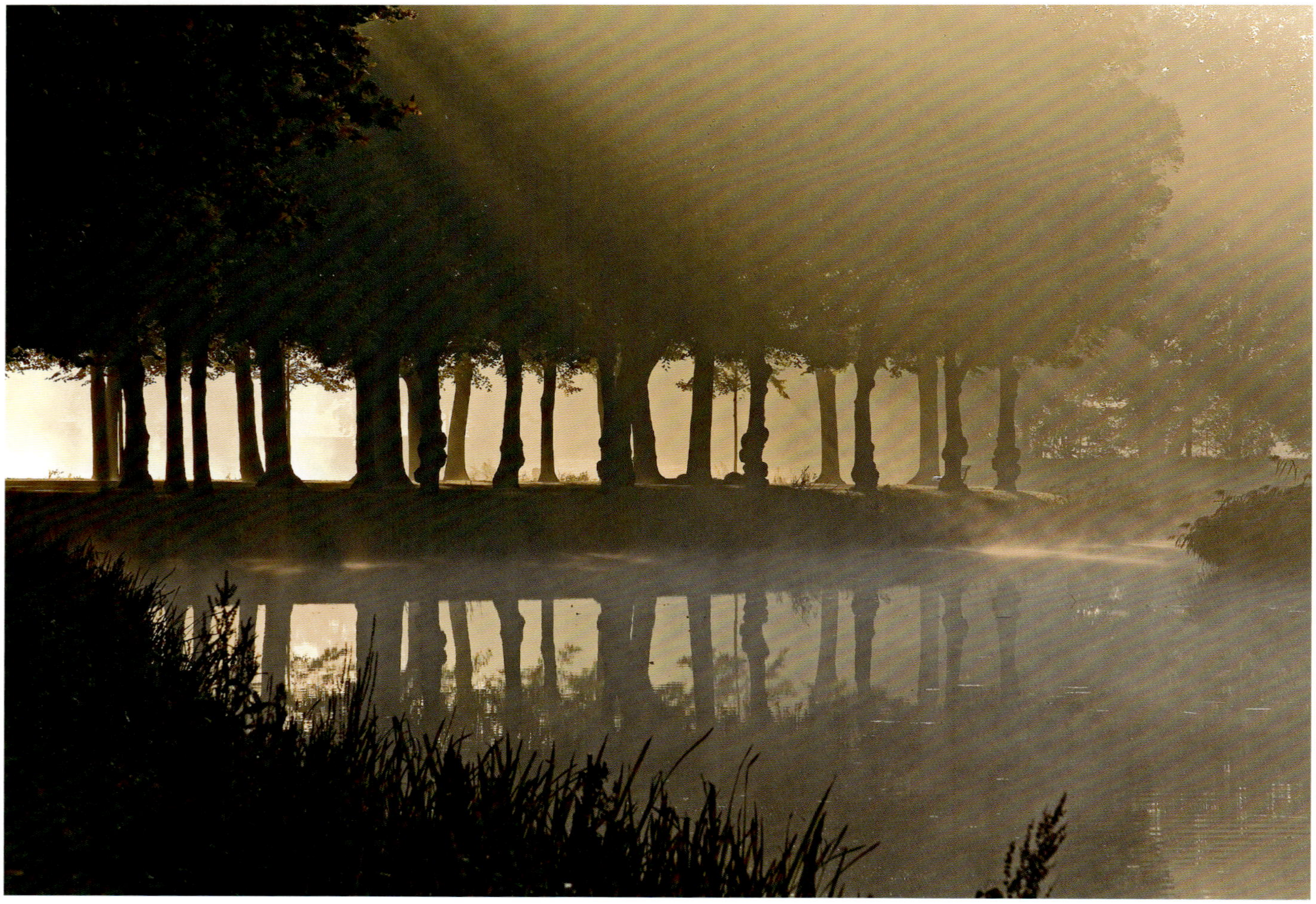

schäumt die stolze Säule immer in ihrer Höhe, blitzende Diamanten springen oben ab, fallen und verschwinden, wie der Kronenschmuck von den Häuptern der Monarchen.« Und noch hundert Jahre später, als der Landschaftsgarten seinerseits ein gewisses Endstadium erreicht hatte, als die Geometrie in der Gartengestaltung wieder Anhänger fand und Herrenhausen längst ein anerkanntes Denkmal seiner Zeit war, meinte Hermann Jäger: »Der Große Garten zeigt die Symmetrie des französischen Stils vielleicht am vollkommensten unter den deutschen Gärten, aber auch die Langweiligkeit und Einförmigkeit desselben« (1888). Nach der Jahrhundertwende mehrten sich jedoch die Stimmen, die ihn gerade wegen seiner unbestreitbaren gestalterischen Qualitäten schätzten und angesichts des schlechten Pflegezustands seine Erhaltung und Instandsetzung forderten. So ist denn wohl der Erwerb durch die Stadt Hannover 1936 und die folgende Restaurierung im Sinne ihrer Bürger zu sehen, für die der Garten bis heute ein großartiges Geschenk darstellt.

Der Große Garten ist ein Teil eines bedeutenden Ensembles hochwertiger Grünanlagen. Und wie in Potsdam oder Wörlitz scheint ein Garten andere anzuziehen. In diesem Fall gesellte sich zu der barocken Komposition ein großer Landschaftspark des 19. Jahrhunderts, der Georgengarten, das Meisterwerk seines Schöpfers Christian Schaumburg. Der Garten hat eine lange Entstehungsgeschichte, ist aus mehreren kleineren Anlagen allmählich zusammengewachsen und bis 1860 ständig erweitert und umgestaltet worden. Heute bildet er eine Art künstlerischer Gegenpol zum Großen Garten. Wie sonst nirgends kann man in Herrenhausen die barocke und die landschaftliche Gartenkunst als zwei völlig konträre Gestaltungsformen so unmittelbar nebeneinander erfahren. Hinzu kommt der Berggarten, der im 19. Jahrhundert aus einer Baumschule entstanden ist und die Botanik als Urquell aller Gartenkunst in den Vordergrund rückt. Hannover-Herrenhausen besitzt ein gärtnerisches Dreigestirn, das durch die große Allee eine grandiose Struktur und Ordnung erhält.

▲ Hannover-Herrenhausen, die Fontäne im Großen Garten
◂ oben: Großer Garten, Figuren im Luststück
◂ unten: Randallee und Graft

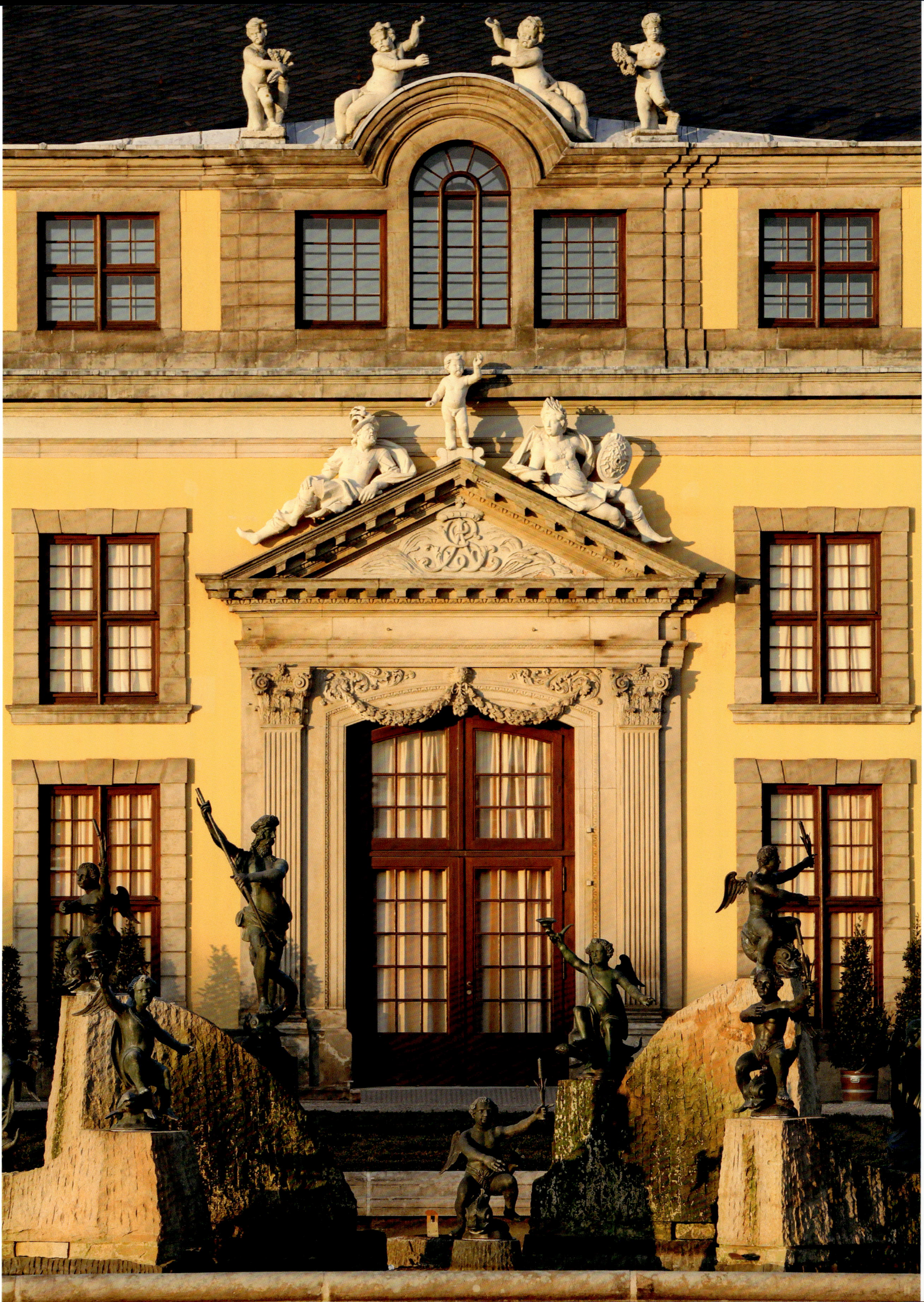

Der neu gestaltete Garten des Hardenbergschen Hauses, zwischen Berggarten und Großem Garten gelegen

◀ Südportal des Galeriegebäudes, Großer Garten, Hannover-Herrenhausen

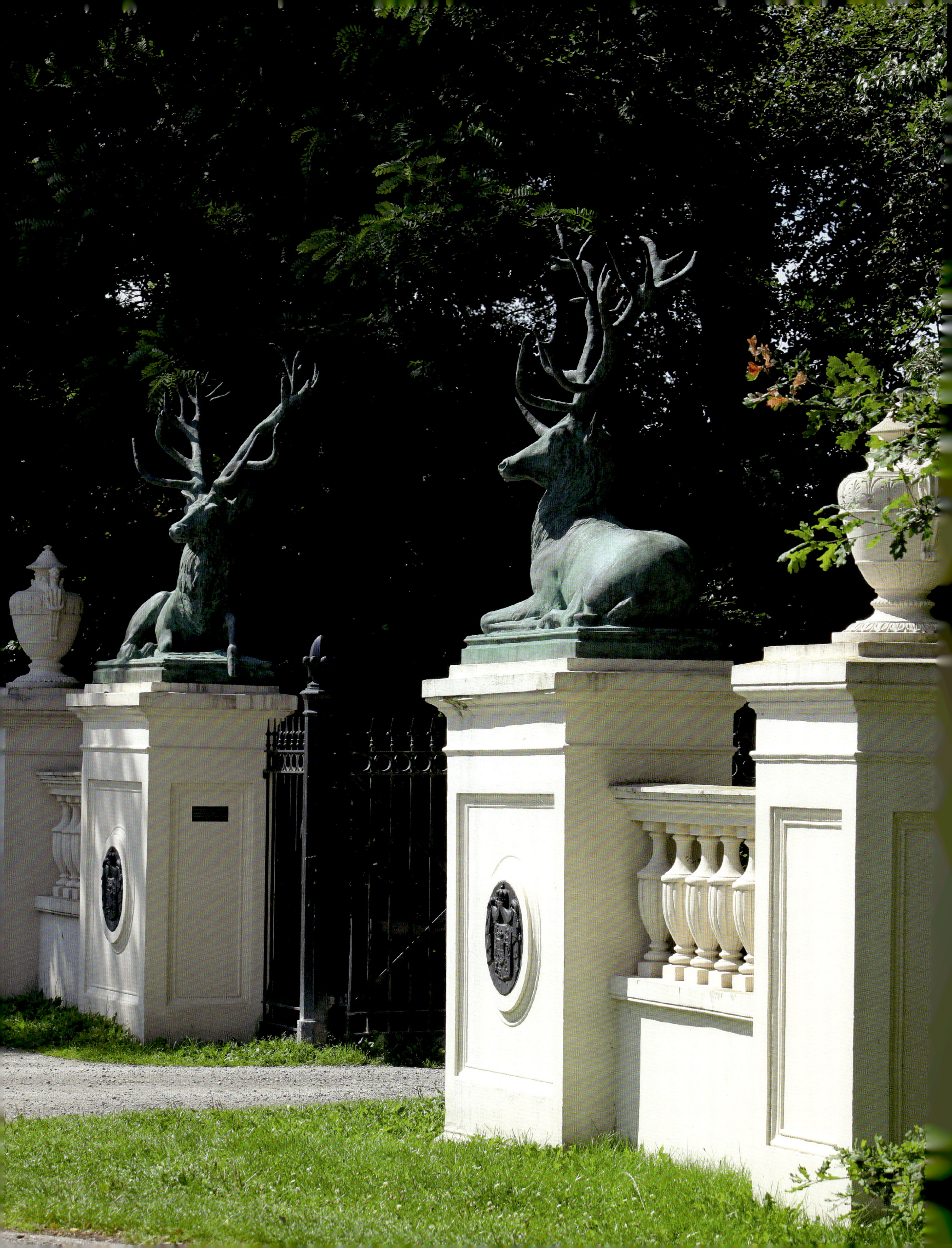

Am Rande der Macht –
Jagdschlösser, Sommerresidenzen und kleine Großfürsten

Die Wende vom 17. zum 18. Jahrhundert schien der Stadt Hannover den Beginn einer glanzvollen Zeit anzukündigen. Die Calenberger Herzöge waren zu Kurfürsten aufgestiegen, die wichtigsten familiären Nebenlinien erloschen oder weitgehend entmachtet und in Hannover die Grundlagen zu einer entsprechenden Residenz mit aufwendiger Hofhaltung gelegt worden. Es kam jedoch anders, denn der weitere Verlauf der Geschichte brachte zwar für die Kurfürsten wachsenden politischen Einfluss und mit dem englischen Königsthron ungeahnte Machtfülle, aber nach ihrem Umzug in die britische Hauptstadt (1714) bildete für sie die »alte Heimat« Hannover vermutlich nur noch einen entfernt liegenden Bezugspunkt, dessen bauliche und künstlerische Entwicklung kein großes Interesse mehr hervorrief. Mit fortschreitender Zeit wurde die frühere Sommerresidenz Herrenhausen, die weitgehend im barocken Zustand blieb, sogar als Monument einer vergangenen Epoche begriffen, das im 19. Jahrhundert gerade wegen seiner unzeitgemäßen Gestaltung geschätzt wurde. Die von vielen Künstlern geforderte Umformung des Großen Gartens zu einem Landschaftspark unterblieb.

Die Übersiedelung des kurfürstlichen Hofs nach London hinterließ ein gewisses Vakuum, das jedoch nicht groß genug war, um eine weitgehend unabhängige, von anderen geistigen oder gesellschaftlichen Strömungen geprägte Politik der in Hannover mit den Regierungsgeschäften betrauten Minister und Staatsbeamten zu befördern. Anders beispielsweise in England selbst, wo eine gegen den Hof gerichtete Kultur entstand, die sich vor allem in großartigen Schöpfungen der Gartenkunst manifestierte. Die weitläufigen Landschaftsgärten von Chiswick, Stowe, Rousham und Holkham Hall sind Ausdruck einer veränderten gesellschaftspolitischen Haltung. Ähnliches war im Kurfürstentum Hannover oder den angrenzenden Staaten nicht zu beobachten. Hingegen entstanden abseits der großen Residenzen viele Ensembles, die heute noch zu den schönsten Gärten des Landes zählen und oft Zeugen der vielschichtigen politischen Vergangenheit Niedersachsens sind.

BÜCKEBURG Neben den großen Staatengebilden Norddeutschlands und den zumindest zeitweise einflussreichen Bistümern konnten sich einige kleine Grafschaften und Fürstentümer behaupten. Sie wussten sich geschickt aus den Streitereien der Großmächte herauszuhalten und verloren ihre Selbstständigkeit auch durch Heirat, Erbgang oder Verpfändung nicht. Zu ihnen gehört das kleine Schaumburg-Lippe, das aus der Teilung der alten Grafschaft Schaumburg 1647 hervorging. Bereits 1606 hatte der Hof das alte Schloss in Stadthagen verlassen und in der Burg des nahe gelegenen Bückeburg Quartier bezogen. Schon vorher, mit dem Regierungsantritt von Fürst Ernst im Jahre 1601, hatte eine umfangreiche Bautätigkeit begonnen, die Kunstwerke von europäischem Rang hinterließ, vor allem im Bereich der Plastik. Auch der Gartenkunst wurde ein hoher Stellenwert beigemessen, ab 1606 ließ der Fürst einen Kleinen und einen Großen Lustgarten anlegen, über deren Gestaltung jedoch nur wenig bekannt ist. Eine Erinnerung an sie und zugleich ein Indiz für das außergewöhnliche Qualitätsbewusstsein von Ernst sind die beiden wunderbaren Figurengruppen auf der Schlossbrücke, die Adrian de Vries 1621 schuf. Die westliche zeigt den Raub der Proserpina, weniger dramatisch als Giovanni da Bolognas Figuren, aber ausgewogener und mit einem fast schelmischen Amor versehen. Gegenüber sind Venus und Adonis zu sehen, sehr verinnerlicht und der Umwelt entrückt. Allein diese Skulpturen lassen vermuten, dass mit der späteren Vernachlässigung beziehungsweise Zerstö-

◀ Schlosspark Rastede, das Hirschtor am früheren Haupteingang

Bückeburg, Blick über den Wassergraben zum Schloss

Mitte: Bückeburg, Schlossbrücke; »Venus und Adonis« von Adrian de Vries ▶
rechts: Bückeburg, Schlosstor mit Figuren von Hans Wulff ▶

rung des Bückeburger Lustgartens eine höchst anspruchsvolle Anlage verloren ging.

Im 18. Jahrhundert wurde Bückeburg noch einmal zu einem kulturellen Mittelpunkt. Nun war es Graf Wilhelm (1724–1777), der Künstler und Gelehrte an seinen Hof zog, darunter Johann Christoph Friedrich Bach und Johann Gottfried Herder. Als Bauherr verfolgte er außergewöhnliche Ideen, wie die unkonventionellen und rätselhaften Pläne von den Gärten seines Jagdschlosses Baum im Schaumburger Wald zeigen. Sein ambitioniertes kulturelles Schaffen ist heute jedoch nur noch wenig greifbar. Offenbar versuchte er ebenso wie Fürst Franz von Anhalt-Dessau, seine Grafschaft auch mit Hilfe der Gartenkunst in eine Art aufgeklärten Musterstaat zu verwandeln. Ihm fehlte dafür jedoch die wirtschaftliche Basis. Wie zu dieser Zeit die Gärten am Schloss ausgesehen haben, ist nicht dokumentiert.

Der heutige Schlosspark entstand erst, als die Stadt die ersten Schritte in das Zeitalter der Industrie unternahm. 1834 bis 1868 wurde die Stadtbefestigung abgetragen und auf dem frei werdenden Gelände unmittelbar am vermutlich noch mittelalterlichen Schlossgraben ein artenreicher, kleinräumiger Landschaftspark angelegt. Zwischen Park und Graben befindet sich eine Kastanienallee, die beide harmonisch miteinander verbindet. Eine weitere Allee führt auf den wuchtigen Schlossturm zu, vielleicht tradiert sie eine ältere Struktur. Spätere Hinzufügungen sind der Rosengarten und das monumentale Mausoleum, 1913 bis 1915 nach Plänen von Paul Baumgarten errichtet. Es ist von einem eigenen, deutlich von der geometrischen Gartenkunst des frühen 20. Jahrhunderts beeinflussten Parkbereich umgeben.

Rastede, Garten des herzoglichen Palais

Rastede, Schloss und Park

RASTEDE Mit ursprünglich weit über 300 Hektar Größe sprengt der Schlosspark der kleinen, wenige Kilometer nördlich von Oldenburg gelegenen Sommerresidenz Rastede den Rahmen eines Parks im engeren Sinne deutlich, so dass eher von gestalteter Landschaft gesprochen werden muss. Allerdings schmückte man nur den Bereich um das ab 1756 anstelle eines bescheidenen Vorgängerbaus errichtete Schloss intensiv aus, weite Partien der Anlage blieben waldartig und wurden nur durch sehr sorgfältig angelegte Wege mit begleitenden Pflanzungen erschlossen. Die Arbeiten begannen 1784, einige Jahre nachdem der Oldenburger Herzog Peter Friedrich Ludwig das Anwesen erworben und für seine Sommeraufenthalte eingerichtet hatte. Er war einer der von der Aufklärung beeinflussten Herzöge und interessierte sich sehr für die Gartenkunst und den aus England kommenden Landschaftspark, der für ihn nicht ein äußeres Attribut, sondern Ausweis seiner fortschrittlichen Gesinnung, Ausdruck eines neuen Naturverständnisses und letztlich auch eines neuen Menschenbildes war. Zunächst wurde die Umgestaltung des vorhandenen barocken Gartens vorangetrieben, unter der Federführung des bereits erwähnten hervorragenden Hofgärtners Carl Ferdinand Bosse. In den folgenden Jahren vergrößerte man den Park immer wieder und bereicherte ihn mit Teichanlagen, Rhododendronpflanzungen sowie verschiedenen Kleinarchitekturen. Um 1900 hatte er seine endgültige Größe erreicht.

Wie an anderen Residenzen ist auch im Umfeld des Oldenburger Hofs eine Häufung hochwertiger Parkanlagen zu beobachten. Neben den beiden großen Schlossgärten in der Stadt und in Rastede muss beispielsweise das reizvolle Ensemble des herzoglichen Palais in Rastede erwähnt werden, das dem Schloss gegenüber liegt und das Anno 1800 Graf Schmettau errichten ließ. Es diente später den herzoglichen Söhnen als Unterkunft. Das elegante klassizistische Gebäude ist von einem abwechslungsreichen Landschaftsgarten mit vielfältigem Baumbestand umgeben.

NEUSTADT AM RÜBENBERGE Das ab 1573 anstelle einer älteren Burg errichtete Schloss Landestrost in Neustadt am Rübenberge wurde zu einer Zeit erbaut, in der die Calenberger Herzöge noch keine zentrale Residenz besaßen, sondern – wie im Mittelalter die Kaiser zwischen den Pfalzen – zwischen verschiedenen Orten und Schlössern pendelten. In Hannover gab es kein Stadtschloss, und die mittelalterliche Feste Calenberg, die wichtigste Burg der Herzöge, war vermutlich kalt und unbequem, so dass sie über keine den Schlössern ihrer Vettern in Celle, Wolfenbüttel oder der glanzvollen Braunschweiger Burg vergleichbare Behausung verfügten. Herzog Erich II. (1540–1584) nahm daher drei Großprojekte in Angriff, um diesen unbefriedigenden Zustand zu ändern, konnte sich aber nicht auf einen Ort als Mittelpunkt festlegen. In Hannoversch Münden ließ er das abgebrannte Schloss wieder aufbauen, in Uslar die alte Burg durch einen – allerdings nicht mehr vollendeten – Neubau ersetzen und in Neustadt ebenfalls auf den Mauern einer alten Brandruine ein neues, dem Geschmack der Renaissance entsprechendes Bauwerk errichten. Mehrfache Um- und Anbauten sowie ebenfalls mehrfache Zerstörungen prägen die folgende Geschichte dieses liebenswerten Gebäudes, das durch die Wärme seines sorgfältig aufgeführten Backsteinmauerwerks den Betrachter für sich einnimmt.

Auch in Neustadt hatte man das Schloss eng mit den Verteidigungsanlagen verbunden, so dass an einen Garten am Haus nicht zu denken war. In diesem Fall wurde jedoch eine der Bastionen selbst benutzt, um auf dem Plateau wenigstens ein kleines Stück gestaltetes Grün anzulegen. Bis heute ist an dieser Stelle ein Garten vorhanden, der allerdings oft verändert, zerstört, vernachlässigt und wieder neu angelegt wurde. Durch die enge Verbindung zu den früheren Verteidigungsanlagen bietet er ein sehr gutes Beispiel für die Situation vieler Grünanlagen des 15. und 16. Jahrhunderts, die man ebenfalls aus Mangel an geeignetem Gelände auf Befestigungswällen platzierte.

JEVER

Die Stadt Jever stellte bereits in frühmittelalterlicher Zeit einen bedeutenden Handelsplatz dar, dessen Gewicht ständig zunahm. Es ist daher kein Wunder, dass die benachbarten Grafschaften Oldenburg und Ostfriesland bestrebt waren, sich den Ort einzuverleiben. Lediglich im 15. und 16. Jahrhundert konnte Jever sich als selbstständiges Territorium behaupten. In diese Zeit fällt auch eine großartige kulturelle Blüte, deren bauliche Zeugnisse heute noch beeindrucken.

Die Gründung der Burg erfolgte vermutlich um 1370, bis zur Mitte des 19. Jahrhunderts wurde sie immer wieder verändert und umgebaut. Über einen Garten, der spätestens ab dem 16. Jahrhundert anzunehmen ist, sind bisher kaum Informationen greifbar. Da die Burg in die Stadtbefestigung

Neustadt, der Schlossgarten mit seinem gewaltigen Fundament, einer früheren Bastion

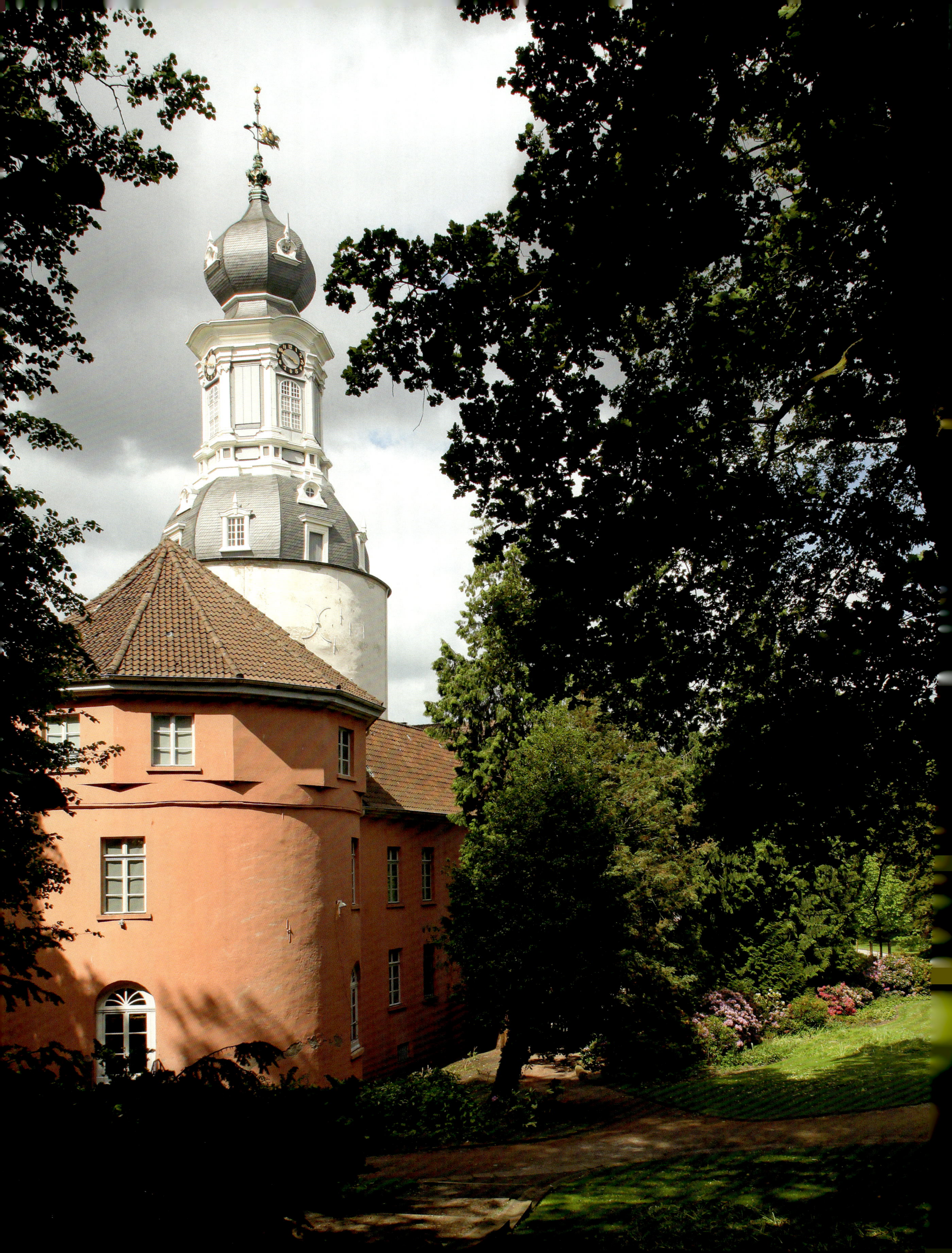

Schlosspark Jever, Partie am Graben

◀ Jever, der prachtvolle Schlossturm
 in landschaftlicher Umgebung

Clemenswerth, Gesamtansicht (um 1995), im Vordergrund der sogenannte Klostergarten

einbezogen war, müssen gärtnerisch gestaltete Anlagen außerhalb der Wälle gelegen haben oder auf beengtem Grund unmittelbar an der Mauer. Ein Idealplan aus der Mitte des 18. Jahrhunderts zeigt einen Garten südlich der Burg und verschiedene Pflanzungen auf den Wällen, aber es ist unsicher, ob diese jemals ausgeführt wurden.

Ende des 18. Jahrhunderts streifte den beschaulichen Ort kurz das Licht der großen Weltpolitik. Nachdem 1667 die Herrschaft Jever an das ebenfalls verträumte Anhalt-Zerbst gefallen war und nur noch kurzen Sommeraufenthalten diente, wurden beide mit der Thronbesteigung der Zarin Katharina II., einer anhaltinischen Prinzessin, plötzlich zu winzigen Außenposten des riesigen russischen Reiches. Jever gehörte genau 25 Jahre zu Russland, 1818 erklärte man es wieder zu einem Teil des im Wiener Kongress zum Großherzogtum erhobenen Oldenburg. In die folgende Zeit fällt auch die Anlage des heutigen Schlossparks, der nach der Schleifung der Befestigung ab 1828 entstand. Auftraggeber war der gartenbegeisterte Herzog Peter Friedrich Ludwig, der zuvor bereits für die beiden Schlossparks in Oldenburg und Rastede verantwortlich gezeichnet hatte. Die ersten Pläne stammten von seinem Architekten Ernst Lassius. Das vergleichsweise kleine, aber stark bewegte Gelände ist geschickt genutzt worden, um verschiedene landschaftliche Partien zu schaffen. Besonders reizvoll sind die Uferzonen der früheren Verteidigungsgräben gestaltet. Die alte südliche Bastei wurde zu einem hohen Aussichtshügel mit einem runden Platz umgeformt.

Das Zentrum der Anlage jedoch bildet der 1736 vollendete Schlossturm, ein Wunder barocker Zimmermannskunst und neben dem Turm von St. Cosmae in Stade das schönste derartige Bauwerk Niedersachsens. Von den Parkwegen aus erscheint er immer wieder durch große Bäume gerahmt in wechselnden, prächtigen Ansichten.

CLEMENSWERTH

Das Kleinod Clemenswerth, inmitten der Wälder des Hümmling gelegen, ist in mancher Hinsicht eine Ausnahme. Es zählt zu den wenigen vollständig erhaltenen barocken Jagdschlössern in Niedersachsen, wurde zudem nicht von einem Herrscher aus dem Umkreis der Welfen errichtet, sondern von dem Wittelsbacher Prinz Clemens August, dem späteren Kurfürsten und Fürstbischof von Köln. Und es ist dank des hervorragenden Architekten Conrad Schlaun eine ausnehmende Schönheit, die in Norddeutschland einzig dasteht. Die wichtigsten Grunddaten: 1736 bis 1746 Errichtung des aus mehreren Bauten bestehenden Ensembles einschließlich der Gartenanlage und der weit in die Landschaft ausgreifenden Alleen und Jagdschneisen; nach dem Tod des Fürstbischofs 1761 Abtransport des Mobiliars; 1803 Besitzerwechsel, die Herzöge von Arenberg richten einige Gebäude neu ein; im Zweiten Weltkrieg erhebliche Schäden und wiederum Verlust der Innenausstattung. Seit 1967 gehört die Anlage dem Kreis Emsland, der sich verstärkt um die Restaurierung von Park und Schloss bemüht. Das Ensemble ist seit seiner Fertigstellung nicht überformt worden und zählt zu den barocken Kostbarkeiten, die bis heute fast unverändert erhalten sind.

Die Harmonie der Gesamtanlage, die paradoxe Gleichzeitigkeit von Intimität und Weitläufigkeit, die Strenge im Ganzen und die Verspieltheit im Detail, dies alles lässt sich auf Bildern nicht einfangen und kann nur vor Ort erlebt werden. Besonders verblüffend ist die starke Räumlichkeit und die von ihr ausgehende Dynamik, die der Betrachter beim Umschreiten des kleinen Schlosses spürt. Sie macht Clemenswerth zu einem wahrhaft barocken Kunstwerk ersten Ranges. Durch die in einem Kranz um das Schlösschen angeordneten acht Pavillons entsteht eine kreisende Bewegung, die von den großen und kleinen, auf das Zentrum zulaufenden und gleichzeitig von ihm ausstrahlenden Achsen immer wieder durchbrochen wird. Diese unterschiedlichen, fast gegensätzlichen Bewegungsrichtungen sind wunderbar aufeinander abgestimmt und bilden ein dynamisches Gleichgewicht, das eine heitere Lebendigkeit erzeugt, ohne in Unruhe umzuschlagen.

BURG BENTHEIM

Ohne Otto von Northeim, dem ersten namentlich bekannten Besitzer der Bentheimer Burg, Unrecht zu tun oder den Ruhm der anderen edlen Ritter zu schmälern, die die Anlage entweder erfolgreich gestürmt oder auch verteidigt haben: Die Historie der ehrwürdigen Festung verläuft insgesamt wenig spektakulär. Um 1020 erstmals urkundlich erwähnt, war sie im Laufe ihrer Geschichte in der Hand verschiedener Familien. Bemerkenswert aber ist, dass es verhältnismäßig wenige Belagerungen gab. Nach dem Dreißigjährigen Krieg besaß die Burg keine strategische Bedeutung mehr, so dass erstmals ihre Umgebung gärtnerisch gestaltet werden konnte. Vor der nördlichen Burgmauer wurde ab 1694 ein groß dimensionierter

Burg Bentheim, Anlagen im Hof der Burg

Burg Bentheim, Mauer am Prinzessinnengarten ▶

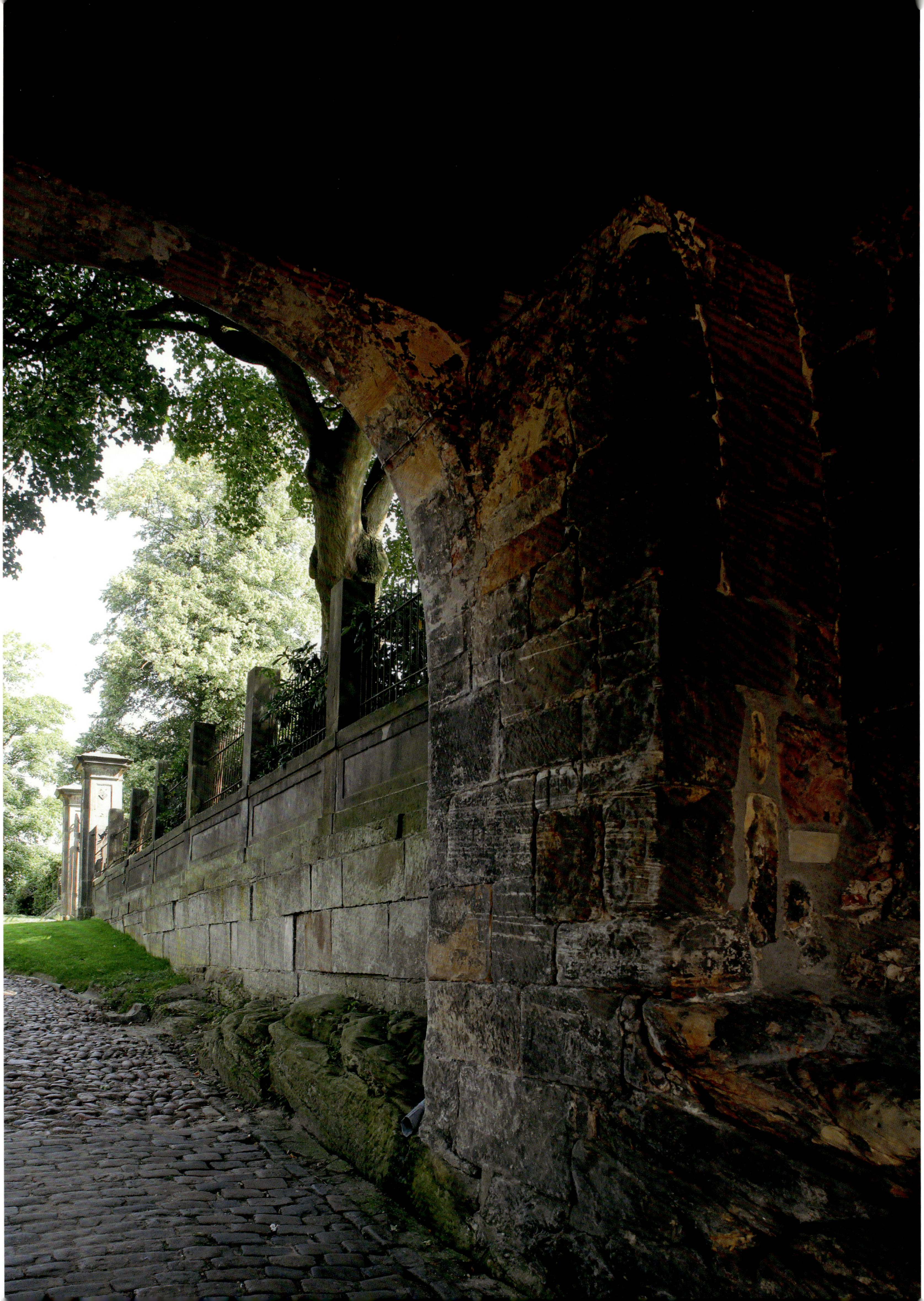

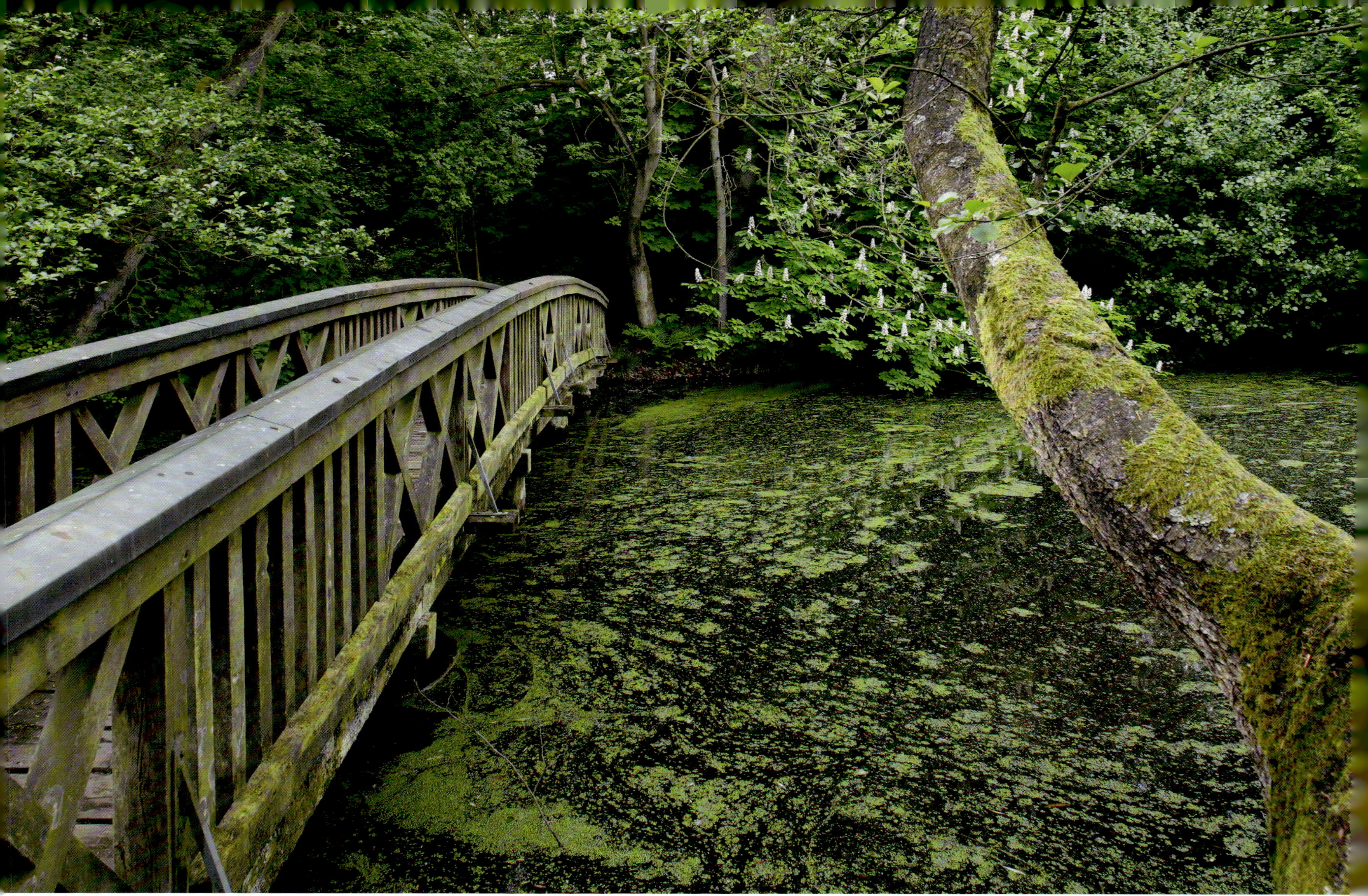
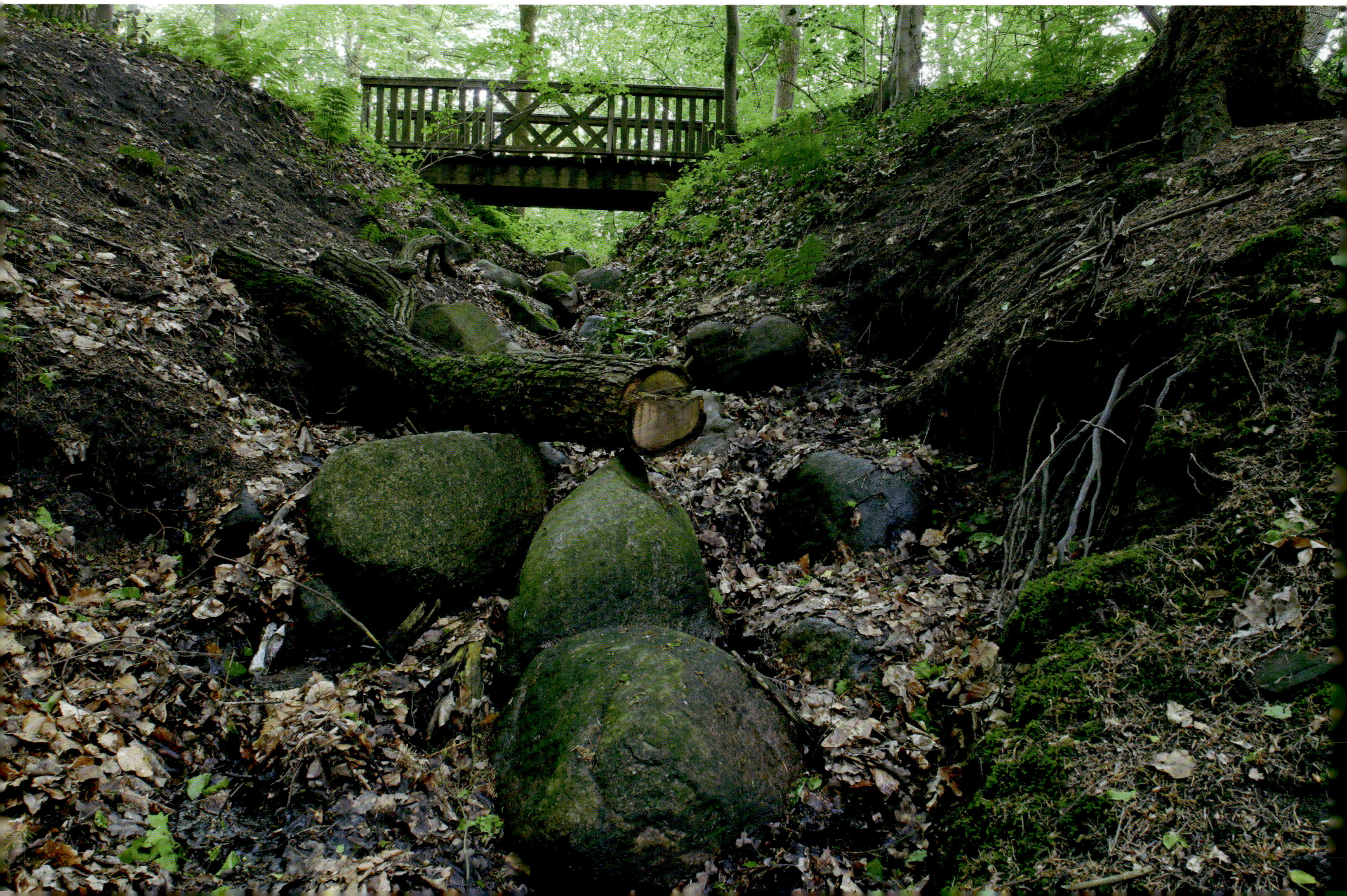

◀ oben: Agathenburg, die Brücke über den Teich im Schlosspark
◀ unten: Agathenburg, Brücke und Kaskade im Schlosspark

Garten angelegt, dessen Herzstück ein mehrteiliges Parterre bildete. An dessen Seiten pflanzte man zwei einige Kilometer lange Alleen, die ein durch Schneisen gegliedertes, weiter entfernt liegendes Jagdgehege mit der Festung verbanden. Durch weitere Alleen entstanden mehrere sternförmige Plätze, von denen einige mit kleinen steinernen Objekten markiert waren. Vorhanden sind heute noch ein Obelisk (1710) und der sogenannte Höltingstuhl, eine breite, reliefgeschmückte Stehle. Diese Artefakte sind die schönsten ihrer Art in Niedersachsen und das beste Beispiel für ein derart akzentuiertes System von Jagdschneisen.

Von der grandiosen barocken Anlage blieben nur noch wenige Teile erhalten. Vermutlich war sie bereits Mitte des 18. Jahrhunderts nicht mehr in einem guten Zustand, denn 1752 fiel die Burg als Pfand an das hannoversche Kurfürstentum.

AGATHENBURG

Es gibt Parkanlagen, deren frühere Bedeutung heute nur noch schwer vorstellbar und deren großartige Gestaltung kaum noch sichtbar sind. Und die dennoch einen gewissen Charme besitzen und durch eine verbesserte Pflege viel von ihrem alten Glanz zurückerhalten könnten. Die Agathenburg bei Stade ist dafür ein Beispiel. Ihre Entstehung ist eng mit dem Dreißigjährigen Krieg und seinen Folgen verbunden. Das vor dem Krieg noch Lieth genannte Dorf war ein altes Vorwerk des Stader Marienklosters und wurde wie der gesamte kirchliche Besitz nach dem endgültigen Sieg der schwedischen Truppen auf Anweisung von Königin Christine der Krone zugeschlagen. 1652 kaufte Generalgouverneur Hans Christoph von Königsmarck, der höchste Vertreter Schwedens im Elbe-Weser-Raum, die heruntergekommenen Gebäude und die Ländereien und errichtete in den folgenden Jahren einen repräsentativen Herrensitz mit einem barocken Garten. Neben Bremervörde war dies die größte derartige Anlage zwischen Hamburg und Bremen. Sie bestand aus einem Blumengarten, einem terrassierten Obstgarten und einem sehr großen, fast quadratischen Lustgarten, der unterhalb des an der Geestkante errichteten Schlosses in der Ebene der Elbmarsch lag. Über die Ausstattung und Gestaltung des Ensembles, das durch verschiedene Pläne dokumentiert ist, kann leider nur wenig gesagt werden, aber es gehörte mit Sicherheit zu den aufwendigsten und prächtigsten im norddeutschen Tiefland.

Zwei Personen der Familie von Königmarck müssen erwähnt werden, wenn von der Agathenburg die Rede ist: Graf Philip Christoph, der Liebhaber der hannoverschen Prinzessin Sophie Dorothea, von 1688 bis zu seiner Ermordung 1694 im Besitz der Anlage, und als sozusagen heiteres Gegenüber die lebenslustige, hochgebildete und außerordentlich kreative Maria Aurora (1662–1728), eine der faszinierendsten Persönlichkeiten des barocken Europa, die »interessanteste Frau zweier Jahrhunderte«, wie Voltaire sie nannte. Maria Aurora machte auf ihren ausgedehnten Reisen immer wieder Station auf der Agathenburg, dem Ort ihrer Kindheit. Sie muss die Gärten noch in ihrer ganzen Schönheit erlebt haben.

In den folgenden Jahrhunderten wechselte die Agathenburg mehrfach den Besitzer, sie diente lange Zeit als Amtshaus, wurde 1877 verkauft und gelangte im 20. Jahrhundert an die Familie zum Felde. Haus und Ländereien waren bereits in schlechtem Zustand, als 1921 ein Feuer das Gebäude bis auf die Außenmauern zerstörte. Zwar wurde das Schloss sehr sorgfältig wieder aufgebaut, aber die wertvolle Innenausstattung war vernichtet. Die Familie zum Felde hat sich sehr um den Wiederaufbau verdient gemacht und vermutlich auch, nach Jahren der Vernachlässigung, um die Gartenanlagen gekümmert. Ob der heutige Landschaftspark auf ihre Veranlassung hin entstanden ist, lässt sich nicht sagen. Mit Sicherheit ist er im Zuge der Baumaßnahmen instand gesetzt worden und wurde bis in die 50er-Jahre hinein liebevoll unterhalten. Dass die inzwischen im Besitz des Kreises Stade befindliche Anlage nicht ihrer historischen Bedeutung und ihrer reizvollen Gestaltung entsprechend gepflegt wird, ist bedauerlich.

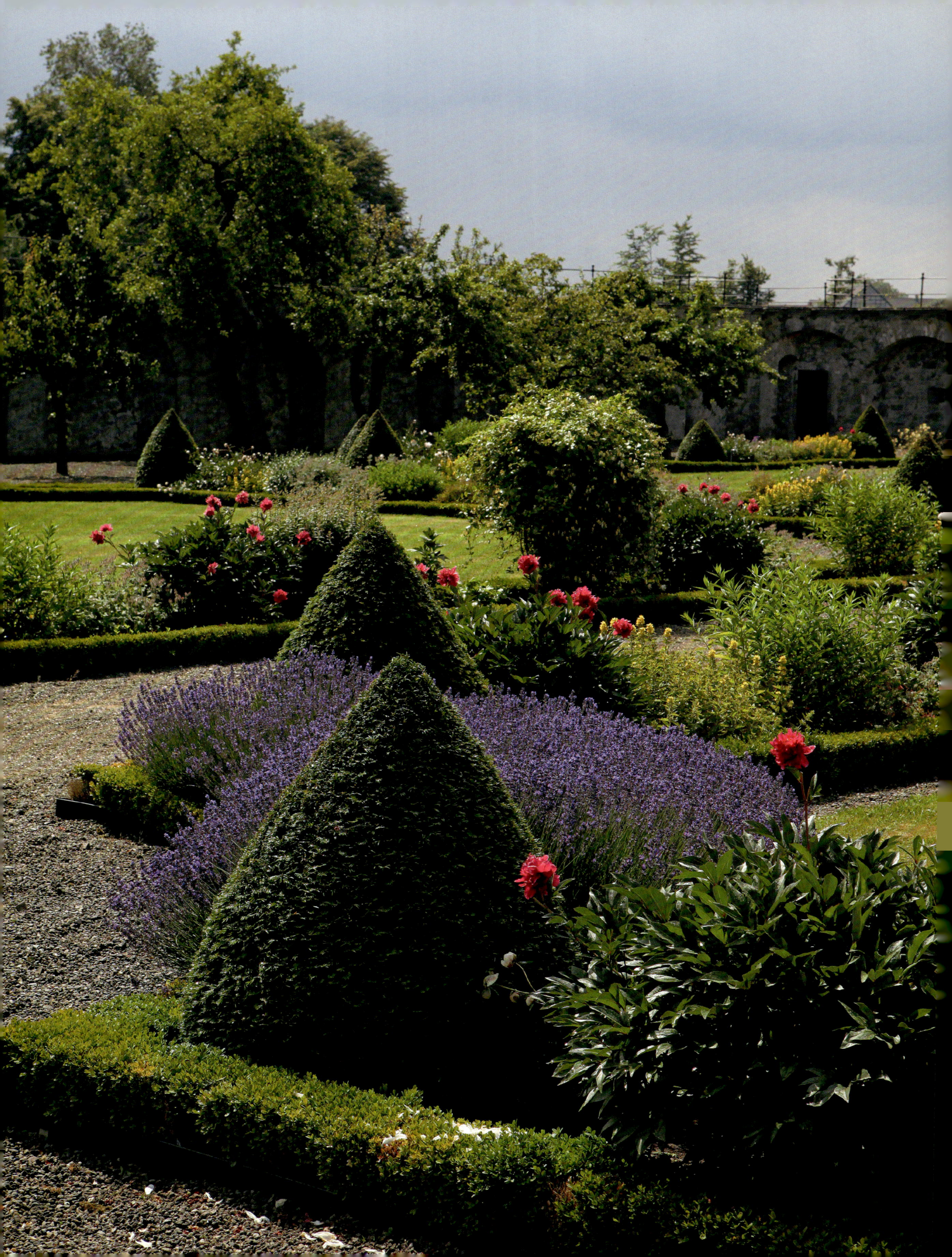

Ländliche Gartenkunst –
Anlagen der großen adeligen Güter

Auf welche Weise gelangen die von enthusiastischen Theoretikern, kunstsinnigen Herrschern und hervorragenden Gärtnern geschaffenen Formen und Gestaltungselemente der stilbildenden Anlagen in die vielen Gärten, die sozusagen den gartenkünstlerischen Unterbau bilden? Wie fanden die streng komponierten Perspektiven des Barock, wie die raffinierten Raumgebilde des englischen Landschaftsgartens den Weg von den großartigen Residenzen – freilich verändert und oft komprimiert – in die nach hunderten zu zählenden ländlichen Anlagen der kleinen Leute? Wie also geht der Prozess vor sich, dem die Ethnologen und Historiker die unschöne Bezeichnung »absinkendes Kulturgut« gegeben haben? So als handele es sich dabei um eine schwerfällige Masse, die sich auf dem Grund eines Sees absetzt und einen trägen Morast bildet.

Es ist unzweifelhaft, dass die Vermittlung der Gartenkultur – zumindest bis in die Mitte des 19. Jahrhunderts – weitgehend nicht durch Bücher oder Bilder geschah, sondern aus eigener, direkter Anschauung heraus. Dabei zeichnen sich zwei Möglichkeiten ab: Zum einen gab es Anlagen, die von Anfang an als Orte der »Ausbildung« konzipiert waren. Sie standen allen Besuchern offen und sollten als positive Beispiele und explizite Vorbilder Anregungen für eigene Unternehmungen bieten. Neben der Gestaltung wurden neueste Erkenntnisse des Obstbaus, der Land- und auch der Forstwirtschaft an die ländliche Bevölkerung weitergegeben. Die Absicht dabei war, im Sinne der Aufklärung den allgemeinen Lebensstandard in den ländlichen Regionen zu heben. Das bekannteste Beispiel für eine solche Bildungsstätte unter freiem Himmel sind die Gärten, mit denen Franz von Anhalt-Dessau sein kleines Fürstentum überzog (ab etwa 1764). Deren Mittelpunkt bildet der Wörlitzer Park, der sich wie eine große Enzyklopädie lesen lässt.

Der zweite Weg, auf dem der ländlichen Bevölkerung die Gartenkultur vermittelt wurde, ist weniger von einem erzieherischen Impuls bestimmt: Er führte über die in den Anlagen arbeitenden Tagelöhner. Sie kamen unmittelbar mit der Gartenkunst in Berührung, sie erlebten direkt die Erfolge oder Misserfolge neuer Anbaumethoden oder Pflegetechniken, konnten sich von der Brauchbarkeit verschiedener Geräte überzeugen und der Wuchsfreudigkeit neuester Züchtungen. Die so gewonnenen Erkenntnisse wurden an anderen Orten den Gegebenheiten entsprechend abgewandelt und umgesetzt. Es ist nicht auszuschließen, dass auch in diesem Fall ein pädagogischer Gedanke eine Rolle spielte. Denn von einigen Gartenbesitzern sind Äußerungen erhalten, die durch eine besondere Förderung eine Schulung ihrer Arbeiter verfolgten und sich der Vorbildhaftigkeit ihres eigenen Handelns durchaus bewusst waren. Dass viele von ihnen den Gedanken der Aufklärung nahe standen und zu den Pionieren des Landschaftsgartens gehörten, verwundert nicht, beinhaltete dieser doch zumindest in seiner ersten Phase immer auch ein Bekenntnis zu freiheitlicher Politik, gesellschaftlichem Fortschritt und einem moralisch-humanistischen Menschenbild. Stellvertretend seien hier die vielleicht wichtigsten Vertreter genannt, mit deren Namen sehr frühe Versuche landschaftlicher Gestaltung in Norddeutschland verbunden sind: die Familie von Veltheim, in deren Besitz sich verschiedene Anlagen im Raum Braunschweig/Helmstedt befanden, die Familie von Hinüber, die im Hannoverschen Raum wirkte, und vor allem Otto von Münchhausen, der Herausgeber des »Hausvater«, Besitzer von Gut Schwöbber bei Hameln und Gründungsmitglied der Königlichen Landwirtschaftsgesellschaft (1764). Erinnert sei auch an Adolf Freiherr Knigge und seine von tiefem Humanismus zeugende, aber später als Schule der Höflichkeiten missverstandene Schrift

◀ Gesmold, Rabatte des neu angelegten Parterres

Seiten 58|59: Lütetsburg, Schlosspark ▶

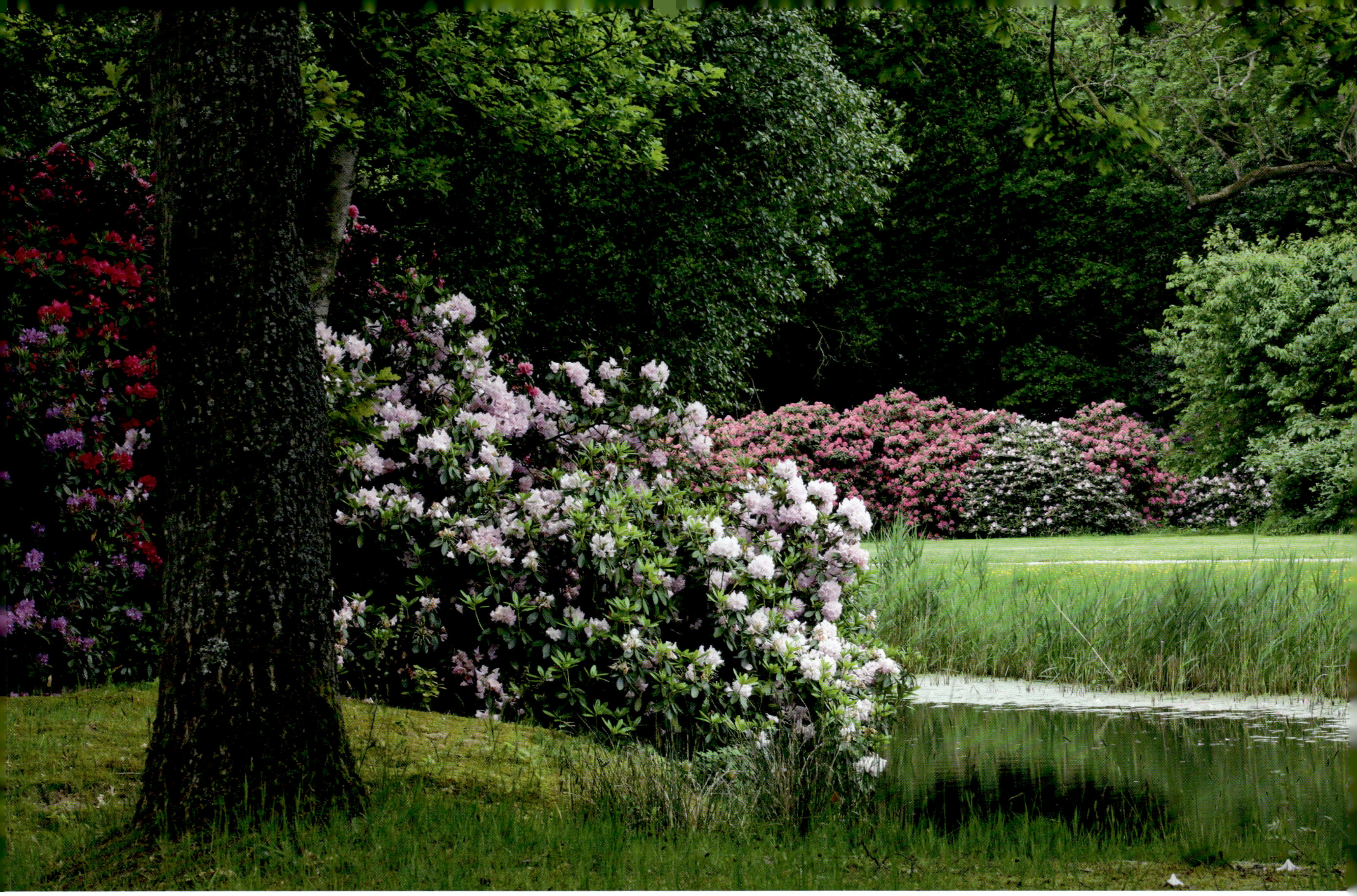

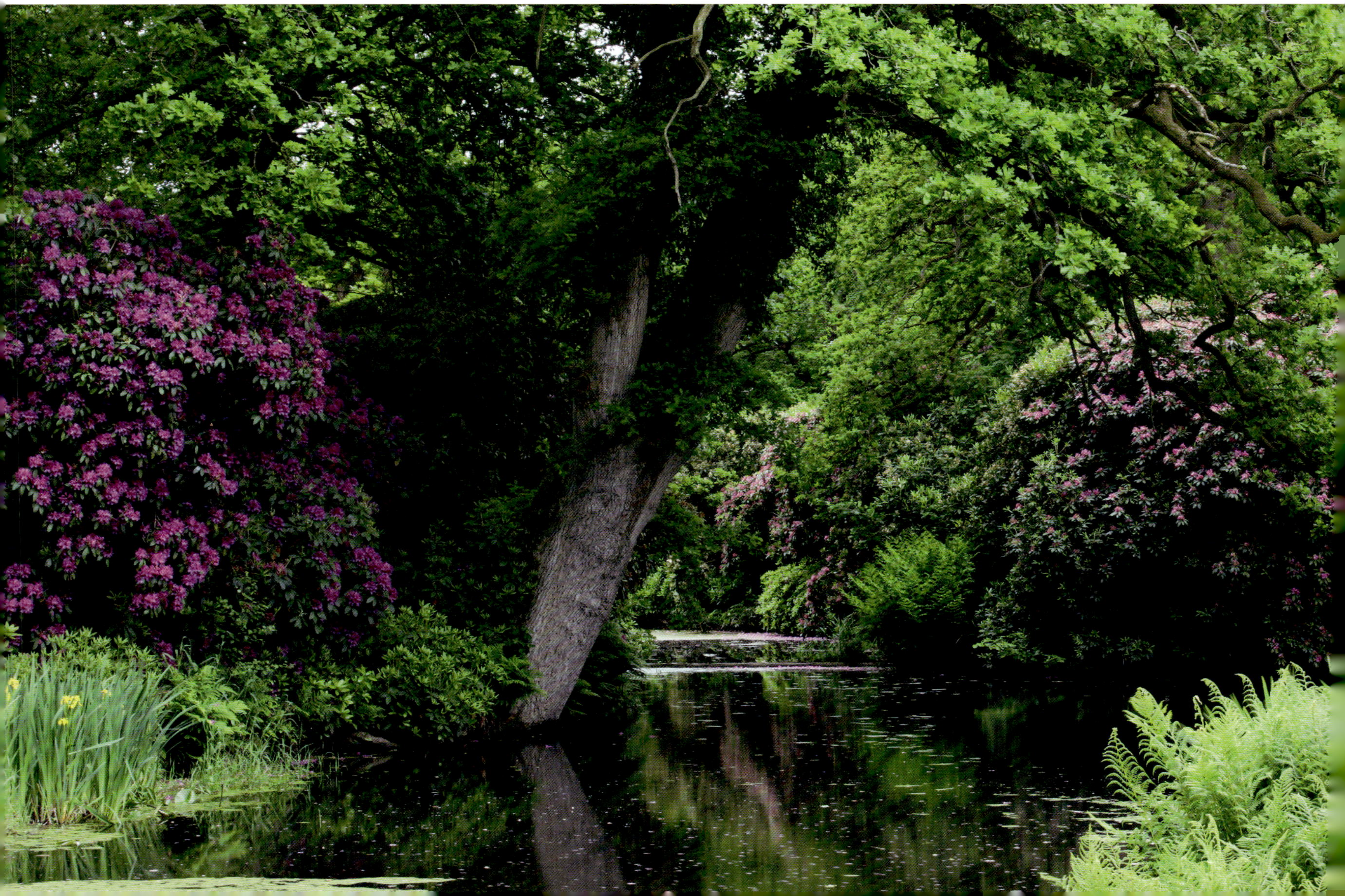

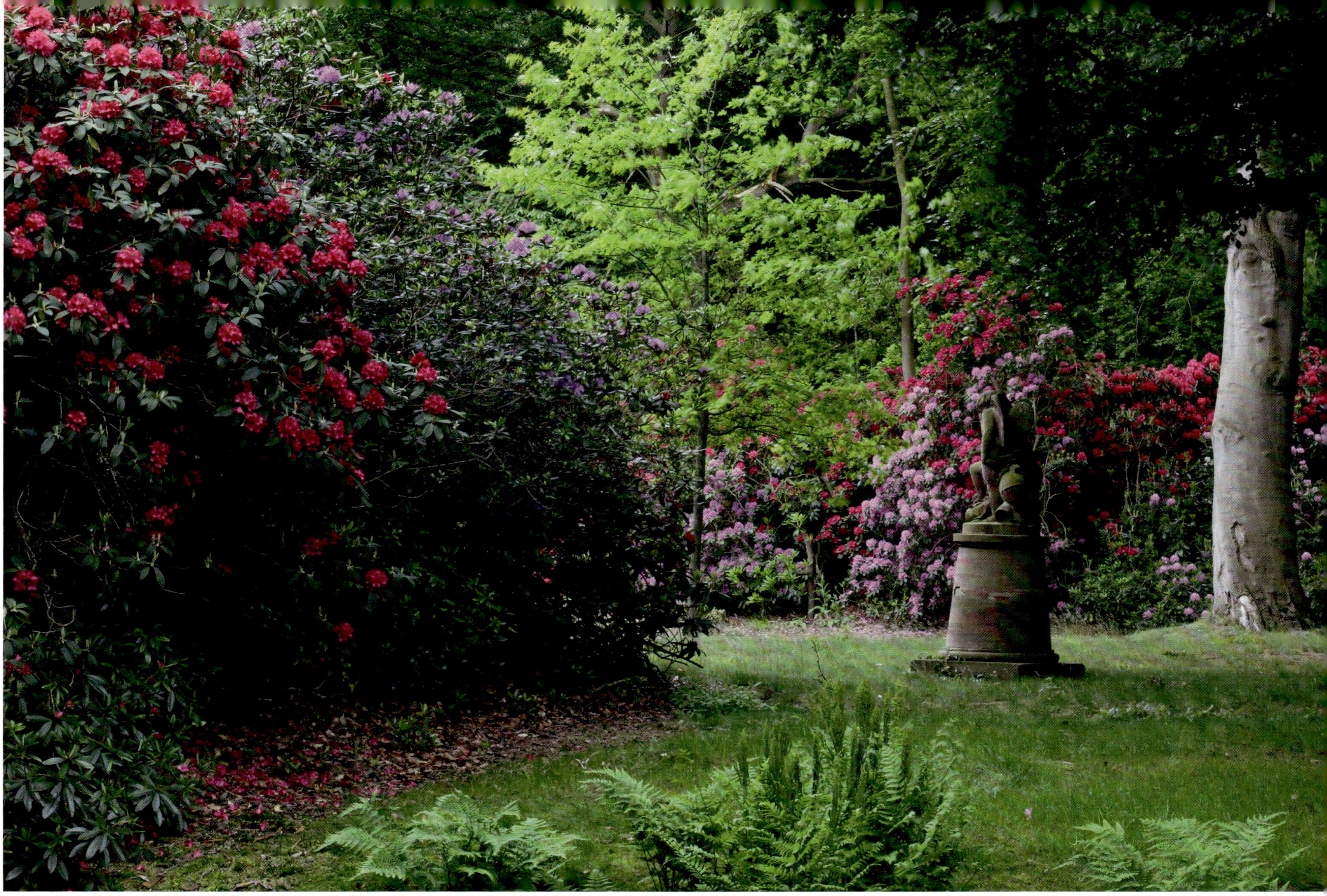

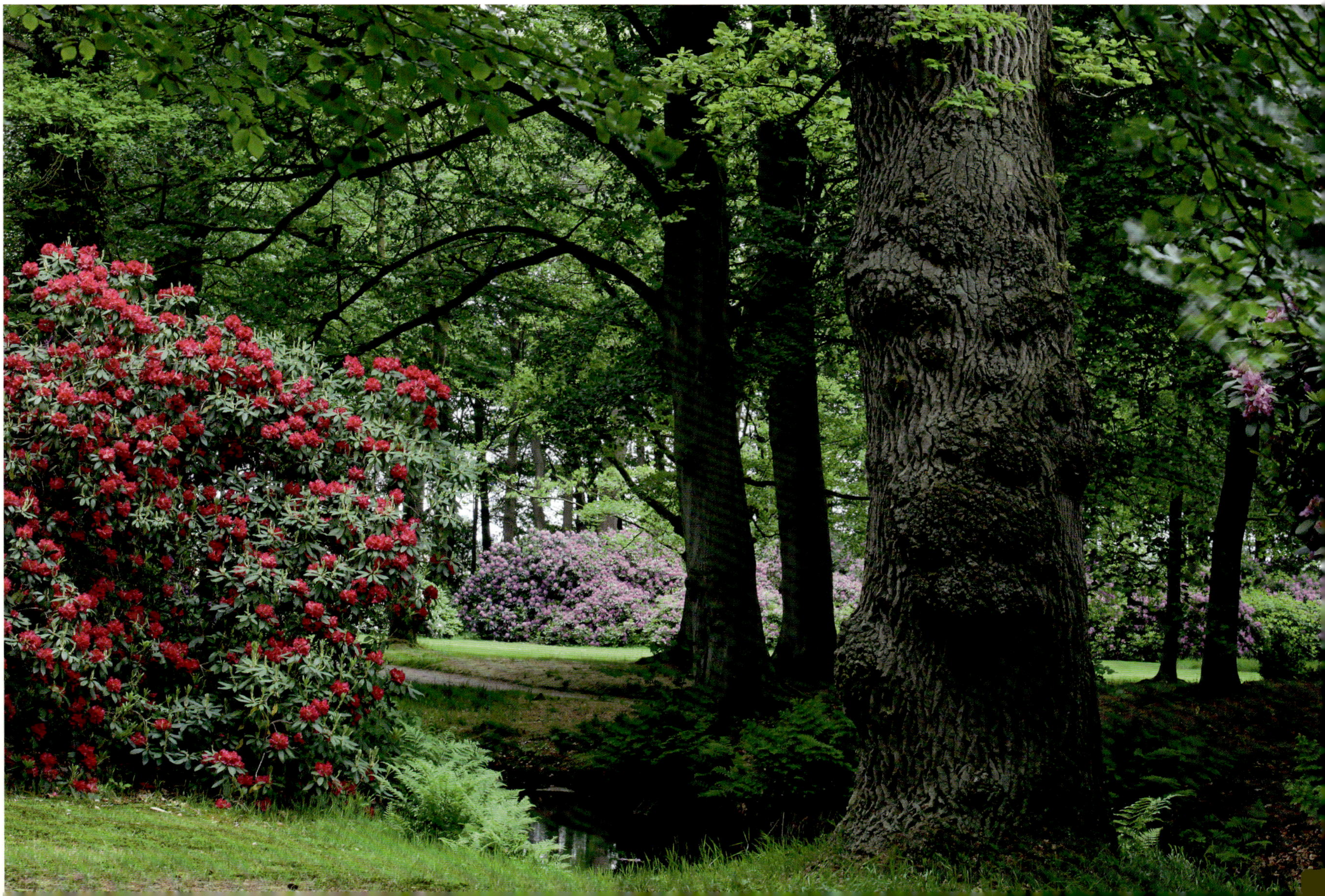

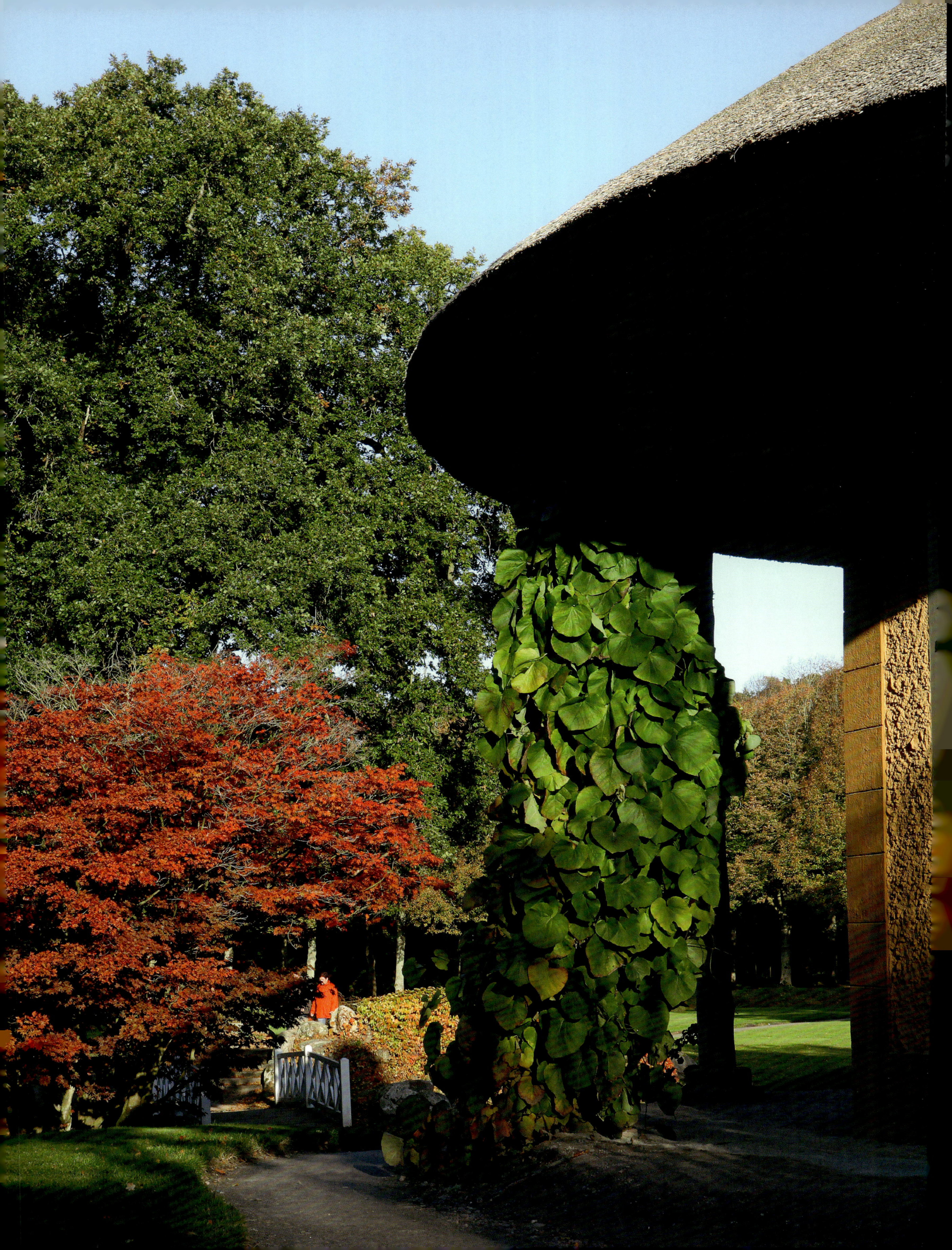

»Umgang mit Menschen«. Er stammte aus Bredenbeck, einem großen Gut in der Calenberger Börde, zu dem ebenfalls ein entsprechender Garten gehörte.

Diese im gesamten norddeutschen Raum zahlreich vertretenen Gärten der großen zumeist im Besitz der adeligen Familien befindlichen Landgüter dienten der ländlichen Bevölkerung als Anschauungsobjekte. Im heutigen Sprachgebrauch könnten sie als Multiplikatoren bezeichnet werden. Hinzu kamen beispielsweise die mittlerweile fast vollständig verschwundenen Gärten der Amtshäuser, die ebenfalls flächendeckend überall im Kurfürstentum und den kleineren Territorien vorhanden waren. Auch sie trugen dazu bei, die »grüne« Kultur selbst in abgelegenen Regionen zu verbreiten. Die Klöster traten hingegen als Orte der Kulturvermittlung in den Hintergrund, da die wenigen nach der Reformation und den Verwüstungen des Dreißigjährigen Krieges verbliebenen stark an Einfluss verloren hatten. Erhalten sind hingegen viele der ländlichen Gutsgärten, sie bilden heute eine sehr große Gruppe unter den historischen Gärten Niedersachsens.

LÜTETSBURG

Eine der schönsten und größten Anlagen dieser Art ist der Park der Grafen zu Innhausen und Knyphausen in Lütetsburg bei Norden. Auch wenn der Besitz meist als »Schloss« bezeichnet wird, handelt es sich im Grunde um einen landwirtschaftlichen Betrieb, dessen Basis immer noch Ackerbau, Grünland- und Waldnutzung bilden, obwohl in jüngster Zeit andere Erwerbsquellen zunehmend an Bedeutung gewinnen. Der heutige weitläufige Park ist aus einer barocken Vorgängeranlage heraus entstanden, die noch einige mittelalterliche Strukturen bewahrt hatte. Mit der Umgestaltung zu einem englischen Landschaftsgarten begann Graf Edzard Mauritz einer Eintragung im Hausbuch der Familie zufolge genau am 3. Februar 1790, als er nach ausgestandenen Familienzwisten fast triumphierend schrieb: »Nun hatte ich völlig freye Hand.« Um 1815 waren die Arbeiten im Wesentlichen abgeschlossen, jedoch wurden bis ins 20. Jahrhundert hinein immer wieder Veränderungen vorgenommen.

Lütetsburg ist trotz seiner Größe von fast 30 Hektar eine private Anlage. Dies ist zu bedenken, wenn nach dem Sinn

◀ Lütetsburg, der Ende des 18. Jahrhunderts errichtete Freundschaftstempel

der Gestaltung gefragt wird. Im Gegensatz zu den Gärten der aufgeklärten Herrscher, die wie der Wörlitzer Park Teil eines kulturpolitischen Programms und eine in die Öffentlichkeit getragene Manifestation eines neuen Verständnisses von Herrschaft waren, sind die Gärten des Landadels als Ausdruck einer persönlichen Lebenseinstellung zu verstehen. Sicherlich soll dieses auch dem Betrachter vermittelt werden, aber die Intension ist weniger programmatisch und stärker nach innen gerichtet. In Wörlitz hatte Franz von Anhalt-Dessau beispielsweise gleich am Eingang des Parks eine Nachbildung der berühmten Begräbnisinsel des Dichters Jean-Jacques Rousseau errichten lassen, mit einem Gedenkstein in Form einer Urne – ein eindeutiges Bekenntnis zur Natur- und Freiheitsphilosophie des Franzosen. Auch in Lütetsburg gibt es eine Insel mit einer Urne. Sie wurde jedoch zum Gedenken an Caroline, eine früh verstorbene Tochter des Bauherrn, aufgestellt. Trotz der Ähnlichkeit in der Gestaltung handelt es sich hier um ein ganz persönliches Monument, das nicht über sich hinaus weist und keine ikonographische Bedeutung besitzt. Auch die anderen Kleinarchitekturen, vor allem der Freundschaftstempel und die Kapelle, sind unmittelbar mit der Lebensgeschichte des Grafen Edzard verbunden und nicht als überpersönliche, symbolträchtige Miniaturen zu verstehen.

Der Park war immer für seine Gehölzvielfalt berühmt. Bereits im 18. Jahrhundert sind aus Samen gezogene Bäume und Sträucher aus verschiedenen Teilen der Erde in den friesischen Boden gesetzt worden, nicht immer mit Erfolg. Im 20. Jahrhundert wurden zahlreiche Rhododendren und Azaleen angepflanzt, die heute noch das Bild des Ensembles maßgeblich bestimmen.

DESTEDT

Das Gut in Destedt, östlich von Braunschweig gelegen, befindet sich nachweislich seit 1306 im Besitz der Familie von Veltheim, ist jedoch vermutlich sehr viel älter. Für die neuere Geschichte und damit auch für die Parkanlage von Bedeutung ist das Jahr 1740, in dem Georg Philipp von Veltheim das lange Zeit in Ober- und Unterburg geteilte Gut wieder vereinigte. Er wählte die Oberburg als Wohnsitz, eine alte Festung, die ab 1693 vermutlich nach Plänen von Johann B. Lauterbach durch einen Barockbau ersetzt worden war. Georg Philipp stellte wohl auch Überlegungen zur Neugestaltung und Vergrößerung des barocken Gartens an, was jedoch wegen der Besitzverhältnisse schwierig war. Denn die dafür vorgesehenen

Flächen nördlich des Hauses gehörten der Kirche und den ansässigen Bauern, der Erwerb war mühsam und zog sich über Jahre hin. So konnte erst die folgende Generation das Projekt in Angriff nehmen. Die Pläne, die der in Salzdahlum tätige Martin Peltier angefertigt hatte, wurden jedoch von Johann Friedrich von Veltheim nur zögerlich umgesetzt und bald ganz aufgegeben.

1766 vermählte sich Johann Friedrich in zweiter Ehe mit der aus Schwöbber stammenden Margarethe Dorothea Sidonie von Münchhausen. Vielleicht gab sie den entscheidenden Anstoß zur Wiederaufnahme der Arbeiten, allerdings nun unter anderen Vorzeichen. Margarethe Dorothea Sidonie war bereits in einer Umgebung aufgewachsen, die nicht mehr die strenge barocke Regelmäßigkeit zeigte, sondern erste Ansätze der neuen, landschaftlichen Gestaltung. Denn ihr Vater, der schon erwähnte Otto von Münchhausen, hatte den Garten seines Guts ab 1753 entsprechend umgestalten lassen. Nicht nur nach Schwöbber, auch nach Harbke bestanden verwandtschaftliche Beziehungen; hier hatte Friedrich August von Veltheim bereits um 1745 mit »Verschönerungsmaßnahmen« in seinem Garten begonnen, deren Ziel die Auflösung des alten geometrischen Grundrisses war. Außerdem legte er eine der ersten Sammlungen nordamerikanischer Gehölze an. Destedt stand so mit anderen sehr frühen Landschaftsgärten in enger Verbindung. Hinzu kommt, dass Margarete Dorothea Sidonie den erfahrenen Gärtner Lenke aus Schwöbber mitgebracht hatte. Ab 1768 wurde nun unter seiner Leitung mit den Arbeiten an den ersten natürlich geformten Partien begonnen.

Die Destedter Anlage ist bereits im 18. Jahrhundert als eine der wichtigsten Kreationen aus der Frühzeit der landschaftlichen Gartenkunst geschätzt worden. Christian Cay Lorenz Hirschfeld beschrieb sie 1782 ausführlich und bemerkte, dass die Besitzer »bey einer Edlen Gastfreyheit die Liebhaberey der Pflanzen vereinigt und dem Freunde derselben den Aufenthalte reizend und vergnügend machen«. Auch in späteren Schriften wird der Park immer wieder als herausragend erwähnt. Bemerkenswert war ein besonderes botanisches Interesse bei der Gestaltung, das weit über den Gedanken einer bloßen Gehölzsammlung hinausging: Die Bäume und Sträucher ordnete man nach geografischer Herkunft und setzte sie so zueinander, dass sich verschiedene, dem Charakter der »Weltgegenden« entsprechende Parkbilder ergaben, was heute allerdings nicht mehr nachvollziehbar ist.

Auch im 19. Jahrhundert wurde dem Garten große Aufmerksamkeit geschenkt. Soweit bekannt erfolgten jedoch keine grundlegenden Umgestaltungen. In erster Linie pflanzte man neue Bäume an und führte so die Tradition der außergewöhnlichen Gehölzverwendung fort. Im Bestand sind heute noch teilweise sehr seltene Exemplare zu finden, darunter die berühmte einblättrige Veltheim-Esche (Fraxinus Veltheimii).

Destedt, blühender Tulpenbaum, im Hintergrund die Orangerie

Wrisbergholzen, Gedenkstein für Graf Werner von Goertz-Wrisberg

WRISBERGHOLZEN Das südlich von Hildesheim gelegene Dorf Wrisbergholzen ist ungewöhnlich reich an bedeutenden Baudenkmalen. Mit den wichtigsten verbindet sich der Name der Familie von Wrisberg, die seit dem Mittelalter in dem Ort nachweisbar ist und zeitweise eine rege Bautätigkeit entwickelte. Die herausragende Persönlichkeit im 18. Jahrhundert war Rudolph Johann von Wrisberg, der 1740 bis 1745 anstelle eines Vorgängerbaus das heutige Schloss errichten ließ, zu dem ein schlichter barocker Garten gehörte. Um das Bauvorhaben finanziell abzusichern, hatte der Freiherr bereits einige Jahre früher die Fayencemanufaktur Wrisbergholzen gegründet, deren bis 1834 der Produktion keramischer Erzeugnisse dienendes Gebäude heute noch erhalten ist. Eine künstlerische Einmaligkeit im Schloss ist das Speisezimmer, das ganz mit emblematischen, nach italienischen Vorlagen des 16. und 17. Jahrhunderts gearbeiteten Fliesen ausgestattet wurde.

Während man unter den Nachfolgern Rudolph Johanns beim Schloss keine Umbauten vornahm, erfuhr der Garten bereits vor 1780 erste Veränderungen. An die barocke Anlage wurde zunächst eine neue »englische« Partie angefügt, die mehrere Elemente landschaftlicher Gestaltung auf engstem Raum vereinigt und wie eine Art Studie wirkt: Ein kleiner künstlicher Bachlauf mit einer Brücke, ein Aussichtshügel, Baumgruppen, ein Gartenhäuschen und eine Art Teich wurden unmittelbar nebeneinander platziert und mit schmalen, gekurvten Wegen verbunden. Im 19. Jahrhundert überformte man jedoch diese kleinteilige Partie wie auch den alten Barockgarten vollständig, beide gingen in einem großzügigen Landschaftspark von 9 Hektar Größe auf. Bis in die Zeit des Ersten Weltkriegs setzten die Besitzer die Arbeiten an der Anlage mit wechselnder Intensität fort, vor allem Graf Werner von Goertz-Wrisberg bemühte sich sehr um die Förderung der Kultur und setzte sich mit dem 1860 errichteten Grabmonument ein bleibendes Denkmal. Er wandte sich auch an den bekannten Gartenkünstler Gustav Meyer, der später Berlins erster Stadtgartendirektor werden sollte. Meyer entwarf einen Plan zur Neugestaltung der unmittelbaren Schlossumgebung, der weitgehend ausgeführt wurde. Von den einstmals aufwendigen Blumenbeeten ist heute leider nichts mehr geblieben. Eindrucksvoll sind jedoch der Baumbestand des Parks und vor allem die zahlreichen architektonischen Ausstattungsstücke, darunter der hölzerne Monopteros, ein offener Rundtempel, der um 1830 errichtet worden ist.

GESMOLD Im Gegensatz zu den bisher besprochenen Anlagen hat das 1664 in den Besitz der Familie von Hammerstein gelangte Gut Gesmold seine geometrischen Grundstrukturen bis heute bewahren können. Sie stammen

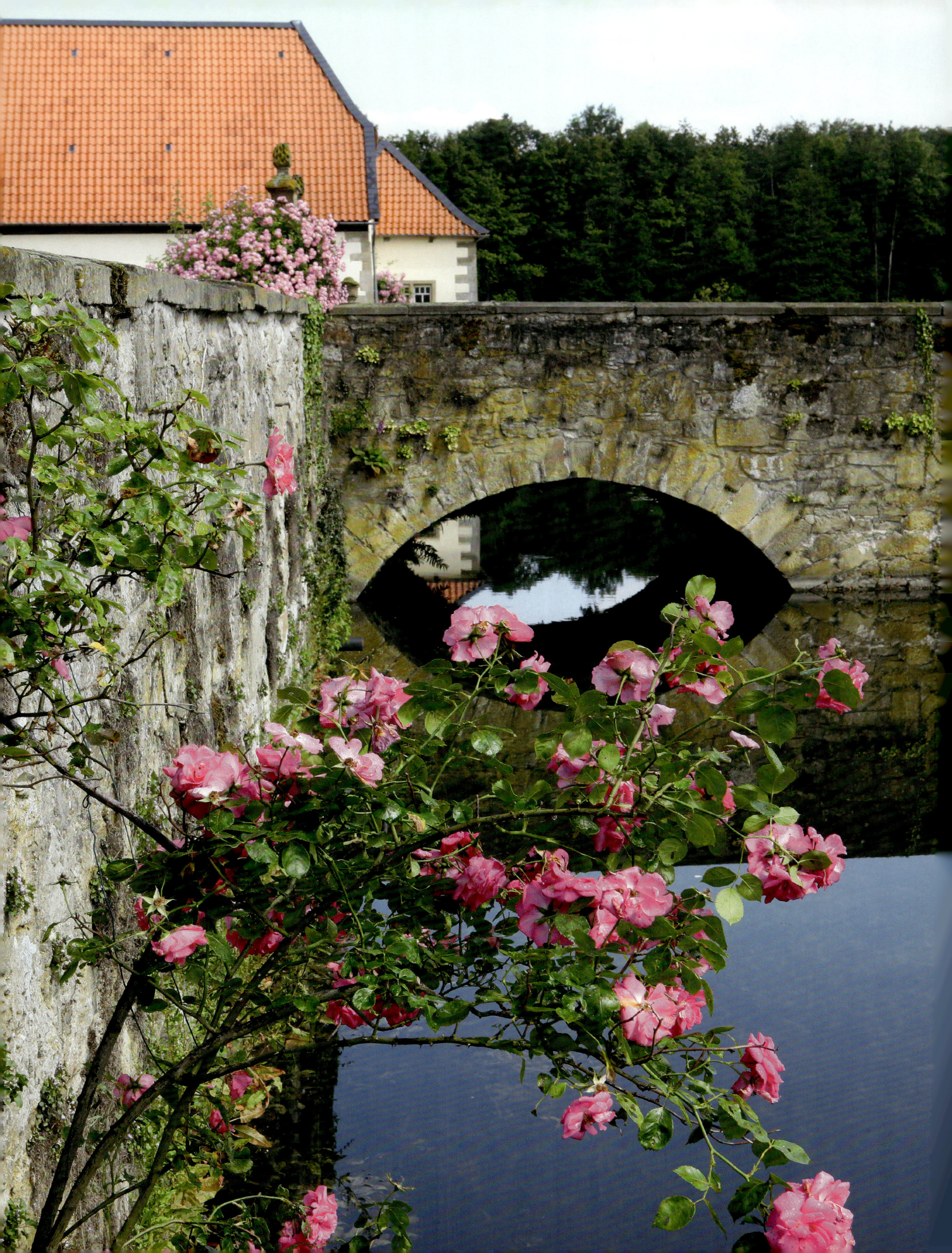

Gesmold, Rabatte an der Scheune

◀ Gesmold, Brücke zur Vorburg

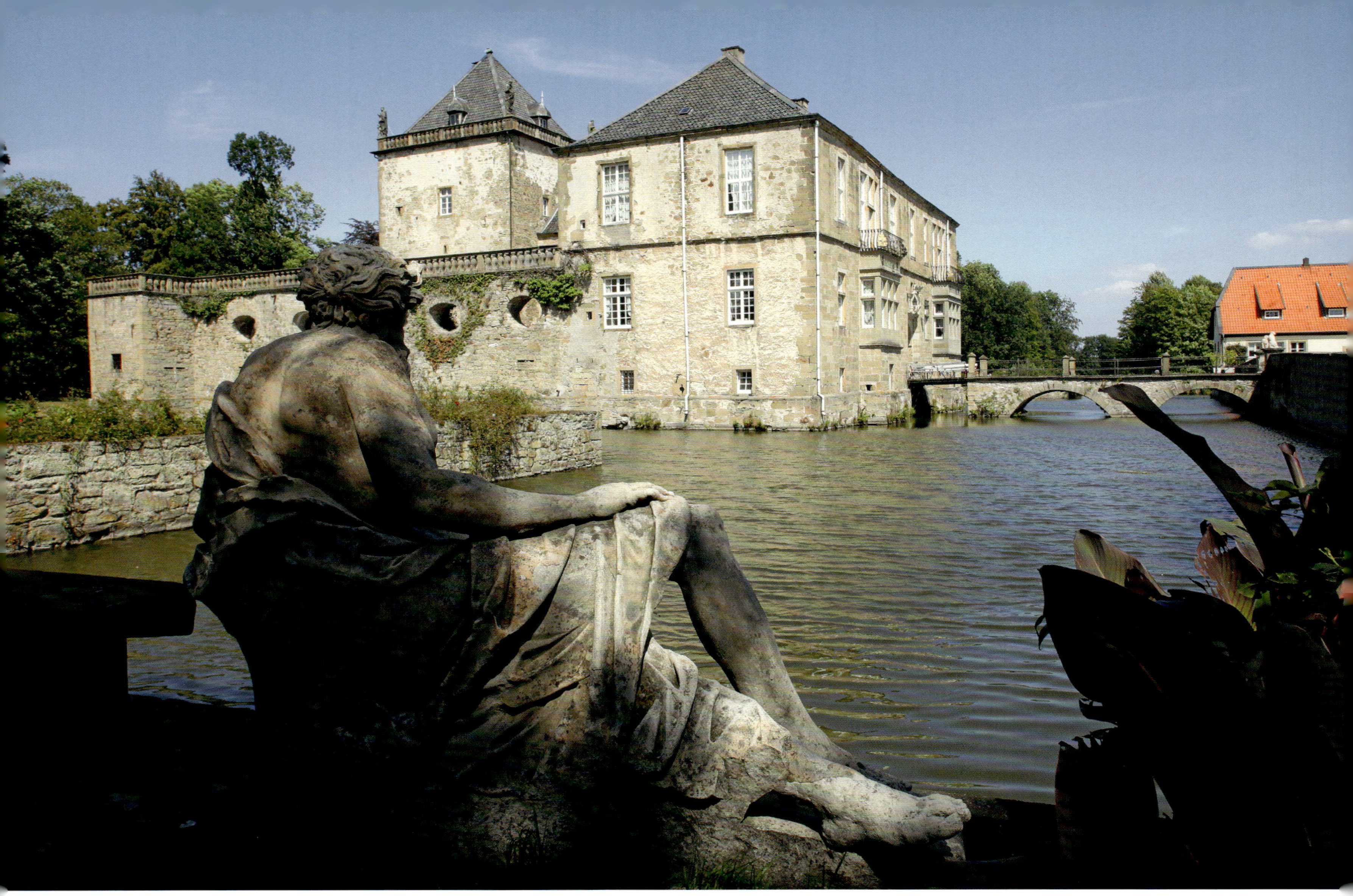

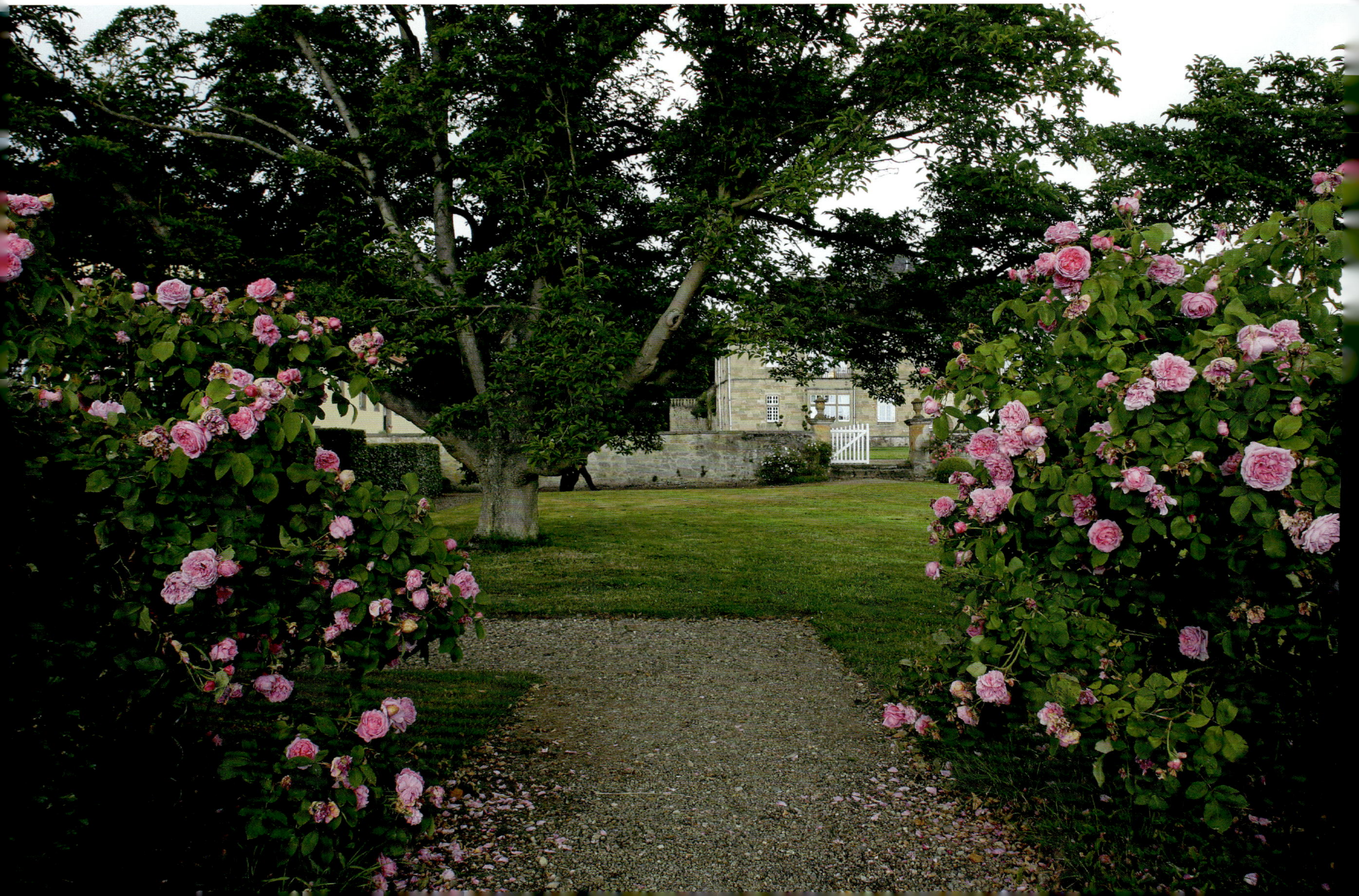

Eckerde, Hausgraben und Brücke

◂ **oben:** Gesmold, Schloss und Graben
◂ **unten:** Gesmold, Blick zum Schloss

Eckerde, Blick in den Südpark

teilweise noch aus spätmittelalterlicher Zeit und wurden in der zweiten Hälfte des 17. Jahrhunderts im Sinne der barocken Ästhetik verändert. Ziel war die Schaffung einer achsensymmetrisch auf das Haus ausgerichteten, kompakten Gesamtanlage. Das Gartenland unmittelbar am Haus war jedoch durch den breiten, den Kern des Ensembles umschließenden Wassergraben begrenzt, weshalb schon um 1700 begonnen wurde, den weiter nördlich des Guts gelegenen Tiergarten in die Gestaltung mit einzubeziehen. Er wurde durch einen aus mehreren Schneisen gebildeten Jagdstern gegliedert, in dessen Zentrum ein großes Wasserbecken lag, das durch eine mit natürlichem Wasserdruck betriebene Fontäne betont war. Am Ende der Hauptachse wurde ein Pavillon als Point de vue errichtet. Weitere Ausstattungsstücke und mehrere weit in die Landschaft ausstrahlende Alleen vervollständigten bald die Komposition.

Die Initiative zur landschaftlichen Umgestaltung der barocken Anlage ging vermutlich auch in Gesmold von einer Frau aus: Eleonore Dorothee Luise von Hammerstein, Äbtissin des Stifts Fischbeck, ließ um 1800 erste Arbeiten ausführen, nachdem frühere Pläne nicht realisiert werden konnten. Man beschränkte sich allerdings nur auf die Erneuerung einzelner Gartenquartiere und tastete weder die Einteilung noch die Grundstrukturen an. Die größten Veränderungen erfuhren der westlich des Hauses gelegene Teil der Anlage sowie die zum Tiergarten hin liegenden Flächen außerhalb des Umfassungsgrabens. Die östlichen Partien behielten weitgehend ihr barockes Gepräge. Durch deren gelungene Neugestaltung in den letzten Jahren sind die formalen Strukturen weiter gestärkt worden. Gesmold ist ein herausragendes Beispiel für zahlreiche ähnliche Anlagen in Niedersachsen, deren barocker Grundriss ebenfalls gut erhalten ist, darunter Wendhausen, Burgsittensen oder Böhme.

ECKERDE

Der heitere Gutspark Eckerde in der Calenberger Börde gehört zu den liebenswürdigsten Anlagen dieser Art in Niedersachsen. Über die Vorgeschichte des seit dem Ende des 15. Jahrhunderts im Besitz der Familie von Heimburg befindlichen Anwesens ist nur wenig bekannt. Wie in vielen anderen Gütern vernichtete ein Großbrand das alte Herrenhaus samt Interieur und Archiv. Mit dem Entschluss, ein völlig neues, den Wünschen der Eigentümer und dem Zeitgeschmack entsprechendes Gebäude zu errichten, begann eine neue Epoche in Eckerde. Da im 19. Jahrhundert ein Gutshaus ohne Parkanlage nicht denkbar war, erhielt das 1890 vollendete Gebäude eine landschaftlich gestaltete Umgebung, die den richtigen Rahmen für die zurückhaltende, historische Architektur bot. Der Park war vermutlich um 1900 fertig gestellt.

Die spärlichen Unterlagen und die überkommene Substanz lassen kaum Rückschlüsse auf die Vorgängeranlagen des heutigen Landschaftsgartens und auf deren Gestaltung zu. Mit Sicherheit älter – vielleicht sogar noch spätmittelalterlich – ist der Hausgraben, der den sogenannten Wallgarten mit dem Gutshaus umgibt. Weiterhin lassen sich einige Bäume aufgrund ihres Umfangs auf die Zeit vor 1800 datieren. Sie sind jedoch ganz selbstverständlich in einen Park integriert, der mit seiner Gehölzvielfalt, seinem Abwechslungsreichtum, der Kleinräumigkeit und der sorgfältigen Abstimmung der einzelnen Elemente aufeinander ein hervorragendes Beispiel der landschaftlichen Gartenkunst des späten 19. Jahrhunderts darstellt. Besonders reizvoll ist die wohlüberlegte Führung der Wege, durch die der Betrachter wie von unsichtbarer Hand durch den Park geleitet wird. Den architektonischen Höhepunkt bildet das neogotische Mausoleum (um 1860), vermutlich ein Werk des bekannten Hannoveraner Baumeisters Konrad Wilhelm Hase.

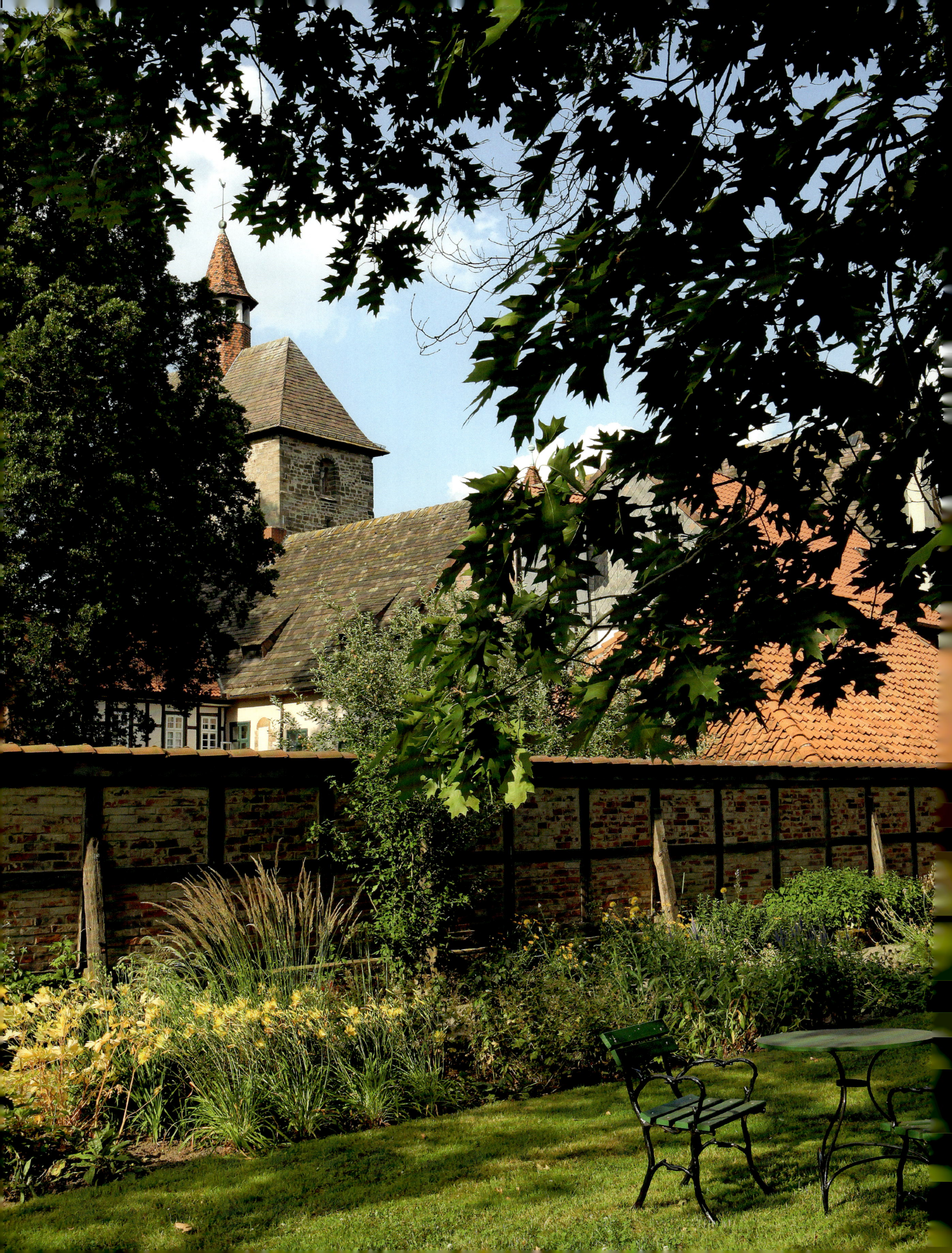

Profane und sakrale Gartenkunst –
Amts-, Pfarr- und Klostergärten, Friedhöfe

Abseits der großen, stilbildenden Anlagen finden sich Zeugnisse der Gartenkunst, die auf den ersten Blick eher funktionalen Charakter besitzen. Ihnen scheint der hehre künstlerische Anspruch fern zu sein und mit Begriffen wie Zier- oder gar Lustgarten lassen sie sich zunächst nicht in Verbindung bringen. Beispielsweise die Gärten der Klöster und Pfarrhäuser: Sollten sie nicht Ausdruck von Bescheidenheit, Sparsamkeit und Zweckmäßigkeit sein? Oder die Friedhöfe: Schon ihr früherer Name »Gottesacker« weist auf ein einfaches Stück Land hin, das einer künstlerischen Gestaltung weitgehend entbehrt. Und vereint nicht der Tod alle Menschen ohne Unterschiede in einer anderen Welt, verdrängt nicht die liebevolle Bepflanzung eines Grabes oder die parkartige Gestaltung einer ganzen Anlage die Einsicht in das unausweichliche Ende allen Lebens? Überflüssiger Zierrat, aufwendige Pflanzungen oder gar ein repräsentativer Anspruch muten in Zusammenhang mit Grünflächen im kirchlichen Umfeld eher befremdlich an.

Von den mächtigen und einflussreichen Fürst- und Erzbischöfen ist bekannt, dass sie auf eine ansehnliche Residenz – und ein ebensolches Grab – großen Wert legten und dafür eine entsprechende Verschuldung in Kauf nahmen. Aber selbst die Äbtissin eines Klosters und auch der Pastor einer kleinen Gemeinde wollten sich nicht nachsagen lassen, keinen angemessenen Lebensstil zu pflegen. Daher haben auch sie sich Gärten anlegen lassen, die keineswegs ausschließlich von nüchterner Funktionalität bestimmt waren, sondern ebenso von den Neuerungen der Gartenkunst geprägt wurden. Natürlich ist zu bedenken, dass in der Regel weder eine Priorin noch ein Pastor – zumindest bis in das 19. Jahrhundert hinein – selbstherrlich über das ihnen anvertraute Land verfügen und große Veränderungen vornehmen konnten. Dennoch sind an den meisten Klöstern und vielen Pfarrhäusern bis in das 20. Jahrhundert hinein Anlagen entstanden, die als wichtige Schöpfungen der Gartenkunst gelten können, auch wenn sie oft im Schatten größerer Ensembles stehen.

Waren die Klöster relativ unabhängige, oft nach eigenen Regeln handelnde Institutionen, so stellten die Pfarreien die unterste Ebene der streng hierarchisch geordneten kirchlichen Verwaltung dar. Meist lagen sie mitten in den Ortschaften und bildeten zusammen mit der Kirche und der Schule den Kern der dörflichen Ansiedlung. Selbstverständlich mussten die Gärten, wie bei allen Dorfbewohnern, in erster Linie zum Lebensunterhalt beitragen. Dennoch waren viele Pastoren bestrebt, ihre zweifellos herausgehobene Stellung innerhalb der Gemeinde nach außen hin deutlich zu zeigen. Schlichte Gemüsebeete und eine Handvoll Obstbäume reichten dazu nicht aus. Gleiches gilt für die Gärten der Amtmänner, die gewissermaßen staatlichen Kollegen der Pastoren. Auch sie besetzten die unterste Ebene der Verwaltung, allerdings der kurfürstlich-königlichen; auch ihre Gärten dienten in erster Linie der Selbstversorgung, sollten aber ebenso die Bedeutung des Amts repräsentieren. In noch größerem Maße trifft dies für die Anlagen der höheren Staatsbeamten zu. Sie waren ebenfalls Nutzgärten, die jedoch immer auch ein Stück Staatsgewalt verkörperten und entsprechend gestaltet und gepflegt werden mussten. Leider blieben von den früher im ganzen Königreich Hannover verteilten Amtsgärten, von denen es über 200 gab, und den teilweise sehr großen und prächtigen Gärten der Drosteien (der Verwaltungsbezirke) nur noch wenige Spuren erhalten. Die oft architektonisch anspruchsvollen Gebäude sind zum größten Teil noch vorhanden, die mit ihnen ursprünglich eine gestalterische Einheit bildenden Grünanlagen hingegen meist zerstört, bebaut oder in Parkplätze umgewandelt worden.

◂ Stift Fischbeck, Garten der Äbtissin

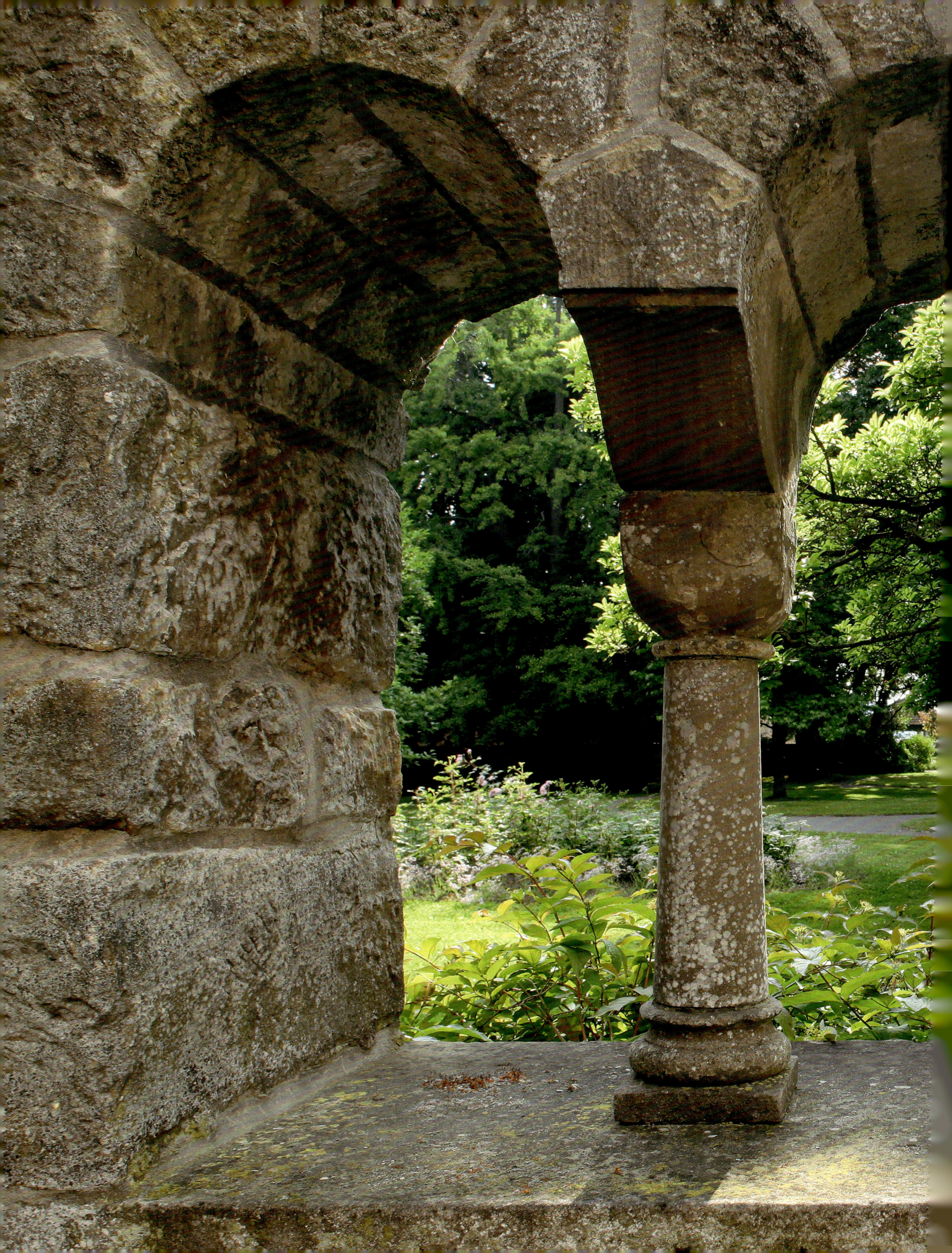

Fischbeck, Blick in den Garten der Äbtissin

Fischbeck, der neu angelegte Kräutergarten

STIFT FISCHBECK

Das landschaftlich sehr reizvoll am Fluss gelegene Damenstift wurde 955 gegründet und entwickelte sich in den folgenden Jahrhunderten zu einem geistlichen Zentrum an der Oberweser. Im Gegensatz zu anderen Klöstern konnte Fischbeck seine Unabhängigkeit bewahren, obwohl immer wieder einflussreiche Kräfte versuchten, sich das Stift anzueignen. Trotz vieler Rückschläge, Brände und tiefgreifender Reformen der Ordensregeln blieb es bis zur Einführung der lutherischen Lehre als Kanonissenstift bestehen. Die nach einem Brand 1234 wiederhergestellte Kirche, ein bedeutendes Denkmal mittelalterlicher Baukunst, bildete nach wie vor den Mittelpunkt des täglichen Lebens. Obwohl aus dieser Zeit keine aussagekräftigen Quellen überliefert sind, ist anzunehmen, dass bereits von Beginn an jede Dame über ein kleines Stück Land verfügte, das sie bearbeiten und individuell gestalten konnte. So entstand eine Vielzahl unterschiedlich geformter, aber immer in den Kontext des Klosters eingebundener Gärten, deren Kern der vom Kreuzgang umschlossene Hof darstellte.

Das Pfingstfest 1559 feierten die Kanonissen erstmals mit einem protestantischen Gottesdienst, sieben Jahre später erfolgte die Umwandlung Fischbecks in ein evangelisches Damenstift. Vermutlich sicherte dieser Schritt das weitere Fortbestehen der Anlage. Denn nach der wirtschaftlich schwierigen Zeit des 14. und 15. Jahrhunderts hatten es viele Klöster und Stifte besonders schwer, sich in der unruhigen Phase der Reformation zu behaupten. Sowohl der Widerstand gegen die neue Lehre als auch deren freiwillige Einführung waren in der Regel mit dem Verlust von Privilegien, von Ländereien und anderen Einnahmequellen verbunden. In einigen Klöstern kam es zu kräftezehrenden Protestaktionen und einem grotesken Hin und Her zwischen den Glaubenszweigen. All dies schwächte die Einrichtungen. Waren viele von ihnen noch bis zum Anfang des 16. Jahrhunderts bedeutende Zentren von Bildung und Kultur, so schwand ihr Einfluss bis zum Beginn des Dreißigjährigen Kriegs deutlich. Dieser Krieg hatte auch für die Klöster eine verheerende Wirkung und bedeutete für die meisten Plünderungen sowie Verwüstung bis zur völligen Zerstörung.

Spätestens jetzt wurden einige von ihnen in Damenstifte umgewandelt – und damit konnte sich die Gartenkunst erneut entfalten. Auch in Fischbeck begann wieder eine ruhigere Zeit. Die Gärten wurden instand gesetzt und neu gestaltet, noch ganz von der barocken Geometrie beherrscht. Der Kraft des Landschaftsgartens konnten und mochten sich jedoch auch die sonst eher strengen Stiftsdamen nicht entziehen: Im 19. Jahrhundert lockerten sie die strikte Ordnung ihrer Anlagen allmählich auf und fügten neue Elemente in die Gestaltung ein. Die Äbtissin ließ sich einen besonders schönen, kleinteiligen Park anlegen, der frisch restauriert wieder von der Freude an der Gartenkultur jenseits aller funktionalen Schemata zeugt.

KLOSTER MEDINGEN

Die heutige Sonderstellung des von Zisterzienserinnen 1228 gegründeten und mehrfach verlegten Konvents St. Mauritius unter den niedersächsischen Klöstern ist die Folge einer verheerenden Brandkatastrophe. 1781 wurde fast der gesamte mittelalterliche Gebäudebestand bis auf die Grundmauern zerstört, so dass ein vollständiger Neubau erfolgen musste. Es entstand eine spätbarocke Gesamtanlage (1788 vollendet) in einer Zeit und einer Gegend, in der die Errichtung von Klöstern eigentlich der Vergangenheit angehörte. Denn während in Süddeutschland und Österreich nach dem Zurückdrängen der Reformation eine ganze Reihe von wichtigen Klosterneubauten realisiert wurde, die zum Höhepunkt barocker Architektur zählen, war die bauliche Entwicklung der Klöster und Stifte in den nördlichen Ländern weitgehend abgeschlossen und konzentrierte sich auf die Erhaltung des Vorhandenen. Die von Landesbaumeister Christian Ludwig Ziegler geplante und von König Georg III. besonders geförderte neue Anlage in Medingen stellt daher den bedeutendsten protestantischen Klosterneubau im gesamten norddeutschen Raum dar. Er zeigt die glückliche und originelle Lösung einer damals seltenen Bauaufgabe.

Sonderbarerweise ist für das qualitativ herausragende Hauptgebäude des Klosters, das nach zähem Ringen 1555 lutherisch geworden und in ein Damenstift umgewandelt worden war, offenbar keine entsprechende Gestaltung der Umgebung vorgesehen gewesen. Dies überrascht nicht nur deshalb, weil gerade für die Architektur des 18. Jahrhunderts die Übereinstimmung von Gebäude und Außenraum als besonders wichtig erachtet wurde, sondern auch, weil König Georg III. ein bekennender Liebhaber und Förderer der Gartenkultur war und nicht umsonst den Beinamen »farmer king« besaß. Eigentlich hätte er sich für eine großzügige,

Medingen, Rabatte in den Damengärten

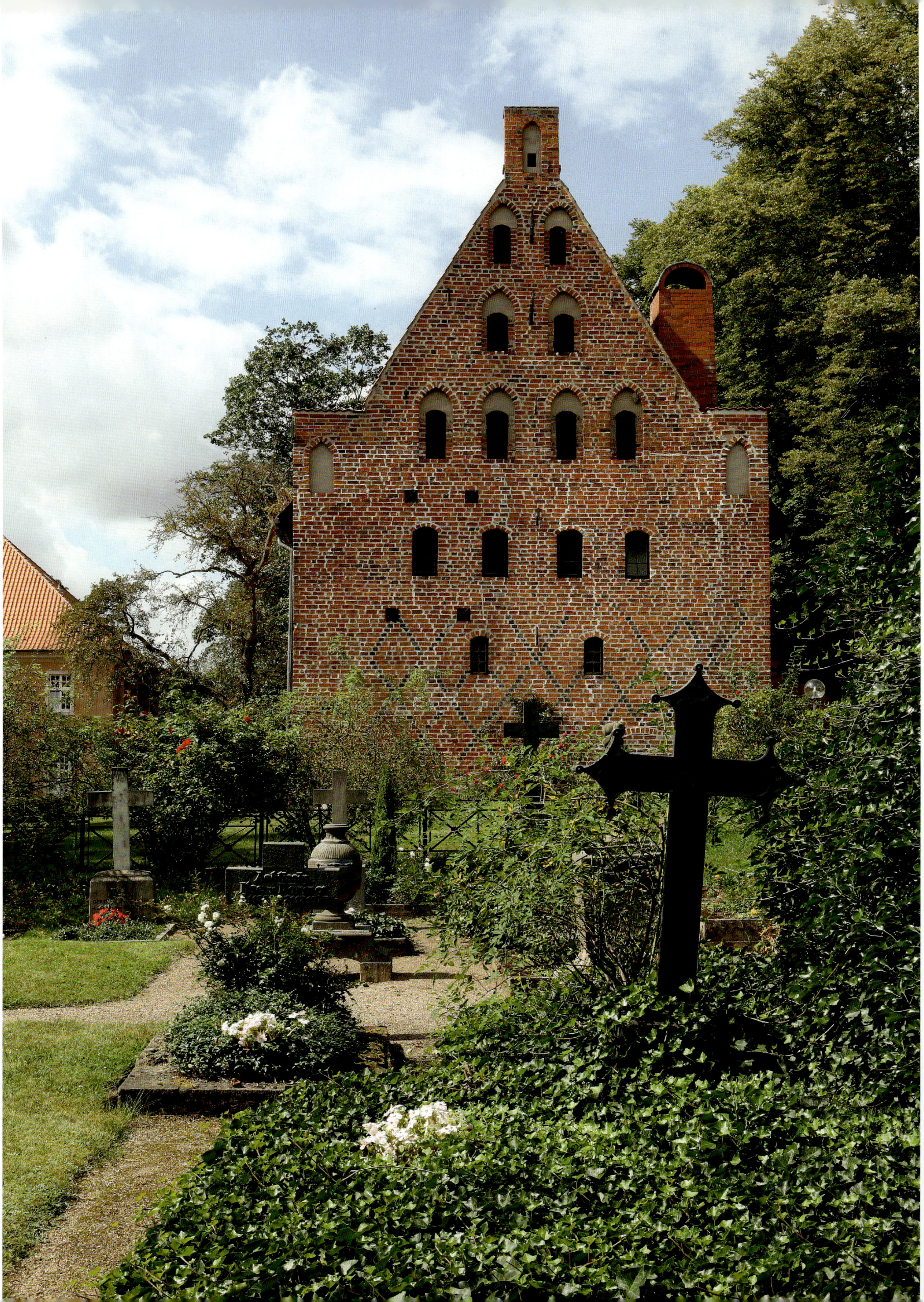

Medingen, Blick in die Damengärten

gärtnerisch anspruchsvolle Gestaltung der Grünanlagen des Stifts einsetzen müssen. Vielleicht hat er dies auch versucht, ist aber am Widerstand der resoluten Damen gescheitert, die lieber ihre alten, zwar nicht dem Stand moderner Ästhetik entsprechenden, aber geliebten und gehegten Gärten behalten wollten. Es können jedoch auch finanzielle Gründe gegen eine große Investition gesprochen haben.

Die heute noch vorhandenen Damengärten, insbesondere der etwas größere der Äbtissin, sind ein sehr schönes Beispiel für die Gartenkunst der Klöster. Denn sie zeigen ein Erscheinungsbild, das – bei aller Verschiedenheit im Einzelnen – auch für frühere Zeiten anzunehmen ist. Je nach Vorliebe der jeweiligen Gärtnerin überwiegen Blumenbeete, Gebüschpflanzungen oder Beerensträucher. Es gibt sehr penibel gepflegte Stücke neben solchen, die heute als »Ökogarten« bezeichnet werden. Einige besitzen eine sehr einfache Gestaltung mit großen Rasenflächen, was die Arbeit erleichtert, andere eine sehr aufwendige mit kleinen Gartenlauben, geschnittenen Hecken und Rosenbögen. Über die Jahre wechselt das Erscheinungsbild jedes Kompartiments, weil sich der eigene Geschmack ändert, die Kräfte nachlassen oder eine Dame im Gegensatz zu ihrer Vorgängerin eine kleine Kaffeeterrasse wünscht. Es gibt kein festgelegtes Muster. Immer aber sind die Gärten in ein übergeordnetes Gerüst eingebunden, in Medingen in ein orthogonales Wegesystem, innerhalb dessen Veränderung möglich ist. Solange keine Nachweise erbracht werden können, dass dies in der Vergangenheit anders war, besteht kein Grund, eine solche Situation nicht schon für das Mittelalter anzunehmen.

◀ Medingen, Friedhof des Klosters

PFARRGARTEN BEBER

Die Ortschaft Beber am Deister wird zu Beginn des 11. Jahrhunderts erstmals urkundlich erwähnt. Vermutlich gab es zu dieser Zeit bereits eine feste Kirche im Dorf, die heutige stammt jedoch erst aus dem späten Mittelalter. Das Pfarrhaus wurde kurz nach

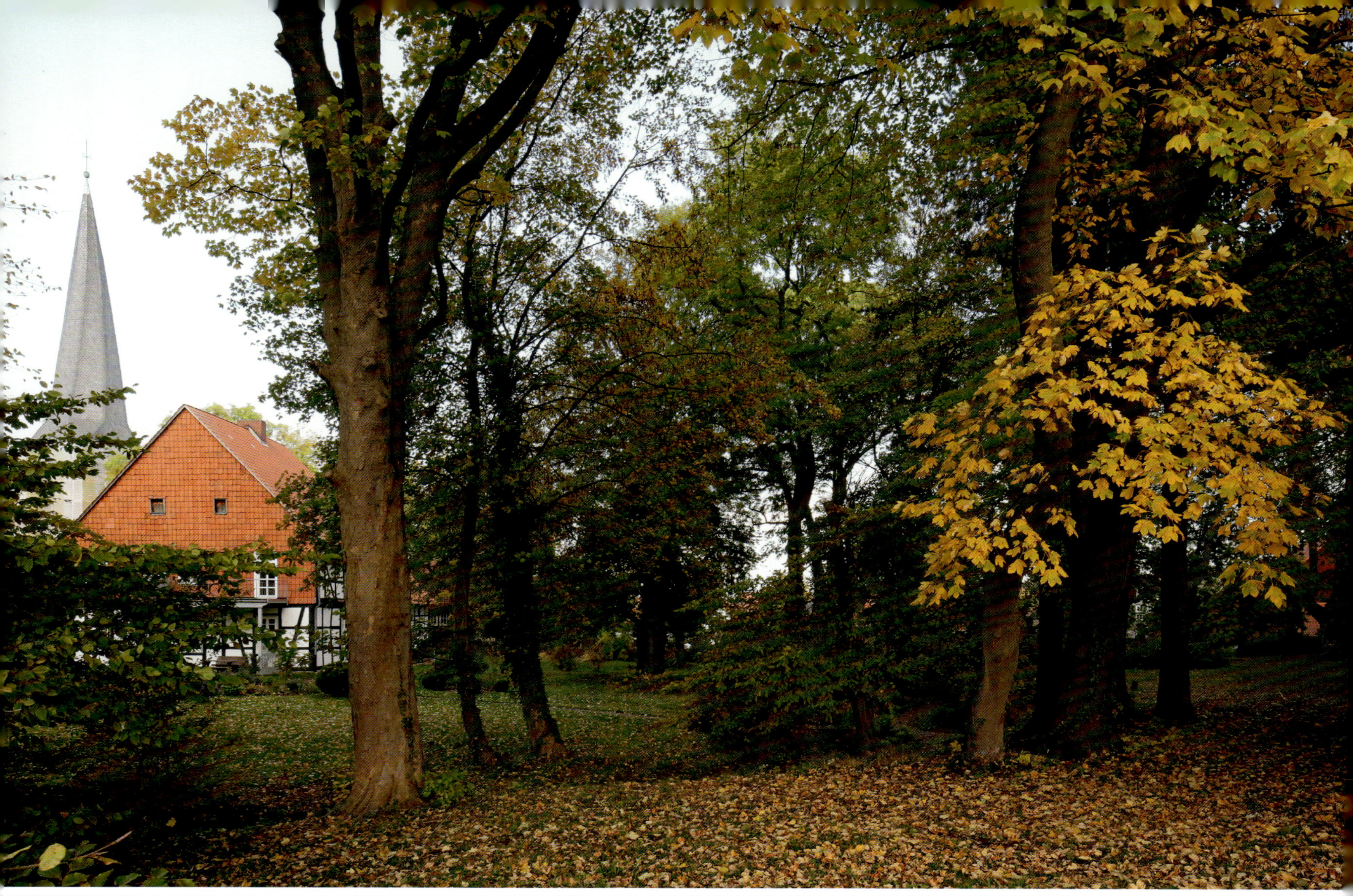

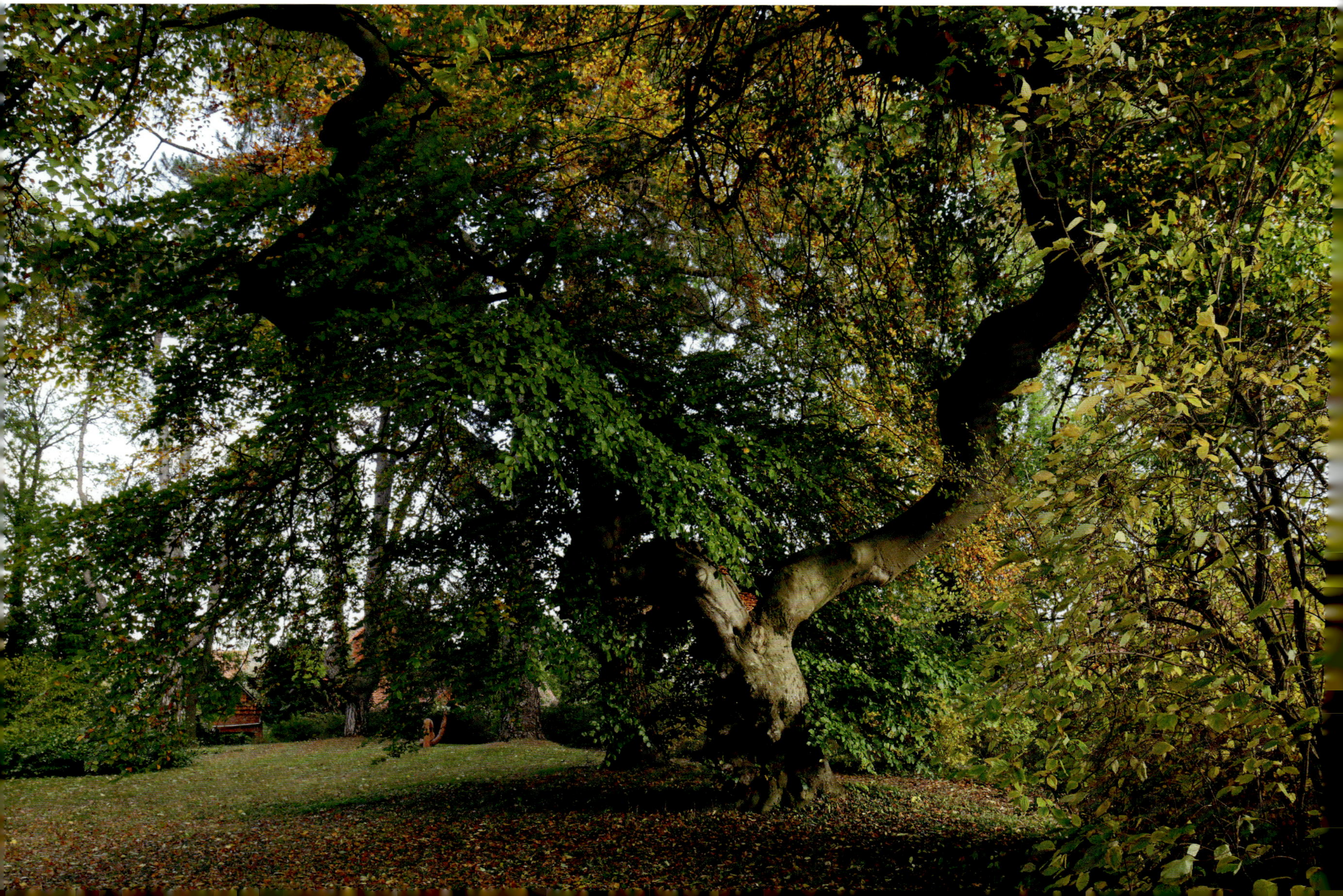

1700 errichtet, möglicherweise hatte auch dieses Gebäude einen Vorgängerbau. Ob das Pfarramt damals bereits über einen eigenen Garten verfügte, ist nicht bekannt. Es ist aber anzunehmen, dass ein größerer Garten zur Versorgung mit Obst und Gemüse spätestens im 18. Jahrhundert angelegt worden ist. Da es zu dieser Zeit noch keine festen Gehälter für die Pastoren gab, war die finanzielle Lage über die Jahre sehr unterschiedlich. Oft bildete der Garten eine wichtige Einnahmequelle.

Die älteste erhaltene Beschreibung von Beber stammt aus der ersten Hälfte des 19. Jahrhunderts. Sie zeugt von der für die Gärten der Pfarr- und Amtshäuser typischen Vermischung der Zier- und Nutzanlagen mit deutlicher Betonung der letzteren. Bis heute dokumentieren die Gemüsebeete am Haus und die kleine Obstwiese diese zu jedem Pfarrgarten gehörenden, der Ökonomie dienenden Elemente der grünen Kultur.

Wann die reizvolle, landschaftlich gestaltete Partie jenseits des am Haus vorbeifließenden Bachs angelegt wurde, die heute das Erscheinungsbild des Gartens bestimmt, ist nicht klar. Dem Alter der Bäume nach dürfte mit der Bepflanzung in der zweiten Hälfte des 19. Jahrhunderts begonnen worden sein. Neben den ungewöhnlich gewachsenen Kiefern und mächtigen Eichen, Linden und Eschen fällt eine alte Süntelbuche besonders auf. Diese eigenwillige, wie durch eine übermütige Laune der Natur entstandene Form der gewöhnlichen Rotbuche wurde zuerst im kleinen Höhenzug des Süntel entdeckt und fand von dort als Kuriosität rasch in den Anlagen der Umgebung Verbreitung.

Die Süntelbuche ist heute der Stolz des Parks, der auf engem Raum alle Elemente eines klassischen Landschaftsgartens vereinigt: unterschiedliche Gehölzgruppen und Einzelbäume, einen Bachlauf, drei Brücken, eine ummauerte Sitzgrotte, blühende Rosenbeete und große Rasenflächen. Vor allem aber erschließen verschiedene Wege das Gelände so geschickt, dass trotz der verhältnismäßig kleinen Fläche eine gewisse Großzügigkeit entsteht, ja manchmal sogar der Eindruck von Weitläufigkeit. Eine der Hauptforderungen der Theoretiker des Landschaftsgartens, eine Anlage müsse vor allem vielfältig und abwechslungsreich sein, auch wenn nur geringe Mittel und wenig Raum zur Verfügung stünden, ist in Beber geradezu exemplarisch verwirklicht. Darüber hinaus zeigt sich hier, dass der Garten eines Pastors nicht

◀ **oben:** Beber, obere Partie des Pfarrgartens
◀ **unten:** Beber, die imposante Süntelbuche

aus einem von Buchshecken eingefassten Kreuzweg mit einer Sonnenuhr in der Mitte bestehen muss – dies ist eine spätromantische Vorstellung aus der Zeit um 1900. Auch ein Pastor hat sich, wenn es seine Möglichkeiten erlaubten, einen modernen Garten anlegen lassen, dem gestalterische Raffinesse nicht fremd ist.

HAUS ALTENKAMP

Verwaltung und Kultur sind im heutigen Verständnis zwei völlig verschiedene Bereiche des modernen Staates, die nur schlecht zusammenpassen wollen, abgesehen von einigen höheren Beamten, die gerne die Kultur als Mittel zur Selbstdarstellung nutzen und sich ab und zu kleine Denkmäler baulicher Art setzen.

Im 18. Jahrhundert hingegen bestand eine enge Liaison zwischen der landesherrlichen Verwaltung und der Kultur. Für einige Regionen des hannoverschen Kurfürstentums kann der damalige Staatsapparat sogar als Kulturträger bezeichnet werden. Anschauliches Beispiel sind die im 18. und 19. Jahrhundert errichteten Wohnhäuser der höheren Staatsbeamten. Auch wenn es sich dabei um private Gebäude handelte, repräsentierten sie doch immer das Ansehen des Amtes und damit zugleich des Staatsoberhauptes. Oft sind es architektonisch anspruchsvolle Bauten in einem ansonsten von ländlichen Traditionen geprägten Umfeld. Auch die Gartenkunst wird in einigen Orten vor allem durch die Gärten der höheren Beamten vertreten. Eines der besten Beispiele dafür ist die Anlage von Haus Altenkamp im Emsland.

Nach einer längeren Vorgeschichte erwarb der dem Stift Münster als Drost dienende Hermann Anton Bernard von Velen 1723 das bis dahin unbedeutende Gut und machte es in den folgenden Jahren zum Zentrum des Amts Meppen. Ein neues Haus ließ er errichten, ein elegantes, wunderbar strenges Backsteingebäude nach niederländischen und münsterländischen Vorbildern. Auch der barocke Garten war von der Kunst des Nachbarlandes geprägt, was sich unter anderem an der vollständigen Umschließung des Geländes durch einen Kanal, an der strengen Begrenzung mit Lindenalleen und der längsrechteckigen Grundform mit halbrundem Abschluss zeigt. Es ist ein außergewöhnlicher Glücksfall, dass trotz der weiteren wechselvollen Geschichte die Anlage bis heute in ihrer Grundform bewahrt geblieben ist. Wie sonst nur selten lässt sich die barocke Raumkonzeption noch nachvollziehen. Die fast vollständig erhaltenen

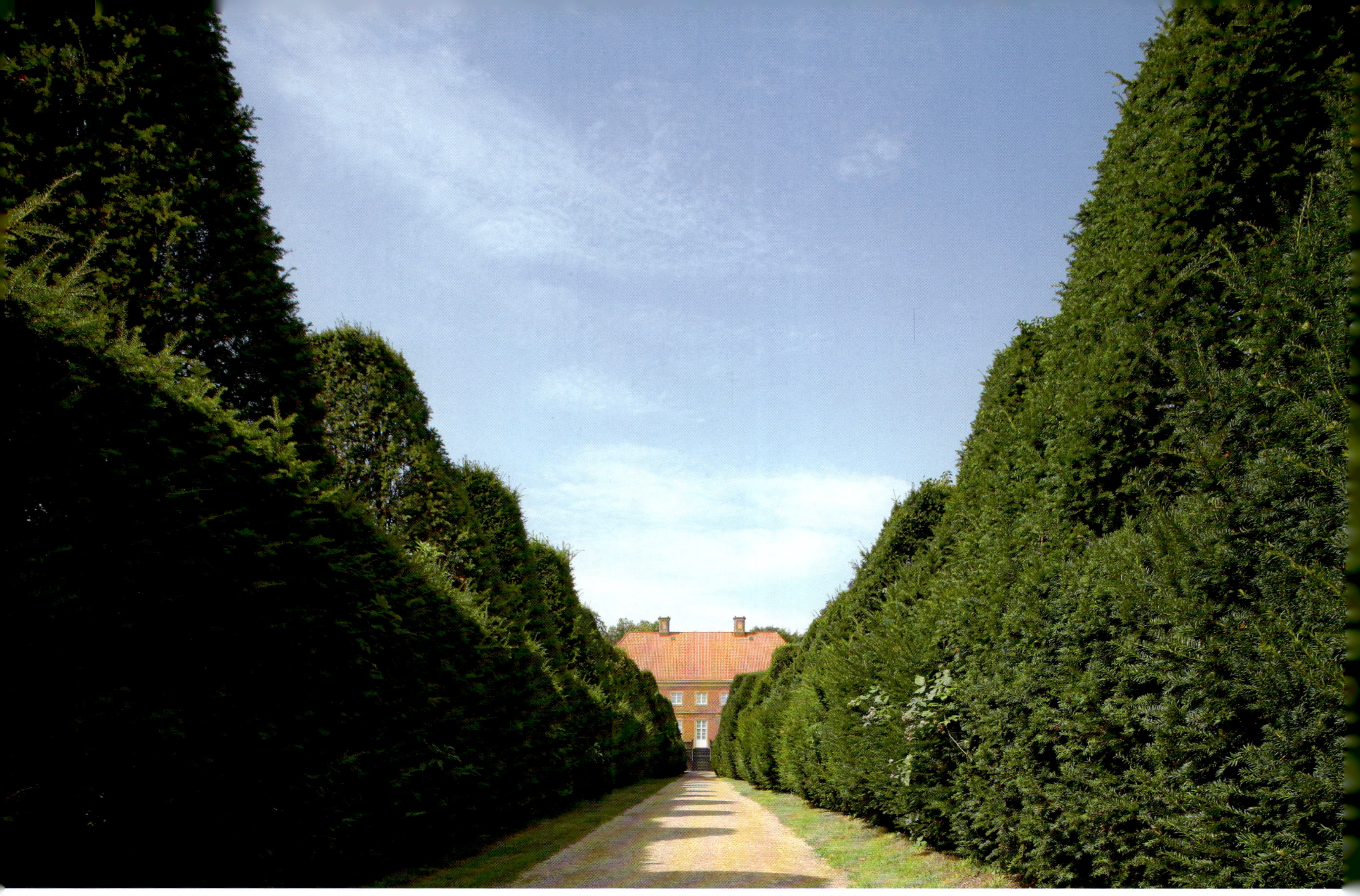

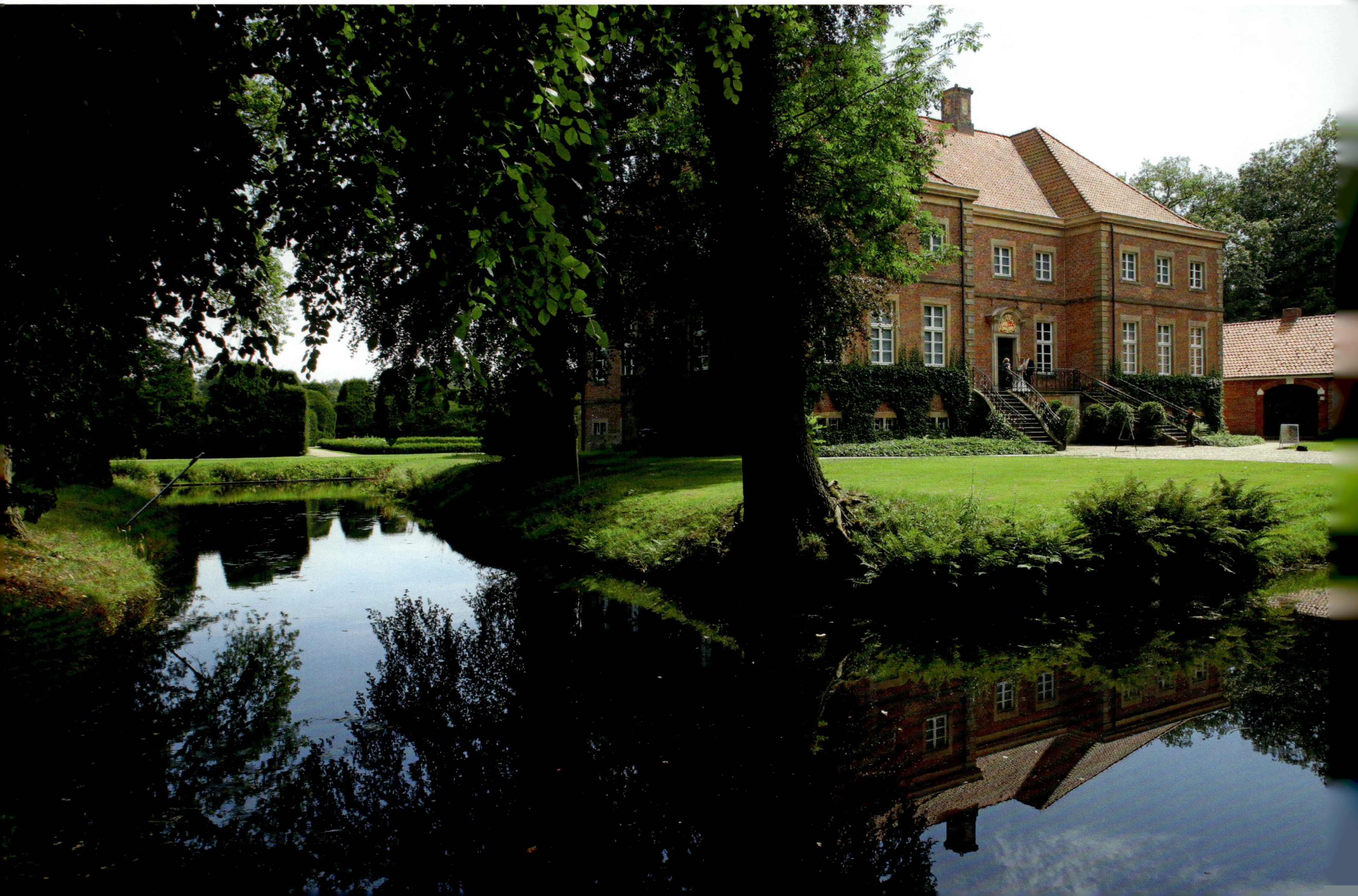

◀ oben: Altenkamp, die riesigen Eibenhecken
◀ unten: Vorderansicht von Haus Altenkamp

Lindenalleen und vor allem die monumentalen Eibenhecken sind darüber hinaus bemerkenswerte Zeugnisse früherer Kunstfertigkeit.

Gärten sind äußerst vielschichtige Kunstwerke. Sie führen ein geheimnisvolles Eigenleben, das sich letztlich dem Willen des Menschen entzieht. Und manchmal scheint es, als würden sie sich gänzlich verselbstständigen. In keinem anderen Garten ist dies besser zu beobachten als in Altenkamp. Die alten Linden, die wie träumend dastehen, verwandeln sich plötzlich in urzeitliche Wesen; ihre Rinde gleicht einer ledrigen Haut und die Äste strecken sich, als wollten sie den Himmel berühren. Die riesenhaften Eibenhecken verlieren, wenn das Sonnenlicht auf sie fällt, ihre Trägheit und beginnen sich zu bewegen. Ihr dichter grüner Pelz wird durch die Kraft des Windes zu einer dünnen Membran, die sich von den klobigen Körpern abzulösen scheint. Sie erinnern dann an die langen Papierdrachen, die bei chinesischen Festen durch die Straßen getragen und von einer Vielzahl von Menschen zum Leben erweckt werden. Ein faszinierendes Schauspiel von eigentümlichem Reiz.

HASE- UND JOHANNISFRIEDHOF IN OSNABRÜCK

Friedhöfe gehören zu einer speziellen Gattung von Grünanlagen, die erst verhältnismäßig spät als zu gestaltende Objekte entdeckt wurden. Bis weit in das 18. Jahrhundert hinein dauerte es, ehe die ersten Gartenkünstler ihre Aufmerksamkeit auch auf solche Flächen richteten. Der Anstoß ging vermutlich von einigen vorbildhaften Friedhöfen aus, in denen eine völlig neue Begräbniskultur gepflegt wurde. Der bedeutendste, wenn auch nicht der erste, war der Friedhof der Herrnhuter Gemeinschaft in der Oberlausitz (um 1730 begonnen), bei dem keine individuellen Gräber zugelassen waren, sondern nur einfache Grabhügel, streng geordnet durch ein Raster, das von einem Alleenkreuz vorgegeben wurde. Der ebenfalls auf diesem Konzept basierende Neue Dessauer Friedhof, 1787 auf Geheiß des Fürsten Franz gegründet, erlangte als der ideale Begräbnisplatz der Aufklärung schnell Berühmtheit und stellte einen weiteren wichtigen Entwicklungsschritt dar. Im 19. Jahrhundert rückte zunehmend der Erholungswert in den Vordergrund und damit die Forderung, von Beginn an die Friedhöfe ähnlich wie Parkanlagen zu planen. Der große Gartenkünstler Peter Joseph Lenné sah das oberste Ziel der Gestaltung darin, den Friedhöfen »eine gemüthliche Deutung zu geben, sie durch Anmut anziehend und einladend zu machen, um mit Genuß dort zu verweilen«. Interessant ist, dass sich im Lauf der Zeit auf einem Friedhof sehr viele Gehölze ansammeln, die aus alten Grabbepflanzungen stammen und oft nicht entfernt werden, weil sie am Ende der Belegungszeit bereits eine stattliche Größe erreicht haben. Obwohl also vieles nicht in gestalterischer Absicht eingebracht wurde, kann trotzdem, wenn der glückliche Zufall es will, ein harmonisches, parkartiges Gesamtbild entstehen. Besonders schöne Beispiele dafür sind die beiden historischen Friedhöfe der Stadt Osnabrück.

Die Geschichte von Hase- und Johannisfriedhof verläuft ähnlich wie diejenige vergleichbarer Anlagen in anderen Großstädten. Die im Mittelalter üblichen Beisetzungen in den Kirchen und auf den Kirchhöfen, bei Hospitälern und Klöstern führten im 17. und zunehmend im 18. Jahrhundert zu großen hygienischen und räumlichen Problemen. Ursache war die steigende Zahl der Bestattungen durch die rasch zunehmende städtische Bevölkerung. Da wegen ihrer Lage in eng bebauten Gebieten die Begräbnisorte nicht vergrößert werden konnten, kam es zu immer kürzeren Liegezeiten und der nur noch unvollständigen Verwesung der Leichname. Weil neue Flächen innerhalb der Stadtmauern nicht verfügbar waren, dachte man über die Anlage von Friedhöfen außerhalb nach. 1809 wurden in Osnabrück innerstädtische Begräbnisse verboten und die beiden neuen Friedhöfe eröffnet, der Hasefriedhof im Norden (nach dem Fluss Hase benannt) und der Johannisfriedhof im Süden. Im Laufe des 19. Jahrhunderts erweiterte man beide Anlagen mehrfach um neue Abteilungen, da in der wachsenden Kommune der Bedarf an größeren Bestattungsflächen kontinuierlich stieg. Der letzte Ausbau des Hasefriedhofs erfolgte 1918, der des Johannisfriedhofs 1909. Die in anderen Städten im späten 19. Jahrhundert geführte Diskussion um eine grundsätzliche Änderung des Bestattungswesens, die zur Anlage mehr oder weniger landschaftlicher Friedhöfe führte, ist in Osnabrück offenbar ausgeblieben. Beide Friedhöfe wurden bis zur letzten Erweiterung im Grundriss geometrisch angelegt. Der Beschluss zu ihrer Entwidmung fiel 1965, nachdem neue Flächen am Stadtrand ausgewiesen worden waren. Die letzten Beerdigungen fanden 1995 statt,

Hasefriedhof, Osnabrück

Das Grabmal des Kaplans Mathias Seling (1792–1860) ▶
auf dem Johannisfriedhof Osnabrück

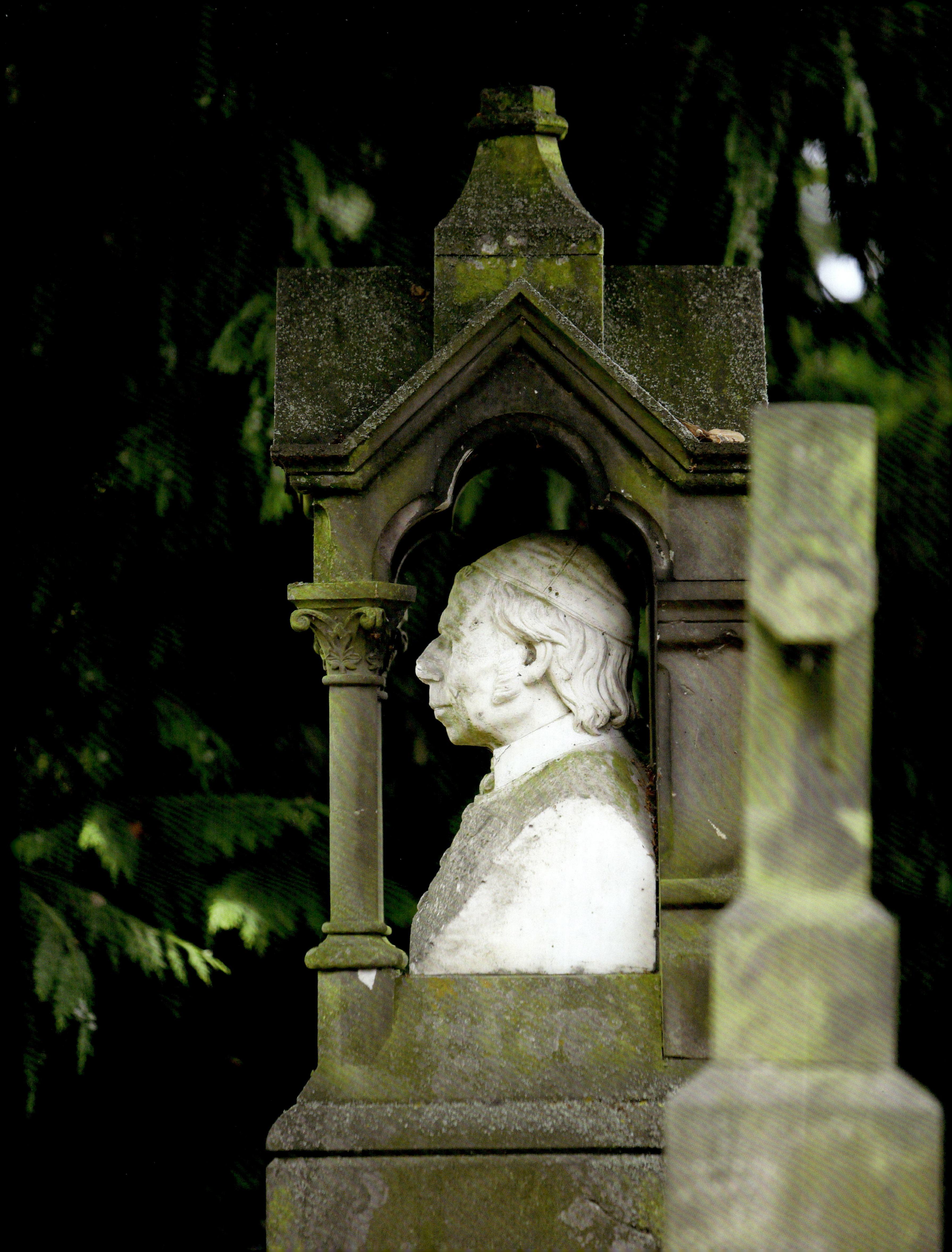

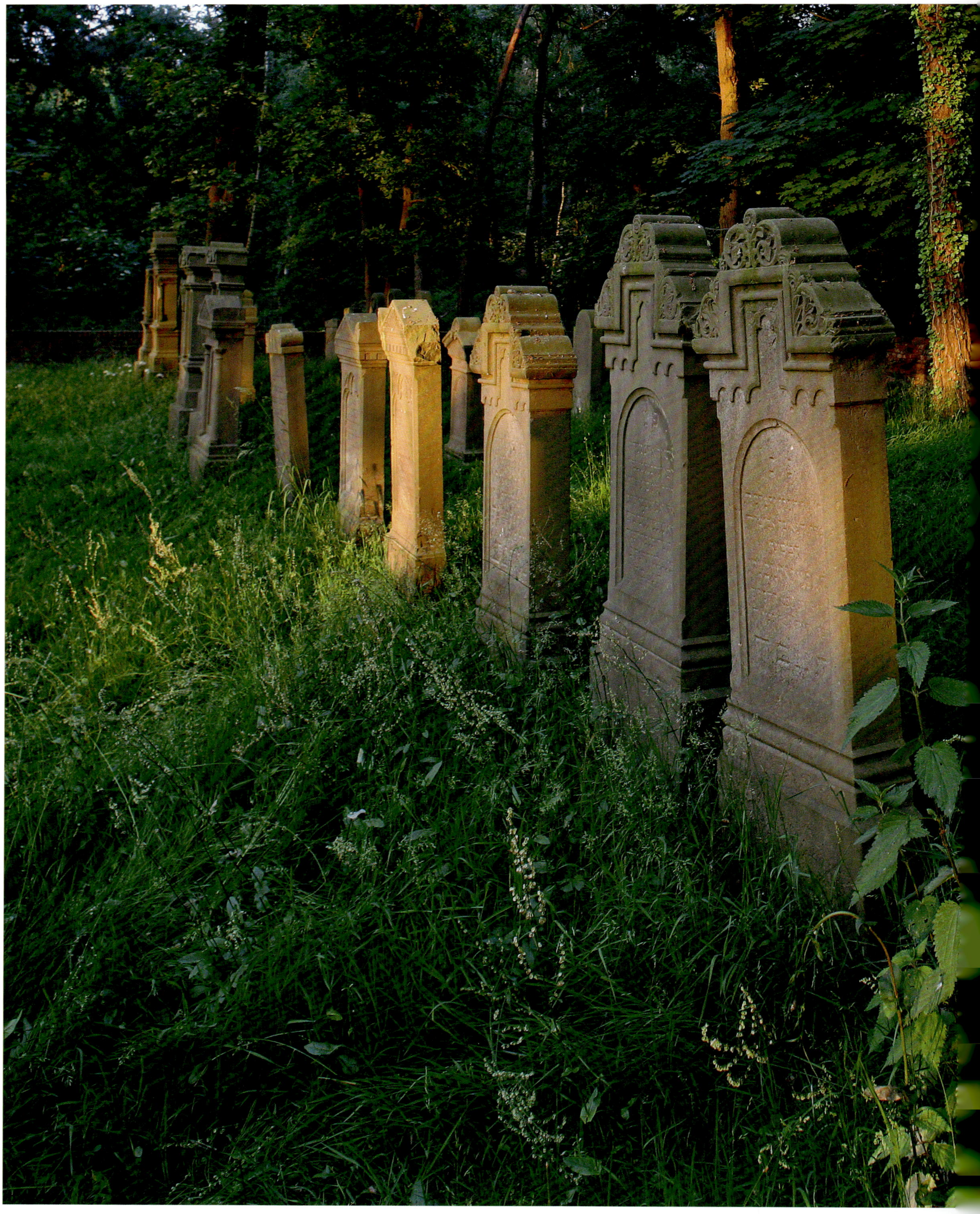

2015 wird das letzte Belegungsrecht auslaufen. Damit beginnt für beide Anlagen eine neue Phase. Sie sollen zu stadtparkähnlichen Erholungsräumen umgestaltet werden. Der sehr schöne Baumbestand und die melancholisch stimmenden Grabsteine werden dabei den Ensembles auch in Zukunft eine besondere Qualität verleihen.

JÜDISCHE FRIEDHÖFE
Weiter von der Gartenkunst entfernt als die christlichen Friedhöfe sind die Begräbnisstätten der früheren jüdischen Gemeinden. Ihnen fehlt bis auf eine strikte Einteilung in Grabreihen eine übergeordnete Gestaltung, als Parkanlage werden sie nicht aufgefasst. Auch eine Bepflanzung war in der Regel nicht geplant. Dass viele von ihnen heute dennoch einen parkartigen Charakter besitzen, hat mit der Vernachlässigung der Pflege zu tun, weil dadurch die natürliche Verbreitung von Gehölzen begünstigt wird. Die malerische Schönheit dieser Anlagen zeugt von der Preisgabe ihrer früheren Funktion.

Jüdische Friedhöfe haben sich trotz der großen Zerstörungen in vielen Städten und Dörfern erhalten, so in Hannover und Wolfenbüttel, in Seesen, Nienburg und Cadenberge. Sie gehören zu den eindrücklichsten Mahnmalen einer zerstörten Kultur. Vor allem in den ländlichen Regionen, in denen keine der früheren Gemeinden mehr existiert, sind sie ganz besondere Erinnerungsstätten. Denn sie spiegeln alle Aspekte der langen Geschichte des jüdischen Lebens in Deutschland wider: die Ausgrenzung, die durch die meist abgeschiedene, oft auch idyllische Lage deutlich wird; die Hoffnung auf ein selbstverständliches, von Akzeptanz und Respekt getragenes Alltagsleben, die sich in den Inschriften und der Gestaltung der Grabsteine zeigt; gleichzeitig die Verschiedenheit, ablesbar an der Symbolik und der fremden, selbstbewusst verwendeten Schrift; und schließlich Vertreibung und Ermordung, erfahrbar an der stummen Einsamkeit dieser Orte, an der immer länger werdenden Zeitspanne, die uns von den zuletzt angelegten Gräbern trennt.

◀ Jüdischer Friedhof Neustadt

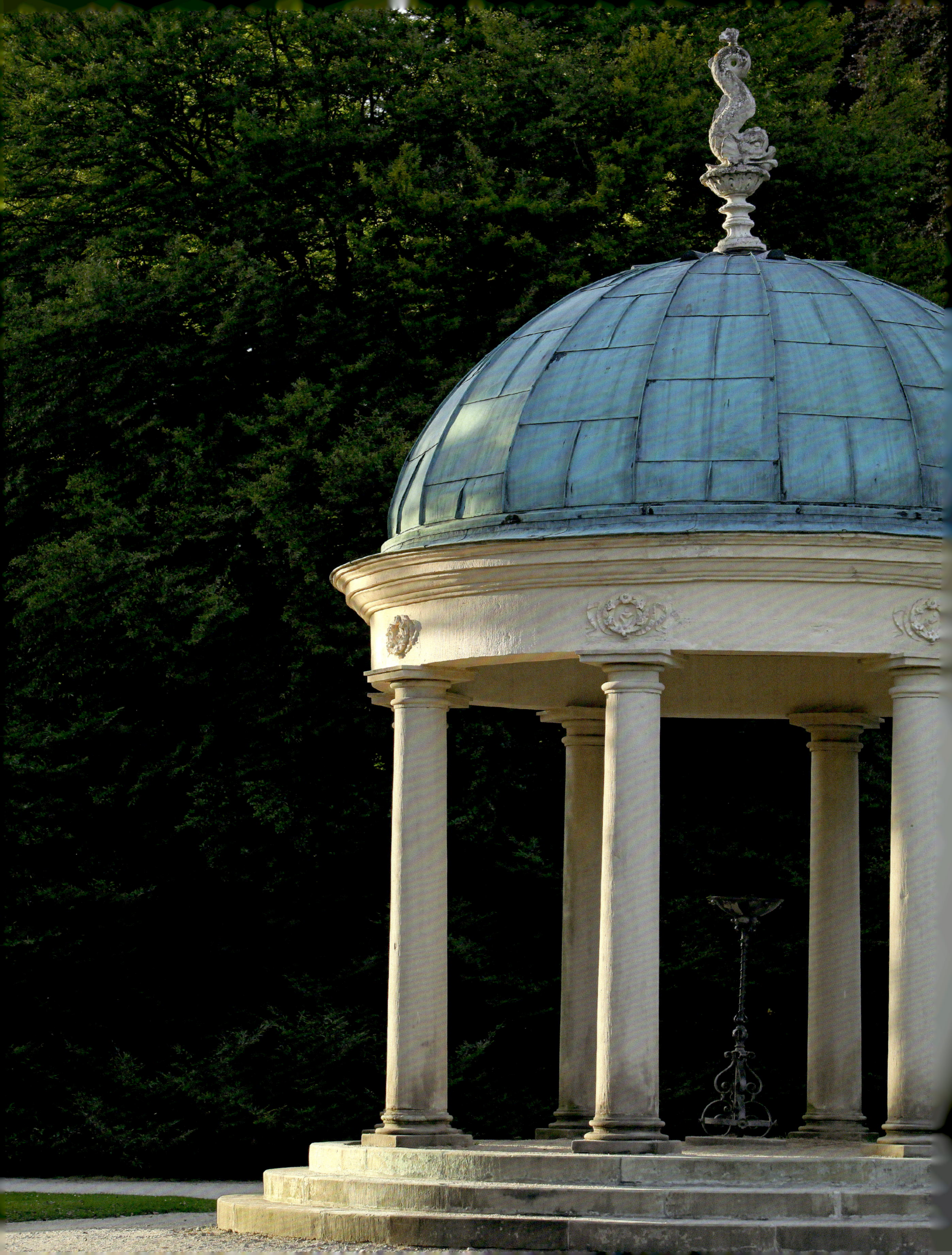

Öffentliches Grün –
Kuranlagen, Promenaden und Stadtparks

Der Begriff »Öffentliches Grün« bezeichnet alle Anlagen und Grünflächen, die explizit für den Gebrauch durch eine breite, zumeist städtische Bevölkerung bestimmt waren und sind. Im Grunde handelt es sich dabei um eine sehr junge Gruppe, denn erst seit dem Beginn des 19. Jahrhunderts gibt es – von wenigen Ausnahmen abgesehen – Werke der Gartenkunst, die nicht im privaten Kontext entstanden sind. Zwar stellten bereits die prachtvollen Gärten der Könige und Fürsten immer mehr als nur private Refugien dar, da sie einen nach außen gerichteten, überpersönlichen Repräsentationsanspruch hatten. Viele dieser Gärten waren darüber hinaus sehr früh öffentlich zugänglich. Trotzdem blieben sie der privaten Sphäre ihrer Besitzer verhaftet.

Öffentliche Auftraggeber traten erst nach 1800 in Erscheinung. Selbstverständlich gab es zu jeder Zeit Grünflächen, die der Bevölkerung uneingeschränkt zugänglich waren: gemeinschaftlich genutzte und vielleicht mit Pflanzungen versehene Anger zum Beispiel, Wiesen oder Flussinseln vor den Toren der Städte, Wälder und Haine. Sogar das von Bebauung freizuhaltende Schussfeld in der unmittelbaren Umgebung von Fortifikationen diente in Friedenszeiten dem Sonntagsspaziergang. Aber es fällt doch schwer, diese Anlagen zur Gartenkunst zu zählen, auch wenn sie in dem einen oder anderen Fall eine gewisse Gestaltung erfahren haben.

Der Anfang des öffentlichen Grüns in Deutschland lässt sich genau auf das Jahr 1789 datieren. Es ist das Jahr der Französischen Revolution. Der Sturm auf die Bastille scheint auch einige deutsche Kur- und Großfürsten beunruhigt zu haben. Diese bemühten sich, durch altbekannte Maßnahmen den revolutionären Funken auszutreten. Eine originelle Idee jedoch hatte der bayerische Kurfürst Karl Theodor, eine der bemerkenswertesten Gestalten der deutschen Ge-

◂ Bad Pyrmont, der Erdbeertempel von 1786 im Kurpark

schichte: Er versuchte, die Einwohner der Stadt München durch das Geschenk einer riesigen Parkanlage auf andere Gedanken zu bringen und beauftragte seinen Hofgärtner Friedrich Ludwig von Sckell, ein Genie der deutschen Gartenkunst, mit dem Entwurf des Englischen Gartens, bis heute eine der schönsten innerstädtischen Grünflächen. Offenbar ging die Rechnung auf, denn von einer Bayerischen Revolution ist nichts bekannt. Der Englische Garten stellt die erste ausdrücklich für die Öffentlichkeit konzipierte Parkanlage Deutschlands dar, die allerdings noch von einer Privatperson in Auftrag gegeben wurde. Der erste auf Veranlassung einer Kommune angelegte Stadtpark ist der Klosterbergegarten in Magdeburg, den Peter Joseph Lenné 1824 entwarf. Damit beginnt die eigentliche Geschichte derartiger Anlagen in Deutschland. Sowohl die Münchner als auch die Magdeburger Schöpfung waren Meilensteine in der Entwicklung des öffentlichen Grüns.

BAD PYRMONT Unter den niedersächsischen Kuranlagen nimmt der Pyrmonter Park zweifellos die Spitzenstellung ein, einerseits wegen seiner reichen Ausstattung, andererseits wegen der glücklichen Verbindung von qualitätvoller landschaftlicher Gestaltung mit beeindruckenden, streng formalen Alleen. Zudem ist bemerkenswert, dass an den seit germanischer Zeit genutzten Heilquellen bereits in der zweiten Hälfte des 17. Jahrhunderts ein Badebetrieb mit all seinen Begleiterscheinungen begann, der sich anderenorts erst im 19. Jahrhundert entwickelte. Dazu gehörten neben spektakulären Heilerfolgen auch die unvermeidlichen Geschichten aus dem Privatleben der Kurgäste, über die schon um 1680 in Journalen mit blumigen Titeln wie dem französischen »Mercure Galant« berichtet wurde. Ein fester Termin im höfischen Leben war der »Pyrmonter Fürsten-

Bad Pyrmont, Kurpark, Blick über die Graft zum Palmengarten

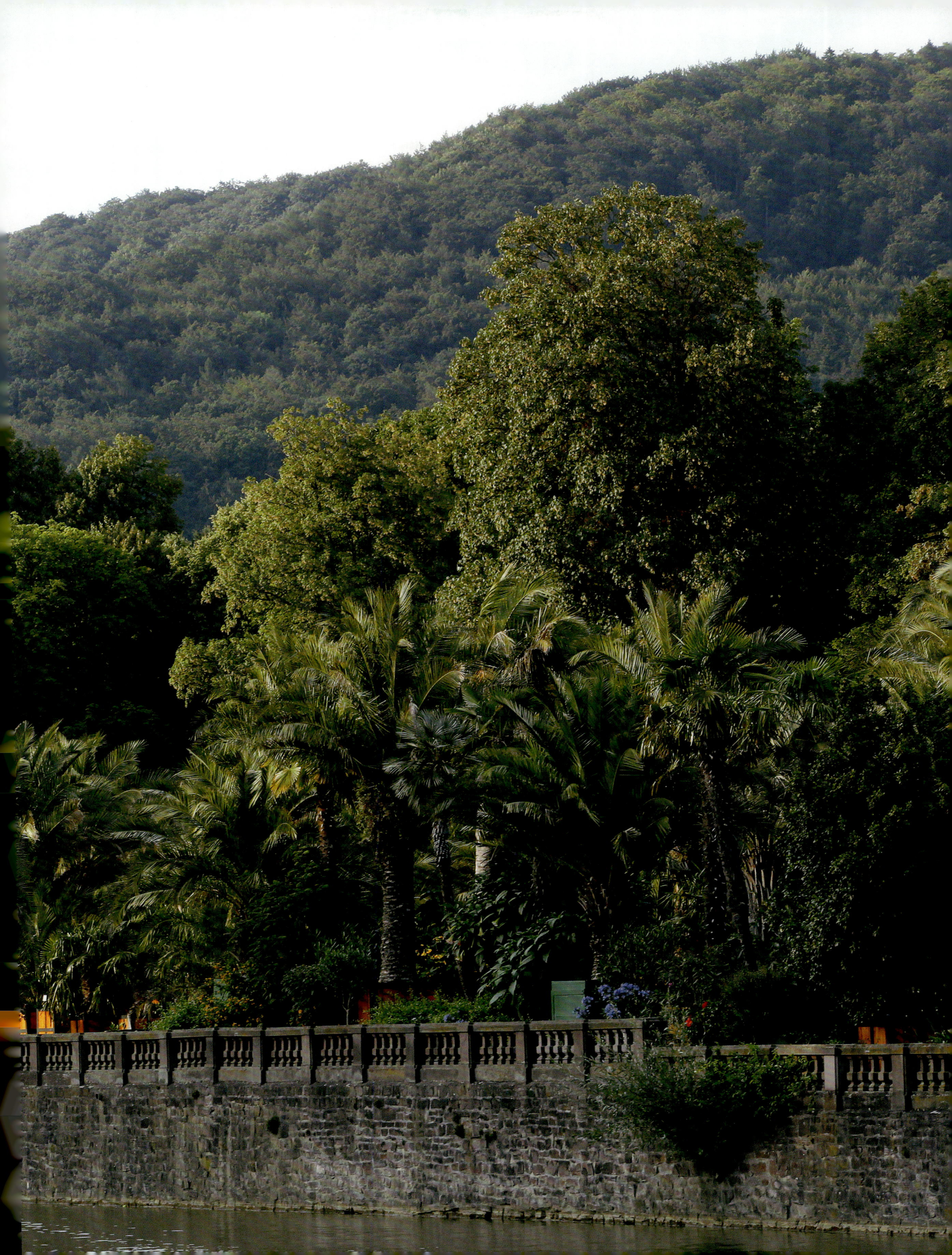

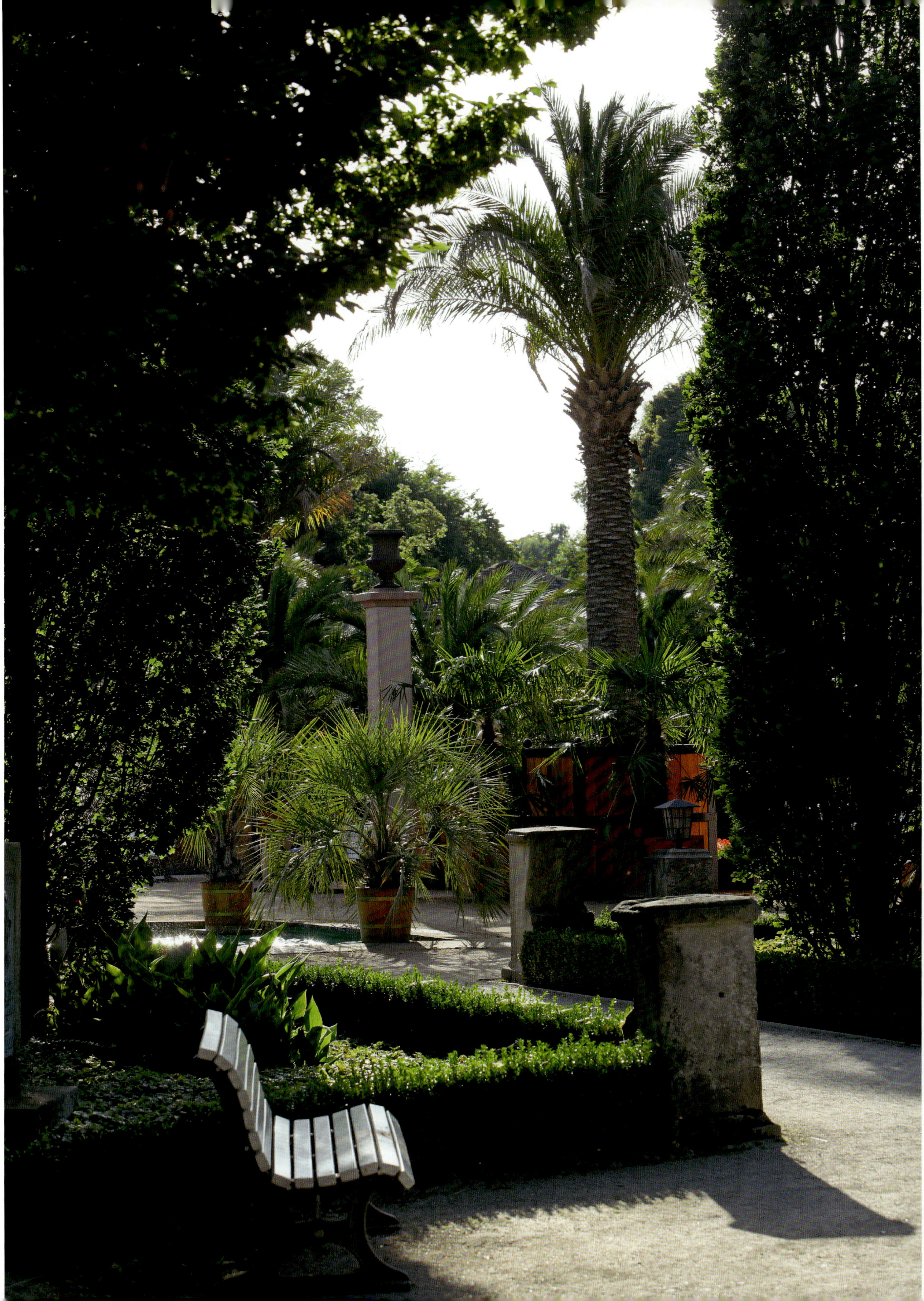

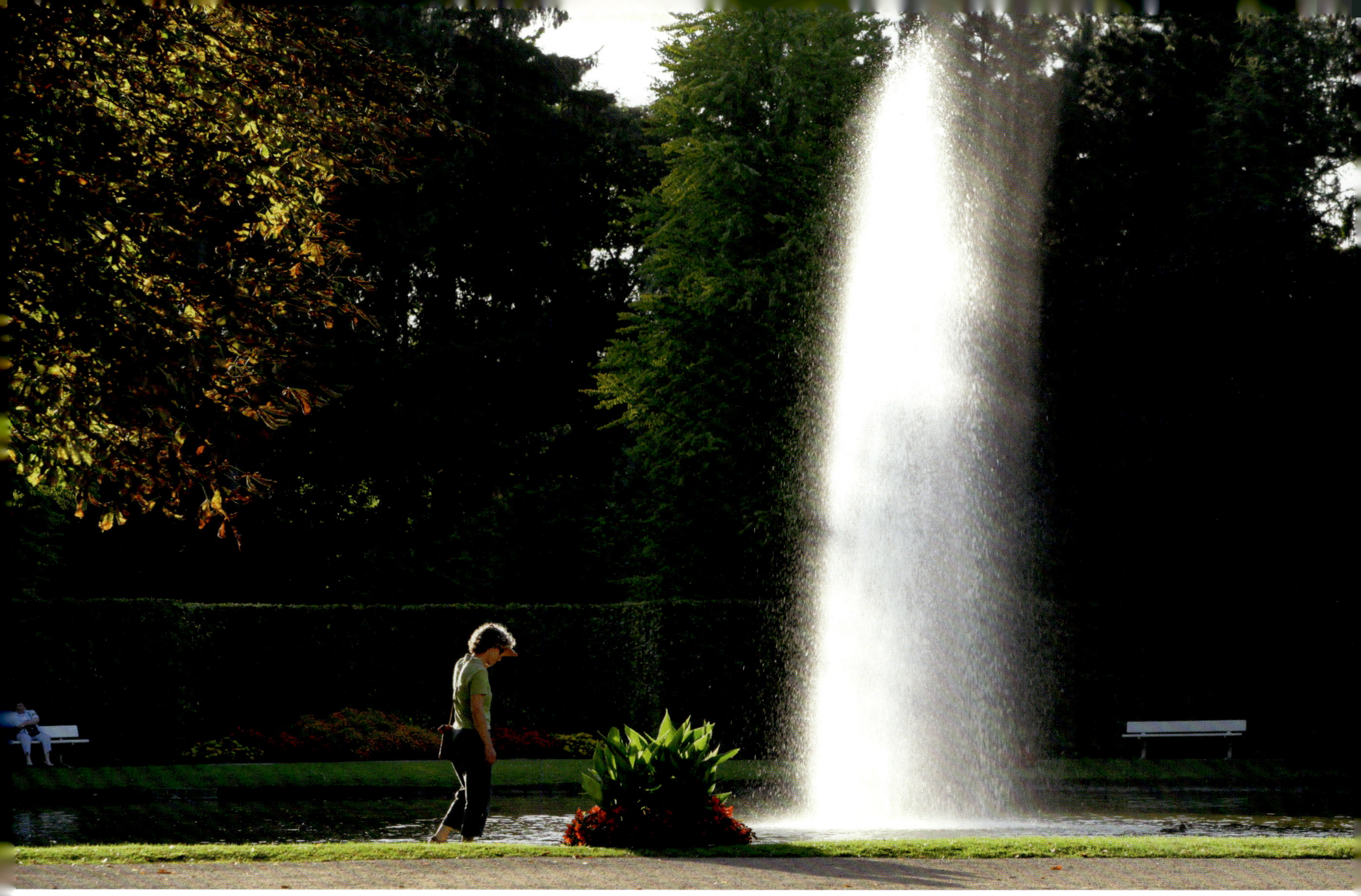

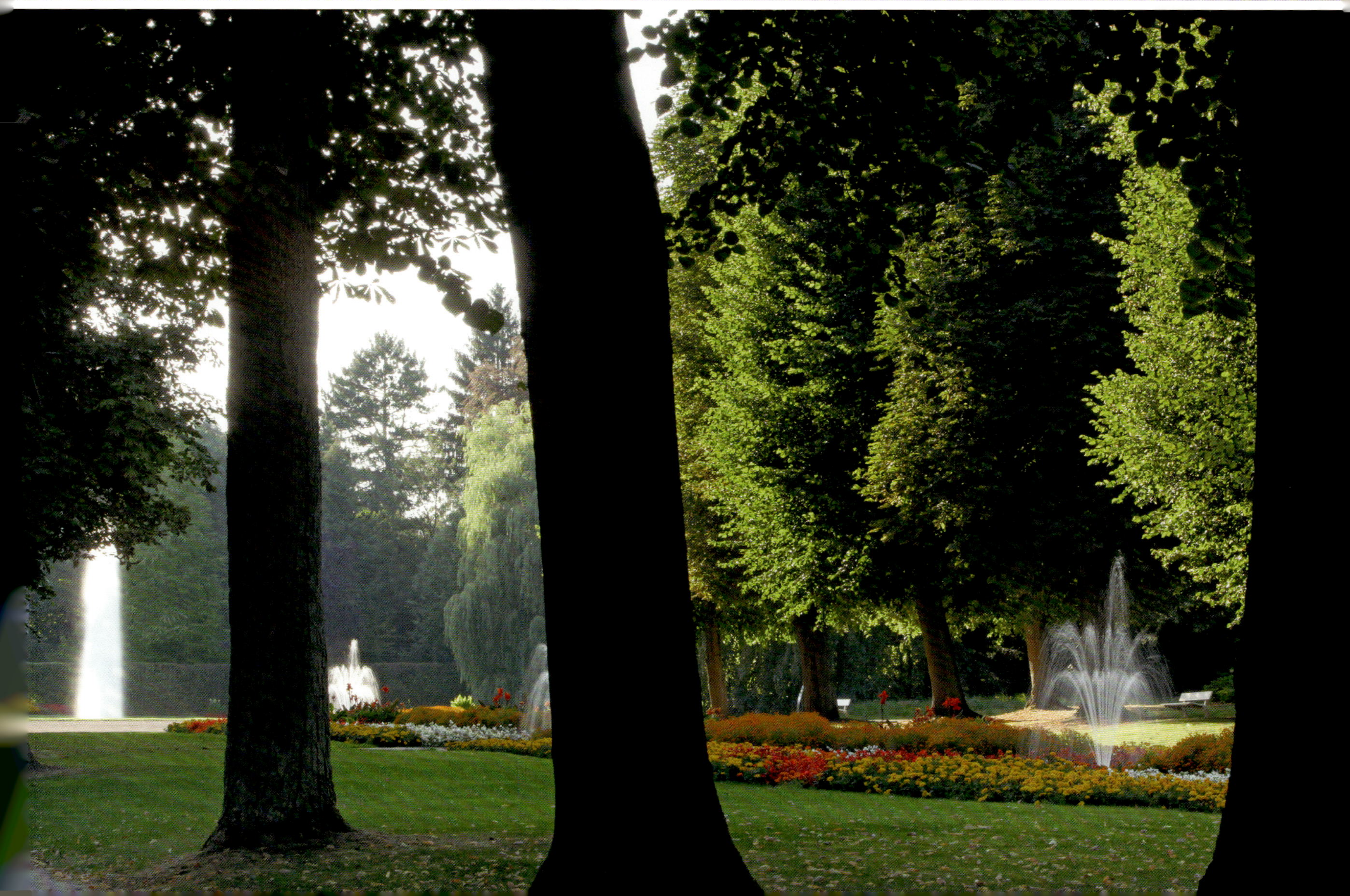

◀ **Seite 90:** Kurpark Bad Pyrmont, Palmengarten
◀ **Seite 91 oben:** Kurpark Bad Pyrmont, Bassin im Oberen Boskett
   unten: Bad Pyrmont, Springbrunnenallee im Kurpark

sommer«, zu dem hochrangige Persönlichkeiten aus ganz Europa anreisten. Selbstverständlich musste ihnen außer dem ungewohnt schmeckenden Wasser noch anderes geboten werden, zum Beispiel die Möglichkeit zu einem Spaziergang in angenehmer Umgebung. Da es noch nicht üblich war, seine Schritte in die umliegenden Wälder oder Feldfluren zu lenken, war es nötig, in der Nähe der Quellen Spazierwege, sogenannte Promenaden, zu schaffen. Die erste dieser Promenaden, für die Pyrmont berühmt werden sollte, wurde 1667 in Form einer vierreihigen Allee angelegt. Bis 1790 entstand ein System aus sich kreuzenden und ergänzenden Alleen zwischen den Quellen, dem Schloss und der sich mehr und mehr entwickelnden Stadt. Hinzu kamen Kanäle und Wasserbassins, die für weitere Abwechslung sorgten, und noch vor 1800 erste kleinere Gebüschpflanzungen, die allerdings in das streng geometrische System eingebunden waren.

Eine Parkanlage existierte zu diesem Zeitpunkt noch nicht. Sie entstand erst im Laufe des 19. Jahrhunderts schrittweise auf dem durch die Alleen abgesteckten Gelände. Bis in die jüngste Zeit nahm man immer wieder Veränderungen an der Gestaltung vor, neues wurde hinzugefügt, manches verschwand. Eine Zäsur markiert das Jahr 1907: Nach 31 Dienstjahren wurde der Hofgärtner Friedrich Dirks pensioniert. Er hinterließ seinem Nachfolger einen Park, dem er seine bis heute erkennbare Gestalt gegeben hatte. In der letzten Phase seiner Amtszeit stand ihm der hervorragende Gartenkünstler Julius Trip zur Seite, der überraschend kurz nach Dirks' Pensionierung starb. Das Ergebnis der überaus fruchtbaren Zusammenarbeit fasste die Kölnische Zeitung 1909 in einem Satz zusammen: Das Wirken beider Künstler habe »eine Umwandlung des alten allmählich etwas verwilderten und langweilig düsteren Parks« gebracht, »der nun nicht bloß beträchtlich erweitert, sondern auch hinsichtlich der Anordnung und der farbenprächtigen, wirkungsvollen Ausgestaltung seiner Baum-, Strauch- und Wasserpartien, untermischt mit geschmackvollen Blumenanlagen, zu einem bewunderungswürdigen Park ersten Ranges geworden« sei, was er – wie noch hinzuzufügen wäre – bis heute geblieben ist.

SEESEN Neben dem klassischen Bäderbetrieb, der eigentlich mit dem Begriff »Kur« verbunden ist, entwickelten sich im 19. Jahrhundert weitere Formen eines modernen, auf die Stärkung der Gesundheit zielenden Freizeitangebotes. Schon vor 1800 entstanden die ersten Seebäder an den Küsten und auf den friesischen Inseln, so das berühmte Norderney auf Betreiben Edzard von Knyphausens. Einige Jahrzehnte später wurden die ersten Kureinrichtungen im Harz eröffnet (so Alexisbad 1810, Thale 1836, St. Andreasberg 1862). Sie boten ihren Gästen keine heilenden Quellen, sondern lediglich die Vorzüge ihrer natürlichen Umgebung: frische Luft, Abgeschiedenheit, Ruhe, Bewegung und gutes Essen. In den Kurorten im Harz zeigte sich bereits eine gewisse Abkehr von dem gesellschaftlichen Leben, das in Badeorten üblicherweise gepflegt wurde. Die Schönheiten und Qualitäten der Wälder und deren positive Wirkung auf Körper und Geist standen eher im Vordergrund. Ausgedehnte Spaziergänge und der Genuss der freien Natur sollten den Gästen ermöglicht werden, auch in naturnah gestalteten Parkanlagen. Gut nachvollziehbar ist dies im Kurpark der Stadt Seesen.

Im Gegensatz zu vielen anderen Orten im Harz besitzt Seesen keine Bergbautradition und keine mit anderen historischen Städten vergleichbare politische Bedeutung. Dafür entwickelte sich hier – am Schnittpunkt mehrerer Fernstraßen – schon früh ein wichtiges Handelszentrum. Das günstige Klima förderte zudem bereits im 19. Jahrhundert die Einrichtung verschiedener Sanatorien und Kliniken, die noch heute das Bild der Stadt prägen. Die Bedeutung als Kurstadt wurde durch die Anlage eines weitläufigen Parks (1892–1896) im engen Tal der Schildau unterstrichen. Seine Gestaltung orientierte sich an der von Wäldern geprägten Landschaft des Harzes, die den Besucher auf das Erleben des Mittelgebirges einstimmte und ihn ermunterte, über die vom Park ausgehenden Wanderwege die weitere Umgebung zu erkunden. Die Anlage sollte als ein Teil der Landschaft wahrgenommen werden und keinen Gegensatz zu ihr bilden. Daher war die Ausstattung von Anfang an sehr einfach gehalten – mit dichten Pflanzungen ohne exotische Gehölze, einfacher Wegeführung und ohne zierende Kleinarchitekturen. Geschichtlich interessant ist, dass die aus Seesen stammende Klavierbauerfamilie Steinway die Anlage des Parks durch großzügige Spenden entscheidend mitfinanziert hat.

Seesen, Kastanienallee am Kriegerdenkmal

Links: Göttingen, Schmuckbeet vor dem Deutschen Theater; **rechts:** Das Bismarckhäuschen, der bewohnbare Rest eines Wehrturms in den Wallanlagen, diente dem prominentesten Absolventen der Göttinger Universität als Studentenbude.

GÖTTINGEN, WALLANLAGEN

Noch bevor in den wachsenden Städten des 19. Jahrhunderts größere grüne Erholungsräume für die Bevölkerung geschaffen wurden, bemühten sich viele Kommunen, ihren Bürgern wenigstens einige mit Pflanzungen aufgeschmückte Spazierwege zur Verfügung zu stellen, um in den dicht bebauten Innenstädten für etwas Abwechslung zu sorgen. Die Aufgabe der alten Festungswerke bot dazu vielerorts die Möglichkeit. Ergriffen wurde diese Chance nicht in jedem Fall, da das freiwerdende Gelände auch begehrtes Bauland war und man es oft der Spekulation überließ. Die Stadt Göttingen hingegen nutzte die Entfestigung geradezu vorbildlich, allerdings ist das Ergebnis durch den rücksichtslosen Straßenbau der letzten Jahrzehnte stellenweise in Mitleidenschaft gezogen worden.

Als stark befestigter, strategisch wichtiger Ort im südlichen Grenzgebiet des Kurfürstentums hatte Göttingen sehr unter den Kriegen des 17. und 18. Jahrhunderts gelitten. Die Bevölkerung nahm daher den Beschluss zur Beseitigung der Festungsanlagen mit großer Erleichterung auf. Nach dem Abzug der letzten französischen Truppen, die im Verlauf des Siebenjährigen Krieges die Stadt besetzt hatten, wurde ab 1774 mit dem planmäßigen Abbruch der Brustwehr, der Abtragung der Ravelins und der Verfüllung der Stadtgräben begonnen. Bereits vorher war der eigentliche, mit hohen Stützmauern eingefasste Wall als Promenade für die Bürger freigegeben worden. 1765 hatte man die Lindenallee auf der schmalen Wallkrone angepflanzt. Nur an wenigen Stellen unterbrochen, ist die Promenade bis heute als der wichtigste innerstädtische Erholungsort für die Anwohner erhalten geblieben. Das vor dem Wall liegende Gelände ist teilweise bebaut, teils aber ebenfalls gärtnerisch gestaltet worden: Im Osten entstand an dem 1889 bis 1890 errichteten Theater eine kleine, mit Beeten geschmückte Grünanlage, im Süden der Albanifriedhof (Belegungen 1784 – 1881), im Westen eine schmale, den früheren Philosophenweg begleitende Anlage. Das bedeutendste Stück ist jedoch der 1786 im Norden der Altstadt auf dem Wallgelände gegründete Botanische Garten.

Öffentliche Parkanlagen waren (und sind) in erster Linie Orte der Erholung und Zerstreuung, aber sie sollten auch – ganz im Sinne des bürgerlichen Bildungsgedankens – den Einwohnern etwas »Erbauliches« bieten. Dazu wurde eine Unzahl von Denkmälern aufgestellt, die an berühmte und verdienstvolle Söhne und später auch einige Töchter der jeweiligen Stadt erinnern sollten. In Göttingen war dies nicht anders und so fand man auch in den Wallanlagen Standbilder von Professoren und Politikern, von Forschern und Künstlern. Viele sind vor allem in der Kriegs- und Nachkriegszeit verschwunden, aber eines, das zu den schönsten deutschen Denkmälern gehört, steht nach wie vor an seinem Platz: das 1899 am südlichen Wall enthüllte Doppelstandbild von Carl Friedrich Gauß und Wilhelm Weber. Es zeigt den großen Mathematiker versonnen auf einem Lehnstuhl sit-

Links: Braunschweig, die zum Stadtgraben umgewandelte Oker; **rechts:** Braunschweig, Wall im Theaterpark

zend, umgeben von dicken Büchern. Der berühmte Physiker Weber steht neben ihm und scheint mit großem Nachdruck auf ihn einzureden. Ob er über ein physikalisch-mathematisches Problem doziert oder seinen Kollegen Gauß bittet, ihm nach all den Jahren auf dem Sockel auch einmal den bequemen Sessel zu überlassen, bleibt ein Geheimnis.

BRAUNSCHWEIG, WALLANLAGEN

Die Stadt Braunschweig hatte mit ihrem grünen Erbe weniger Glück. War schon von dem ohnehin kleinen Schlossgarten in der Nachkriegszeit wenig mehr übrig geblieben als eine Art begrünter Tiefgarage, so sind auch die wertvollsten Grünflächen, die sich als abwechslungsreicher Ring um die Altstadt schmiegenden »Wallpromenaden«, heute auf einzelne, zusammenhangslose Stücke reduziert. Im Bereich des Theaters lässt sich noch erahnen, welche Qualität die 1802 nach einem Plan von Peter Joseph Krahe begonnenen und um 1900 unter der Aufsicht des »Promenadeninspektors« Friedrich Kreiß vollendeten Anlagen hatten. Die Planungsgeschichte verlief ähnlich wie in Göttingen: Der Beschluss zur Aufhebung der Festungswerke fiel 1769, die Arbeiten zogen sich aber – unterbrochen von der Napoleonischen Zeit – bis in das 19. Jahrhundert hin.

Das frei werdende Gelände erhielt eine abwechslungsreiche Gestaltung, basierend auf einem System von großen Alleen und unterschiedlich geformten Plätzen. In dieses Grundgerüst, das die gesamte Innenstadt umzog, waren kleinere Grünanlagen und einzelne bauliche Akzente eingefügt: der »Fürstliche Park« (heute Theaterpark) im Osten, »Rönkendorfs Garten« (heute Bahnhofspark) im Süden und der Botanische Garten, der allerdings auf dem vor der eigentlichen Befestigung liegenden Glacis angelegt wurde (ab 1840). Hinzu kam eine Vielzahl von kleineren Schmuckanlagen und -plätzen, die heute weitgehend verschwunden sind. Architektonische Kostbarkeiten sind die Villa Salve Hospes, das Theater, das Herzog-Anton-Ulrich-Museum und die kleinen Torhäuser, entworfen auch von Krahe, Braunschweigs bestem Architekten. Neben den Grünflächen war für weite Teile des ehemaligen Festungsgeländes eine hochwertige Villenbebauung vorgesehen. Durch die Veränderungen im 20. Jahrhundert haben die Wallanlagen insgesamt großen Schaden genommen, aber die Oker, die den alten, vollständig erhaltenen Stadtgraben durchfließt, bietet nach wie vor die Möglichkeit, die Braunschweiger Innenstadt einmal zu umrunden.

HANNOVER, MASCHPARK

Der Maschpark, der frühere Rathauspark, ist die bedeutendste Grünanlage des späten 19. Jahrhunderts in Hannover und darüber hinaus eine der wichtigsten derartigen Anlagen aus dieser Zeit

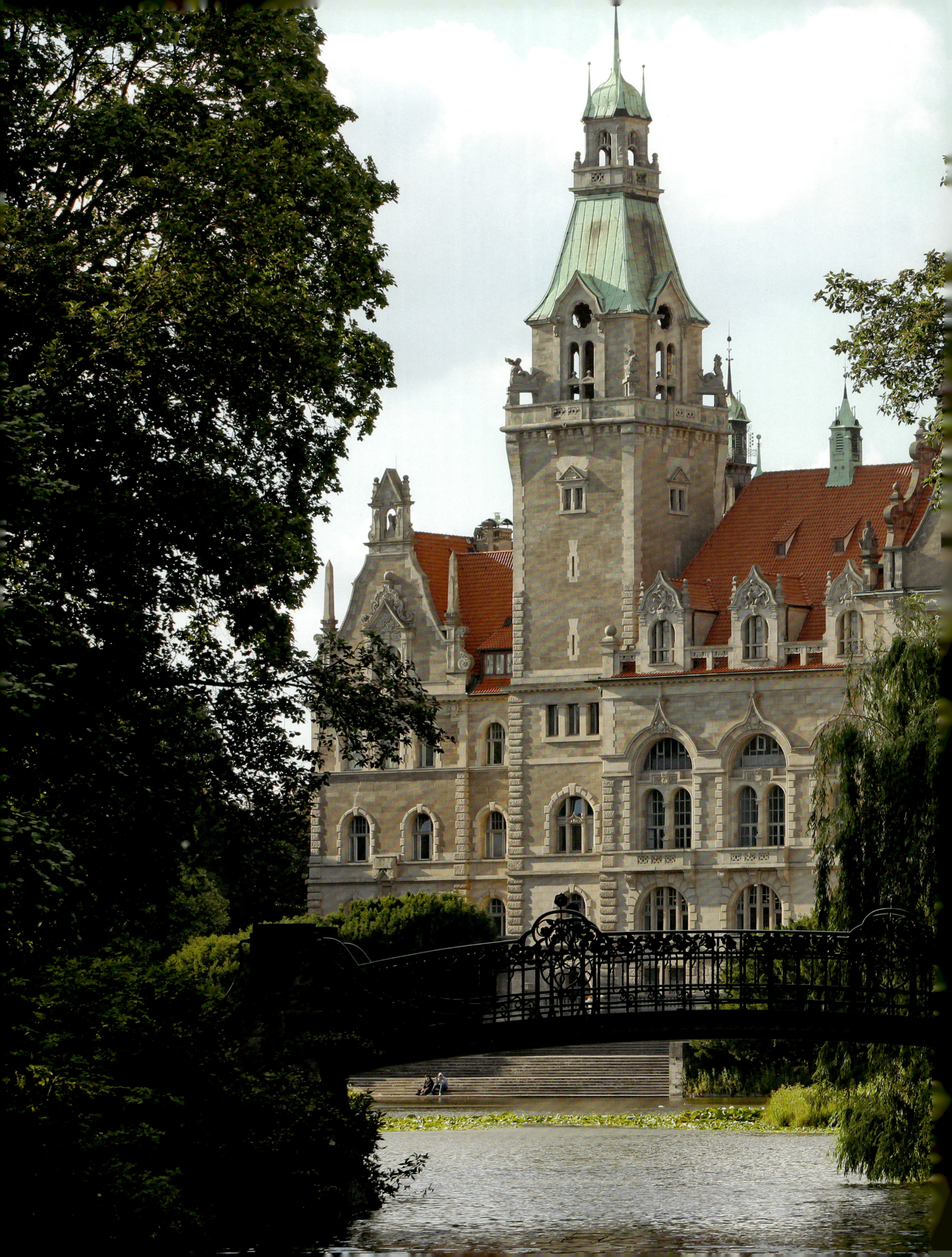

Hannover, Maschpark mit dem Neuen Rathaus
als architektonischem Bezugspunkt

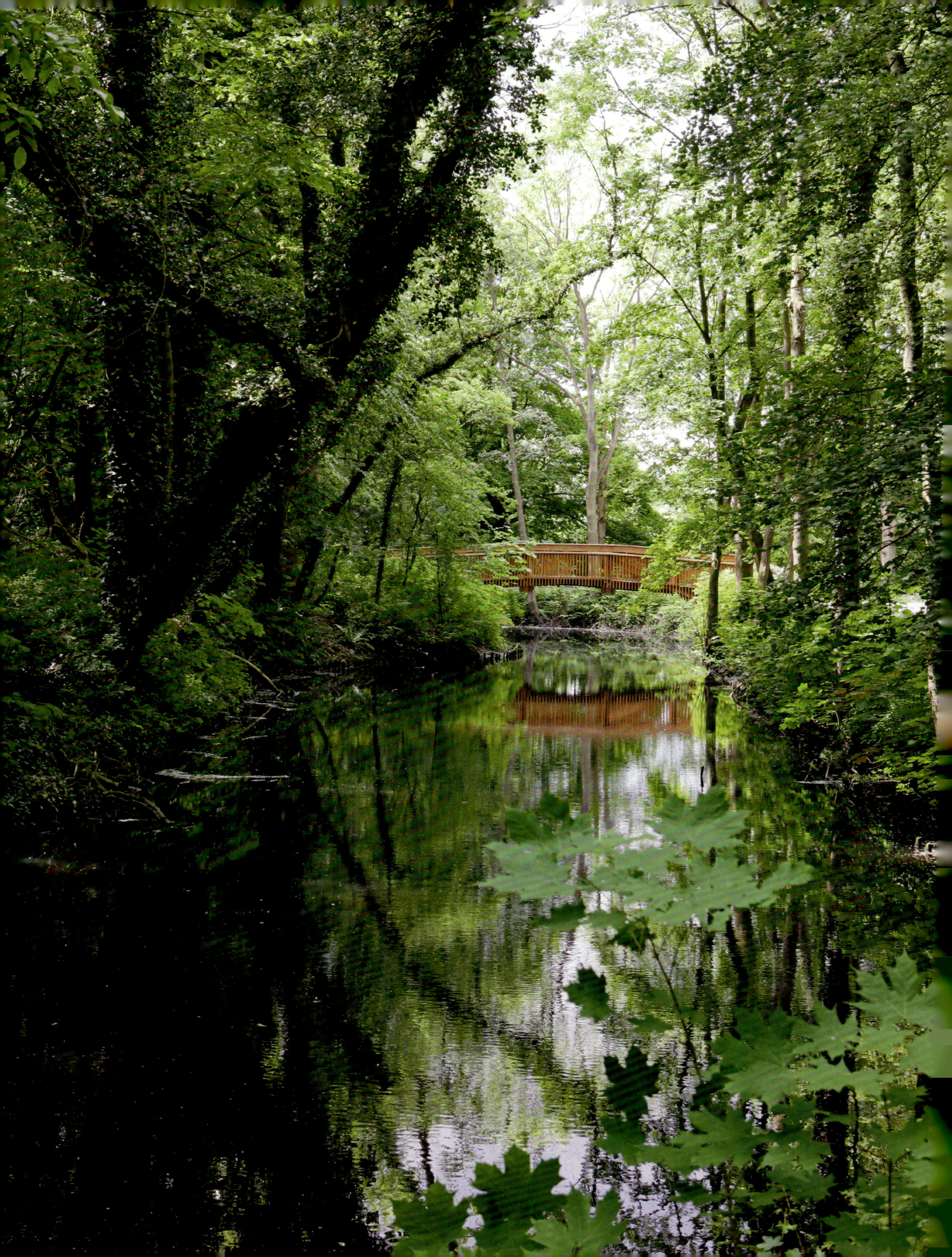

in Deutschland. Seine Planung fiel in die Phase großer wirtschaftlicher Prosperität und städtischen Selbstbewusstseins und war verknüpft mit der Errichtung eines großartigen Gebäudeensembles, bestehend aus Rathaus, Museum und anderen Verwaltungsbauten. Durch zwei Wettbewerbe legte man zunächst die Standorte der Gebäude, die Verkehrsführung und die Flächenaufteilung fest.

Begonnen wurde 1897 mit dem Bau des Provinzialmuseums (Fertigstellung 1902, heute Landesmuseum). Zwei Jahre später folgte der Beginn der Arbeiten an der Parkanlage, den Entwurf lieferte Stadtgartendirektor Julius Trip. 1902 war sie im Wesentlichen vollendet, so dass 1903 der Grundstein zu dem größten Bauvorhaben gelegt werden konnte, der Neuerrichtung des Rathauses (bis 1913). Weitere Bauten entstanden, die allerdings später zerstört oder stark verändert wurden.

Rathaus und Provinzialmuseum platzierte man am Rand des Parks und richtete sie auf dessen Zentrum, den Maschteich, aus. Als Verbindungsglieder dienen Terrassen beziehungsweise große Blumenbeete, die den Gebäuden vorgelagert sind.

Die Gestaltung der insgesamt gut erhaltenen Anlage ist trotz ihrer vergleichsweise geringen Größe abwechslungsreich und vielfältig. Das Gelände wurde sehr sorgfältig modelliert, um eine bewegte, zu den Ufern des zentralen Teichs abfallende Grundfläche zu schaffen. Ein dichtes Wegenetz, das in enger Korrespondenz mit den sehr differenzierten und artenreichen Gehölzpflanzungen steht, erschließt den Park. Großen Wert legte Julius Trip auch auf Blumen- und Staudenbeete, sie waren bald die Hauptattraktion für die Besucher.

Ein schönes Beispiel für die damals beliebte Nachbildung bestimmter Landschaften »en miniature« ist die »Gebirgspartie« auf der südlichen Halbinsel des Teichs. Besonders reizvoll sind die Blicke über die spiegelnde Wasserfläche auf die prächtigen Fassaden von Rathaus und Museum.

Kurz nach seinem Tod 1907 wurde Julius Trip, einem der bedeutendsten Gartenkünstler Niedersachsens und erster Gartendirektor der Stadt Hannover, im Park ein Denkmal gesetzt.

WILHELMSHAVEN, STADTPARK RÜSTRINGEN

Der Beginn des 20. Jahrhunderts war eine Zeit nie gekannter Kreativität. In wenigen Jahren wurden so viele künstlerische Neuerungen, Experimente und Ideen entwickelt und ausgeführt wie in keinem Jahrhundert zuvor. Auf allen Gebieten der Kultur begann eine Suche nach neuen Ausdrucksmöglichkeiten. Es entfalteten sich umfassende Reformbestrebungen und das Bedürfnis, der Kunst bisher unzugängliche Bereiche des Lebens zu erschließen. Die Katastrophe des Ersten Weltkriegs, politische Instabilität, gesellschaftliche Brüche und wirtschaftliche Unsicherheit schienen diesen Prozess noch zu beschleunigen.

Auch in der Gartenkunst machten sich Reformkräfte bemerkbar, die neue Konzepte für zeitgemäße, den Menschen der heraufziehenden Moderne entsprechende Außenräume forderten. Sie wollten die bürgerliche, dem »erbaulichen Spaziergang« dienende Gestaltung hinter sich lassen und Grünanlagen mit nutzbaren Flächen und klaren Einheiten für verschiedene Aktivitäten schaffen. An die Stelle von Denkmälern und plüschigen Pflanzungen sollten weitläufige Wiesen für Spiel und Sport, heckenumfasste Ruhezonen und schlichte Blumengärten treten. Nach anfänglichem Zögern wurde in fast jeder deutschen Großstadt ein von den Reformgedanken geprägter Volks- oder Stadtpark angelegt.

Der künstlerisch bedeutendste und fortschrittlichste war der 1924 fertig gestellte Rüstringer Stadtpark in Wilhelmshaven. Der Entwurf stammte von dem Hamburger Gartenarchitekten Leberecht Migge. Er teilte das zur Verfügung stehende Gelände durch ein Grundlinienraster aus Alleen und Kanälen zunächst in kleinere Einheiten, denen er jeweils eine andere Funktion und damit auch Ausgestaltung zuwies. Dichte Waldbestände, offene Wiesen und selbst landwirtschaftliche wie gärtnerische Nutzflächen füllten die Bereiche zwischen den Hauptlinien, auch einige Zierpflanzungen und Sondergärten für Blumen, insbesondere Rosen, waren vorgesehen. Landschaftliche Partien gab es nicht mehr, der gesamte Park war streng geometrisch gestaltet. In dieser Konsequenz sind die Überzeugungen der Reformzeit selten umgesetzt worden. Und trotz des schlechten heutigen Zustands der Parkanlage ist die ungeheure Kraft dieser vorwärtsdrängenden Epoche immer noch spürbar.

◀ Wilhelmshaven, Stadtpark Rüstringen

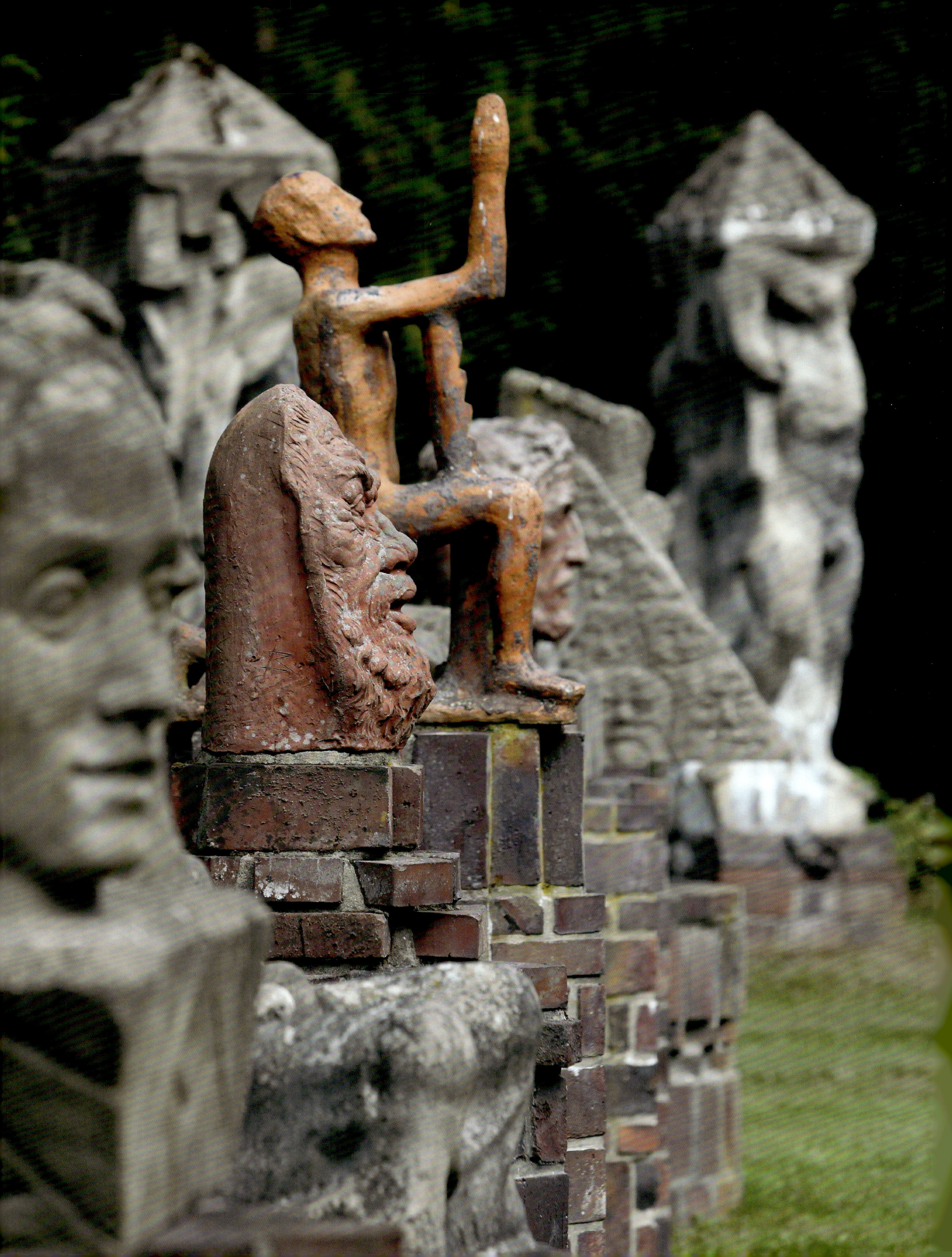

Neue Auftraggeber –
Gärten von Fabrikanten und Künstlern

Im 19. Jahrhundert traten nicht nur die Städte als neue Auftraggeber und Bauherren in der Gartenkunst auf, sondern auch Bevölkerungsgruppen, die erst mit der Industrialisierung und dem gesellschaftlichen Wandel als Kulturschaffende erkennbar wurden. Zu ihnen gehörten die durch Handel und Produktion zu Wohlstand gelangten Fabrikanten, Großindustriellen und Kaufleute. Zwar konnten sich bereits im Mittelalter neben den Landesherrn auch wohlhabende Bürger, Handwerker und hohe Beamte Gärten leisten, die – den wenigen überkommenen Abbildungen und Plänen nach zu urteilen – sehr individuelle und originelle Schöpfungen von großer Qualität waren; aber von diesen Werken ist nichts geblieben außer spärlichen Archivalien. Von den Anlagen des 19. Jahrhunderts sind hingegen viele erhalten und heute in öffentlichem Besitz.

Eine weitere Gruppe, die eine große Faszination ausübt, sind die Künstler und die von ihnen oder für sie geschaffenen grünen Oasen. In diesen Anlagen scheint geradezu eine Überhöhung der Gartenkunst stattzufinden. Denn wenn ein Maler oder ein Poet, für den der Garten oft ohnehin ein symbolischer Ort ist, einen solchen nach eigenen Vorstellungen gestaltet, muss dann nicht ein Gebilde entstehen, in dem sich die Künste ganz unmittelbar begegnen? Hinzu kommt, dass zwei Künstlergärten zu besonderen Sehnsuchtsorten der deutschen Seele geworden sind: Goethes Refugium an der Ilm in Weimar und die Anlage von Claude Monet in Giverny. Bei näherer Betrachtung zeigt sich jedoch, dass auch Künstler anderer Schaffensgebiete keine besseren Einfälle bezüglich der Gartengestaltung hatten als ihre Kollegen vom Fach, ja manchmal sogar hinter deren Können zurückblieben. Trotzdem: Künstlergärten besitzen besondere Qualitäten, die freilich nicht immer in ihrer Gestaltung, wohl aber in der nur ihnen eigenen Atmosphäre gründen. Daher ist es zum Beispiel gut, im Garten von Hermann Allmers einige seiner schwärmerischen Gedichte zu lesen; sie werden erst hier lebendig.

SOLTAU, BREIDINGS GARTEN Der von der Industriellenfamilie Röders angelegte weitläufige Park ist ein großartiges Zeugnis der Unternehmerkultur des 19. Jahrhunderts. Um 1860 ließ August Röders, der mit der Fabrikation von Filz, Bettfedern und Fruchtweinen ein florierendes Familienunternehmen mit Niederlassungen in Prag, Russland und China geschaffen hatte und dabei zu ansehnlichem Wohlstand gekommen war, ein kleines Landhaus am Stadtrand von Soltau errichten. Die zunächst bescheidene Gartenanlage wuchs rasch, wurde laufend vergrößert und ausgestaltet. Auch das Haus erweiterte man und gab ihm durch Anbauten den Charakter einer breit gelagerten Schauarchitektur. Während die Hausfassade etwas uneinheitlich wirkt, sind dem Garten die mehrfachen Veränderungen und Umgestaltungen nicht anzumerken. Er lässt sich als eine Art Prototyp landschaftlicher Gestaltungskunst des späten 19. Jahrhunderts verstehen, auch wenn viele Elemente in der Nachkriegszeit verschwunden sind. Denn in den letzten Jahrzehnten, insbesondere nach dem Konkurs der Firma Röders bzw. Carl Breiding & Söhne 2005, wurde die Pflege fast eingestellt. So ist nur noch auf alten Fotos zu erkennen, dass vor allem der hausnahe Bereich prächtig mit zahlreichen Blumenbeeten ausgeschmückt war. Auch die bauliche Ausstattung hat gelitten, allen voran die auf einer Halbinsel errichtete künstliche Ruine, in der sich früher ein Wasserbehälter zur Speisung der Fontänen verbarg. Dennoch ist bis heute noch gut zu sehen und vor allem beim Durchschreiten zu erfahren, wie geschickt die einzelnen Elemente Wasser, Wege, Pflanzungen und Bodenmo-

◀ Jesteburg, Kunststätte Bossard

Soltau, Breidings Garten, Blick über den Teich zur Villa

Breidings Garten, Blick durch den Torbogen der Ruine ▶

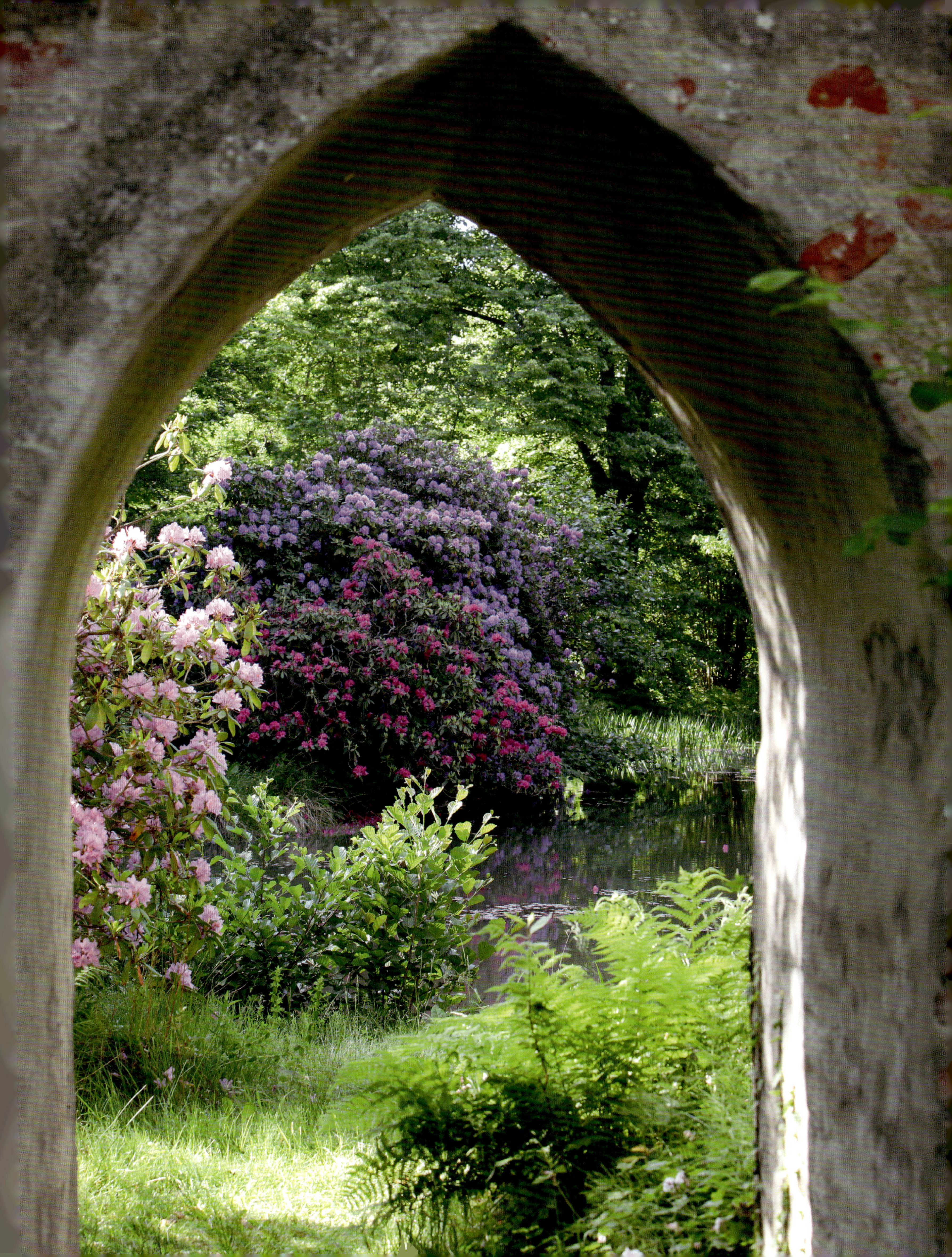

dellierung aufeinander abgestimmt wurden. Zudem passte man die Gestaltung den örtlichen Gegebenheiten so optimal an, dass ein kleines Meisterwerk entstand. Glücklicherweise hat sich jüngst ein Verein gegründet, der entschlossen und tatkräftig die zukünftige Pflege übernehmen wird.

GOSLAR, GARTEN BORCHERS

Der aus einem mittelalterlichen Stift hervorgegangene Komplex am Goslarer Stadtwall gelangte 1807 in den Besitz von Johann Christoph Borchers, der noch im selben Jahr einen Betrieb zur Herstellung von Farben auf dem Grundstück errichtete. Dieser existierte als chemische Fabrik bis 1926. Das stark renovierungsbedürftige Wohnhaus und der dazu gehörende Garten wurden in der zweiten Hälfte des 20. Jahrhunderts nach und nach instand gesetzt. Veränderungen hat es immer wieder gegeben, noch nach dem Zweiten Weltkrieg wurden Haus und Garten den Bedürfnissen der Bewohner angepasst. Besonders interessant sind die Jahre zwischen 1900 und 1925. In dieser Zeit erhielt der Garten seine weitgehend heute noch bestehende Form.

Bis zum Ende des 19. Jahrhunderts ist eine ununterbrochene gärtnerische Nutzung des Grundstücks dokumentiert. Allerdings scheint die Gestaltung zeitweise einem freundlichen Chaos geähnelt zu haben, auch wenn eine vermutlich noch aus dem Mittelalter stammende geometrische Grundeinteilung vorhanden war, die eine gewisse Ordnung vorgab. Erst 1899, mit dem Eingreifen des hannoverschen Gartendirektors Julius Trip, änderte sich die Situation entscheidend. Er beseitigte nahezu alles, was sich bis dahin auf dem Gelände angesammelt hatte, fasste die Nutzgärten an der Ostseite zusammen und gestaltete den Hauptteil sehr kleinteilig neu mit allem, was zu einer landschaftlichen Anlage gehört. Vermutlich wollte Trip zu viel, denn schon nach wenigen Jahren mussten erste Gehölze aus der übervollen Anlage entfernt werden, der kleine Teich unmittelbar am Haus entwickelte sich zu einem Morast und der zunächst positiv wahrgenommene Ausblick auf die Gehölze der nahen Wallanlage war bald zugewachsen.

20 Jahre nach der durchgreifenden Neugestaltung wurde daher ein weiterer Gartenkünstler zu Rate gezogen, der Hamburger Georg Hölscher, der die Pläne für den Harburger Stadtpark geliefert hatte. Seine insgesamt fortschritt-

Goslar, Garten Borchers, Blick durch die Lindenallee zum Haus ▶

lichen Ideen kamen jedoch nicht zur Ausführung, denn inzwischen hatte der seinerzeitige Besitzer Friedrich Borchers Kontakt zu den reformorientierten Künstlern um Paul Schultze-Naumburg gefunden. Von deren Gärten war er so begeistert, dass eine landschaftliche Anlage für ihn nicht mehr infrage kam. Schon bei seinem ersten Besuch kritisierte Schultze-Naumburg erwartungsgemäß die Gestaltung von Haus und Garten heftig und legte Umbaupläne für das Anwesen vor. Nach seinen Vorstellungen wurde der Garten als streng architektonische Anlage mit sparsamsten Mitteln neu konzipiert. Man beseitigte alle Gehölze, nur sechs Bäume beließ der Künstler auf der weiten Rasenfläche, die nun das Zentrum seiner Schöpfung bildete.

Eine Allee aus geschnittenen Linden, einige Hecken, zwei gerade Wege: Viel mehr ist in dem Garten heute nicht vorhanden. Trotzdem ist er von überzeugender und wunderbar spannungsreicher Wirkung und lässt immer noch den Willen zu einem radikalen Neuanfang spüren. Der Garten Borchers ist einer der bedeutendsten Privatgärten aus jener Zeit, in der aufgeschlossener Unternehmergeist und künstlerische Avantgarde zusammenfanden und ein kreatives Potenzial ohne Beispiel freisetzten. Die architektonische Moderne in Deutschland wäre ohne diese Konstellation nicht denkbar.

Kein Text erfasst die Stimmung des Gartens besser als der folgende von Hugo von Hofmannsthal, der sich den kommenden Gartenanlagen widmet: »Es werden Gärten sein, in denen die Luft und der freigelassene Raum eine größere Rolle spielen wird als in irgendwelchen früheren Zeiten. Nichts wird ihre ganze Atmosphäre so stark bestimmen wie die überall fühlbare Angst vor Überladung, eine vibrierende, nie einschlafende Zurückhaltung und eine schrankenlose Andacht zum Einzelnen. Eine nie aussetzende respektvolle Liebe für das Einzelne wird immer das Besondere an diesem Garten sein.«

DELMENHORST, GÄRTEN DER NORDWOLLE

Die kurz Nordwolle genannte Norddeutsche Wollkämmerei und Kammgarnspinnerei war mehr als eine normale Fabrik: Sie zählte zu den größten Konzernen Deutschlands und produzierte in ihren wirtschaftlich erfolgreichsten Jahren ein Viertel des weltweit verbrauchten

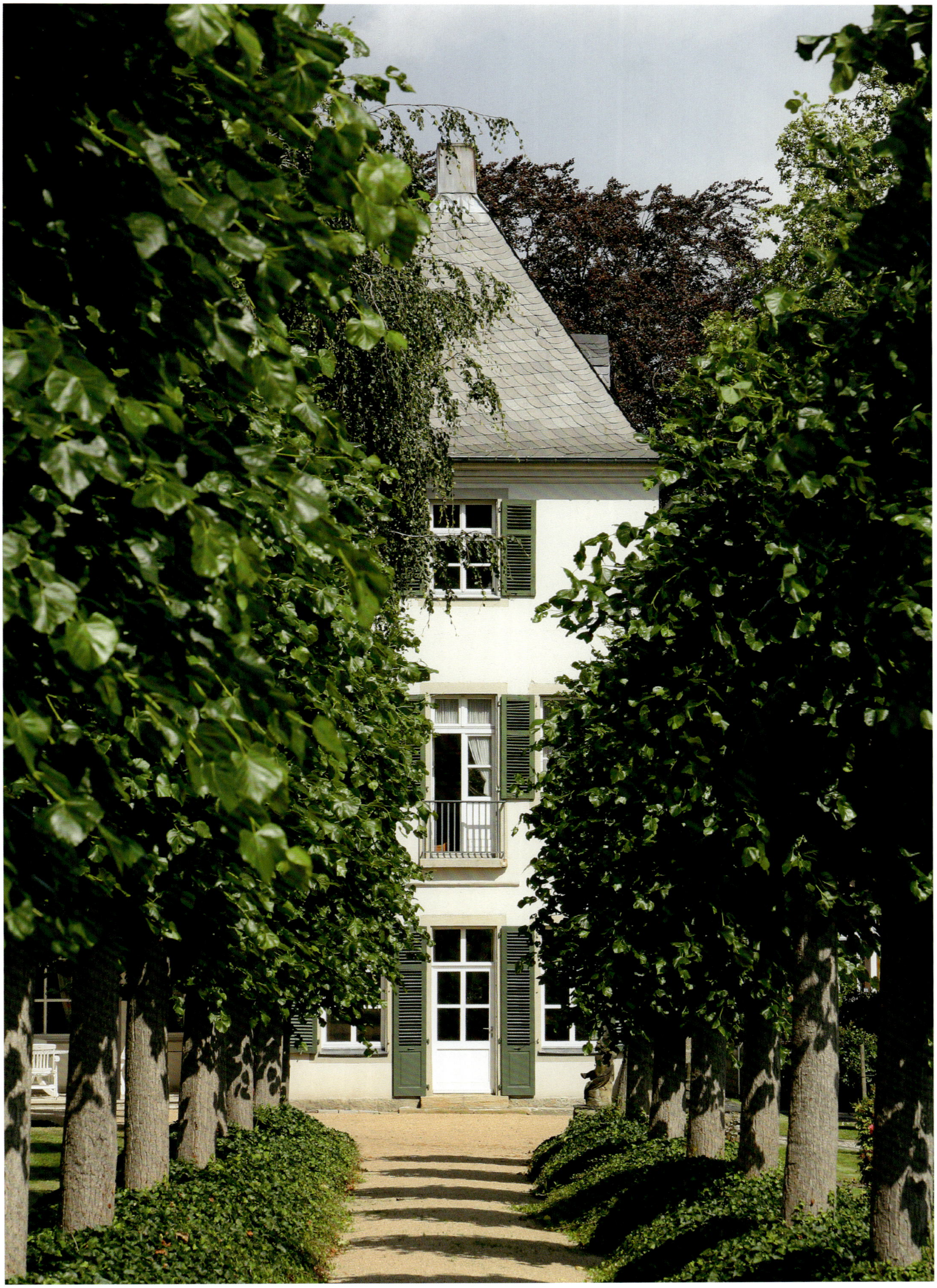

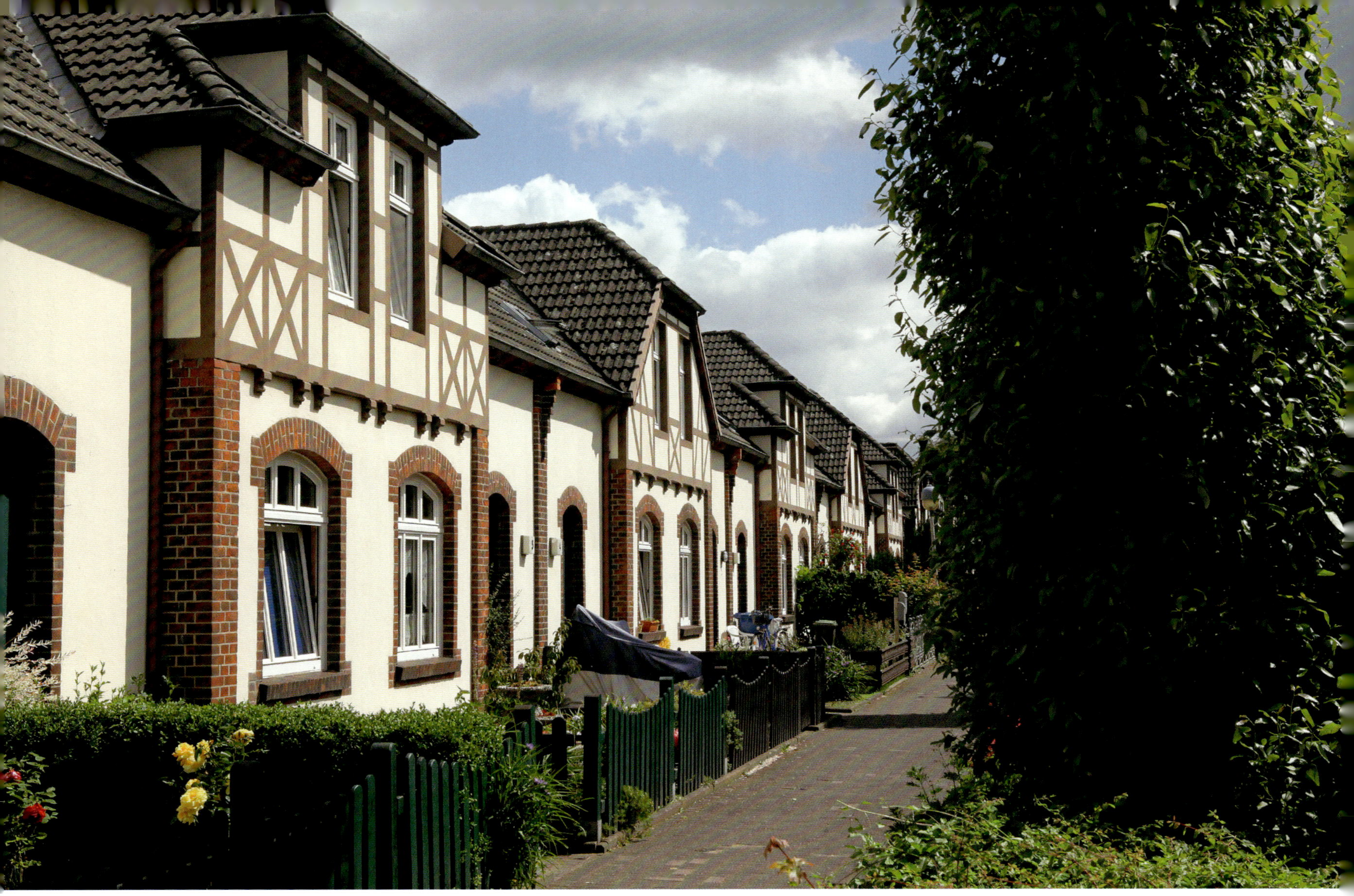

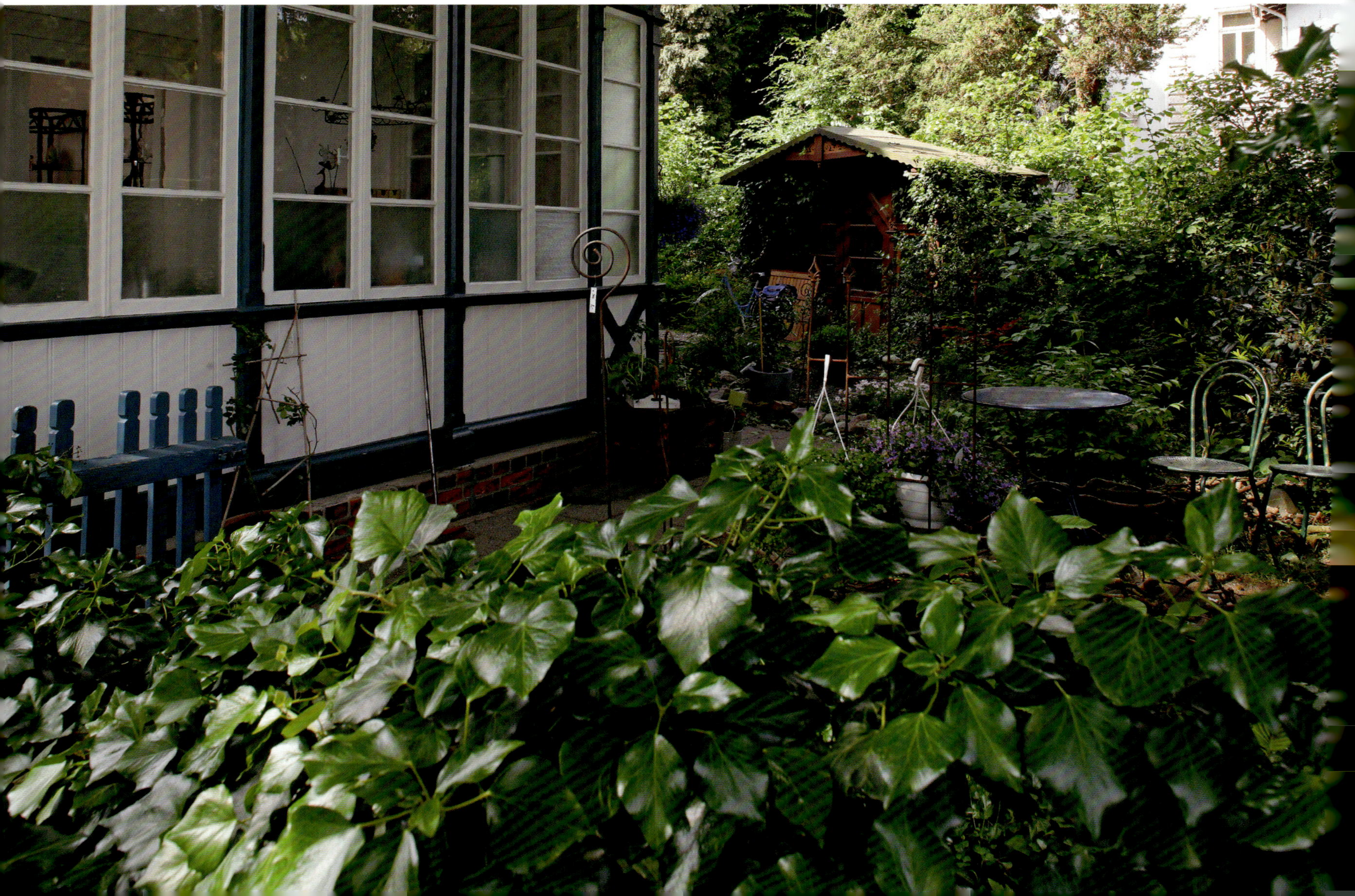

◂ **oben:** Nordwolle Delmenhorst, Gärten der Arbeiterhäuser
◂ **unten:** Nordwolle, Garten am ehemaligen Männer-Logierhaus

Rohgarns. Mit weit über 3 000 Arbeitern und mehr als 25 Hektar Firmengelände bildete sie eine Art »Stadt in der Stadt« mit eigener Architektur und Infrastruktur, einzelnen »Stadtteilen« und werkseigenen Grünanlagen.

1884 hatte die in Bremen ansässige Familie Lahusen in Delmenhorst den ersten Betrieb gegründet, da sie hier den Zoll umgehen konnte, den Bremen auf die in seinem Stadtgebiet hergestellten Fertigprodukte erhob. Rasch, innerhalb zweier Generationen, entwickelte sich die Nordwolle zu einem gigantischen Unternehmen, dessen nach dem Konkurs 1981 verbliebene bauliche Zeugnisse heute als eines der eindrucksvollsten Industriedenkmale Deutschlands gelten. Zur Philosophie der Gründerväter gehörte nicht nur, auf dem eigenen Firmengelände neben den Arbeitern zu wohnen, sondern auch ein großzügiges System aus sogenannten Wohlfahrtseinrichtungen bereitzustellen. So entstanden auf dem Werksgelände unter anderem: ein Krankenhaus, eine Badeanstalt, ein Kinderhort, ein »Konsumverein« genanntes Kaufhaus mit eigener Bäckerei, eine »Speiseanstalt«, je ein Wohnheim für unverheiratete Männer und Frauen, verschiedene Arbeitersiedlungen und eine Parkanlage – der »Wollepark«. Außerdem wurden bis 1890 Wohnhäuser für die Facharbeiter, für höhere Angestellte und die Villa der Familie Lahusen errichtet, jeweils mit eigenen, unterschiedlich gestalteten Grünanlagen. Die Villa, die zwar vergleichsweise bescheiden, aber durch ihre Architektur – sie war der einzige Putzbau der Fabrik – deutlich herausgehoben war, erhielt einen kleinen Landschaftspark, der sie etwas von der Betriebsamkeit abschirmte. Die Wohnbauten der Beamten, ansehnliche Doppelhäuser, verfügten über einen aufgeschmückten Vor- und einen frei nutzbaren rückwärtigen Garten, der bis an den Wollepark heranreichte. Die Facharbeiterhäuser waren für jeweils vier Familien geplant, denen auch ein Stück Gartenland zur eigenen Bewirtschaftung zur Verfügung stand. Interessant ist die Gestaltung der drei verschiedenen Arbeitersiedlungen, an denen sich trotz der insgesamt nur wenigen Gebäude deutlich der Fortschritt der architektonischen Konzeption ablesen lässt. Während der erste, ab 1888 erbaute Komplex »Enklave« noch aus 77 engen, schmucklosen Reihenhäusern mit sehr kleinen Gärten besteht, ist die zweite Siedlung »Heimstraße« (1900–1922) bereits dem Ideal der Gartenstadt verpflichtet. 60 frei stehende Doppelhäuser, die in unterschiedlich gestalteten Gruppen zusammengefasst waren, ermöglichten den Familien ein angenehmeres Wohnen als in der kasernenartigen Siedlung »Enklave«. Jedes Haus war mit einem Vor- und einem großen Nutzgarten samt einem Schuppen für Waschküche, Abort und Stall ausgestattet. Teils richtete man die Häuser streng an größeren Straßenachsen aus, teils aber reihte man sie auch entlang des natürlichen Laufs der das Werksgelände durchfließenden Delme auf. Die dritte Siedlung, »Trappenort« (ab 1924), ist wie ein kleines Musterdorf der Biedermeierzeit gestaltet – mit einem zentralen »Dorfplatz«, kleinen Fußwegen und gruppierten Häusern. Sie sollten nicht mehr als Werkshäuser erkennbar sein.

Die Grünanlagen der Nordwolle sind insgesamt in gutem Zustand und lassen noch heute die verschiedenen Funktionen und gestalterischen Absichten erkennen. Bedauerlich ist allerdings, dass der Wollepark, der früher nur für die Familie Lahusen und teilweise für höhere Angestellte zugänglich war, durch mangelnde Pflege viel von seiner differenzierten Gestaltung verloren hat. Er soll ab 1894 nach einem Entwurf von Wilhelm Benque, dem Schöpfer des Bremer Bürgerparks, angelegt worden sein.

RECHTENFLETH, DER GARTEN VON HERMANN ALLMERS

Die vor allem im 19. Jahrhundert um sich greifende Italien-Sehnsucht hat sich in Deutschland am eindrücklichsten in Potsdam und Aschaffenburg manifestiert. Aber auch in kleineren Orten sind Zeugnisse dieses Phänomens zu finden. Zum Beispiel in dem kleinen Dorf Rechtenfleth an der Unterweser in Gestalt des winzigen Gärtchens von Hermann Allmers (1821–1902). Der Dichter der »Römischen Schlendertage«, dem seinerzeit nach Goethes Italienischer Reise meistgelesenen Werk über das Land südlich der Alpen, gestaltete vermutlich selbst unter Mitwirkung seiner Freunde sein altes Bauernhaus neu. Es wurde innen wie außen mit italienisch-antiken Zitaten versehen. Da Allmers gleichzeitig seiner Vorliebe für mittelalterliche Kunst und Kultur Raum gelassen hat, ist eine sehr originelle Mischung entstanden, die ganz die eigenwillige Persönlichkeit des Dichters widerspiegelt. Auch den Garten legte er völlig neu an. Zwar wurde kein Hortus italico daraus, aber der Versuch, eine gewisse südliche Atmosphäre zu schaffen, ist doch spürbar. Allmers orientierte sich dabei an

Rechtenfleth, der Garten von Hermann Allmers

Rechtenfleth, eine Kopie der berühmten Warwick-Vase, ▸
die 1771 in der Hadriansvilla bei Tivoli gefunden wurde

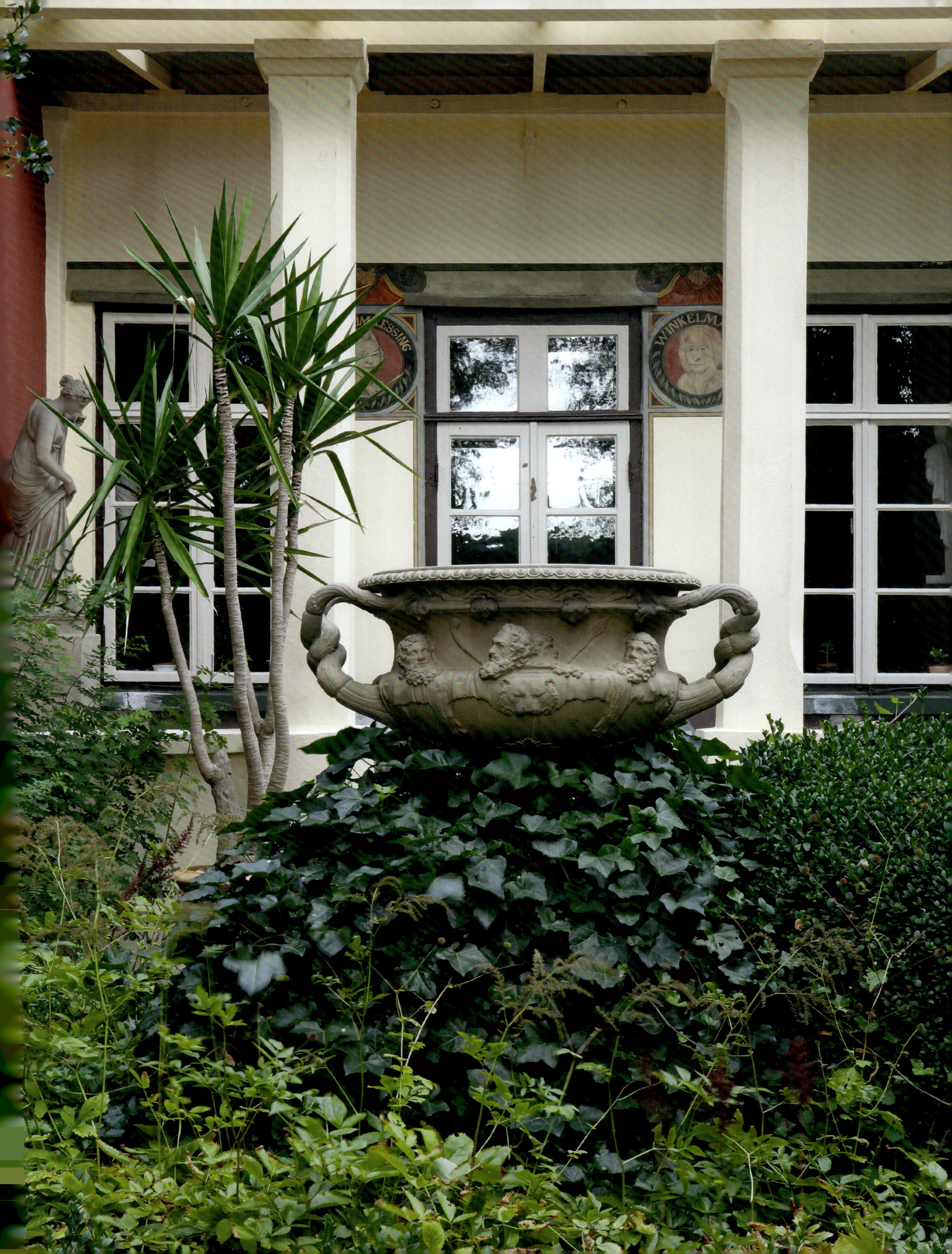
LESSING
WINKELMA

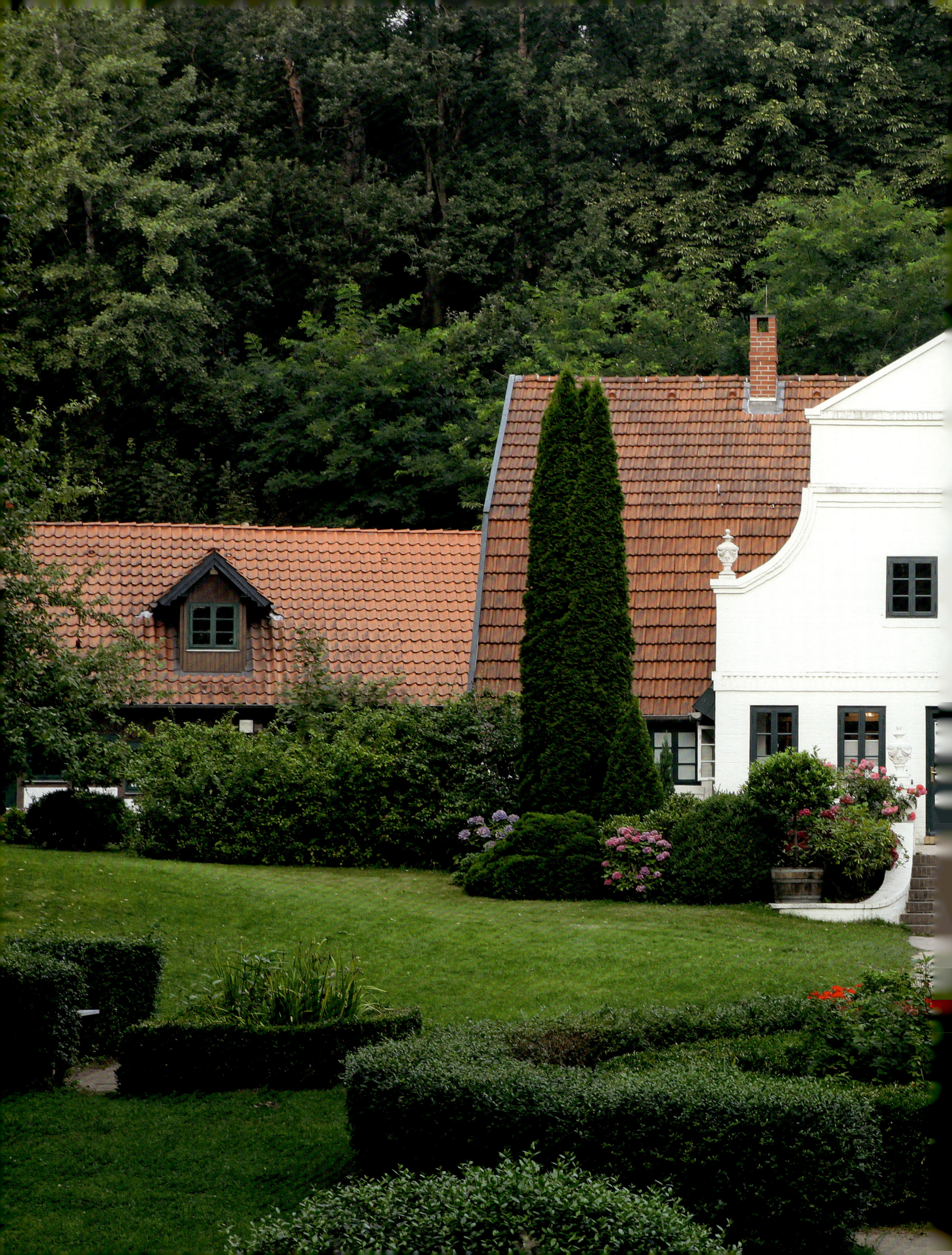

Worpswede, der Barkenhoff

Barkenhoff, Blick von der Treppe in den Garten

Worpswede, Diedrichshof, Skulptur »Wut« von Bernhard Hoetger

italienischen Villengärten des 16. und 17. Jahrhunderts, die er allerdings nur im teilweise renovierten Zustand des 19. Jahrhunderts kannte.

Das verhältnismäßig kleine Grundstück ist durch gerade Wege in verschiedene Bereiche unterteilt: eine Art Blumenparterre mit einer »mediterranen« Bepflanzung (im Sommer zusätzlich durch Agaven in Kübeln geschmückt), verschiedene Figuren und andere Artefakte, Heckengänge, Lauben, antikisierende Sinnsprüche; auch ein kleiner »Bosco« beziehungsweise »heiliger Hain« mit Grotte und Teich ist vorhanden. Unter den Figuren findet sich ein Terracotta-Relief mit einem Trinkgelage nach einer Vorlage von Christian Daniel Rauch, weiterhin eine sehr schöne Herme des Windgottes Aeolus. Die üppige Bepflanzung trägt ein Übriges zur heiteren, leicht melancholischen Stimmung dieses abgeschiedenen Ortes bei. Er wirkt wie ein sehr persönliches Reiseandenken an glückliche Tage unter südlicher Sonne, ein »Capriccio Italien« der Gartenkunst.

WORPSWEDE, GÄRTEN DER KÜNSTLER

Worpswede stellte nur eine der zahlreichen ländlichen Künstlerkolonien und -vereinigungen dar, die Ende des 19. Jahrhunderts in Deutschland entstanden. Was dieses Dorf aber von allen anderen unterscheidet und zu einer Art Topos gemacht hat, ist die charakteristische Landschaft, in die der Ort eingebettet ist. Genauer gesagt ist es die sehr fragile, heute weitgehend verschwundene Kulturlandschaft, die sich aus dem morastigen, feucht-trüben Fleckchen Erde durch jahrhundertelange Bewirtschaftung entwickelt hat. Eigentlich stellte es ein unglaublich zähes Ringen, eine sich über Generationen hinziehende Schwerstarbeit dar, bis aus dem Moor eine lebenstaugliche Umgebung für ein paar hundert Menschen geworden war. Die Bilder, Fotos und Skulpturen, die Gedichte und Erzählungen der Worpsweder Künstler ließen die Dinge ihres alltäglichen Umfelds zu Symbolen einer von faszinierender Schwermut geprägten, scheinbar weit entfernten Gegend werden: die düsteren Moorkähne, die bizarren Bäume, die geduckten Häuser, die dunklen Möbel, die Menschen in grober Kleidung. Zuweilen gelang es auch, die nicht sichtbaren Elemente einzufangen: die erdigen Gerüche, die kühle Feuchtigkeit, das sonderbare Licht, den leichten Wind. Trotzdem ist Worpswede kein Ort der romantischen Verklärung, auch das zeigen die Bilder mit ihrem klaren, auf das Wesentliche gerichteten Blick.

Gärten scheinen in dem kleinen Kosmos der nahe Bremen gelegenen Künstlerkolonie keine große Rolle zu spielen, ein bedeutendes Thema der Kunst sind sie jedenfalls nicht. Darüber kann auch eines der berühmtesten Worpsweder Werke, das heute »Sommerabend« genannte Gemälde von Heinrich Vogler, nicht hinwegtäuschen. Es zeigt die Eingangssituation des Barkenhoff, eines von Vogler 1895 erworbenen und umgebauten Bauernhauses. Diese und andere Darstellungen dienten in den letzten Jahren als Grundlage zur Rekonstruktion der auf das Haus zuführenden Wegachse, einer etwas akademischen, aus Hecken, geschnittenen Kugeln und Blumenarrangements bestehenden Anlage, der die Einbindung in ein stimmiges Gesamtensemble fehlt. Vogler selbst war es gewesen, der den gesamten Garten seiner frühen Worpsweder Jahre beseitigte, als er im Sinne sozialistisch-anarchistisch-christlicher Ideale aus dem Barkenhoff eine Kommune und später ein Kinderheim machte. Statt einer gepflegten Grünfläche entstand nun Grabeland zur Nutzung und Versorgung. Von dieser Phase kann der Besucher heute kaum noch etwas sehen, obwohl gerade die Phase von 1918 bis 1925 besonders interessant ist, denn sie zeugt von der Suche eines großen, mit seiner Zeit unzufriedenen Künstlers nach neuen Ausdrucks- und Lebensformen.

Wesentlich besser sind die Gärten anderer Künstler erhalten, beispielsweise die von Bernhard Hoetger gestaltete Anlage Diedrichshof. Sie hat die ursprünglichen Grundstrukturen bewahren können: die Einteilung des Geländes in mehrere, aufeinander folgende Räume mit geometrischen Rasenflächen, die strenge Heckenarchitektur, die Ausrichtung auf die Skulpturen und die Brunnen. Ein authentischer, sehr persönlich konzipierter Garten, der trotz der Reduktion der Gestaltung immer noch eine kraftvolle Ausstrahlung besitzt.

JESTEBURG, KUNSTSTÄTTE BOSSARD

Der Name verrät es noch nicht: Die Kunststätte Bossard ist ein grandioses Gesamtkunstwerk, das in Niedersachsen einmalig ist. Angelegt von dem Künstler Johann Michael Bossard sowie seiner Schülerin und späteren Frau Jutta Bossard-Krull, erfüllt der Garten alle Erwartungen an einen ungewöhnlichen Ort jenseits aller Konventionen. Selbstverständlich ist auch dieses ab 1911 in der Nähe von Jesteburg in der Nordheide errichtete Anwesen nicht vom Himmel gefallen und als ein Werk verschiedener expressi-

Jesteburg, Kunststätte Bossard, der »Tempel«

ver Kunstströmungen erkennbar. Aber schon die isolierte Lage und die Tatsache, dass das Ehepaar bis zum Tod Johann Bossards 1950 – und Jutta Bossard-Krull noch darüber hinaus – an und in der Anlage gearbeitet haben, verleiht ihr einen geheimnisvollen, eigensinnigen Charakter. Ziel war es, einen privaten Rückzugsort zu schaffen, anfangs noch an traditionelle Architektur anknüpfend, aber bereits sehr freie Formen wählend. Der 1925 bis 1926 errichtete Kunsttempel löste sich jedoch schon vollständig von architektonischen Vorbildern und stieß auf künstlerisches Neuland vor. Umgeben ist dieser bauliche Kern von einer Reihe unterschiedlich gestalteter Außenräume, die ganz auf die hier aufgestellten Kunstwerke ausgerichtet sind. Mit zunehmender Entfernung vom Haus verselbstständigt sich der Garten mehr und mehr, findet er zu einem eigenen, sinnstiftenden Ausdruck. Verschiedene Themen liegen der Gestaltung zugrunde: »Werden und Vergehen«, »Licht und Schatten«, »Einigung von Kunst, Religion und Natur«. Teilweise werden einfache, symbolistische Formen verwendet wie eine im Grundriss den Buchstaben Omega nachzeichnende Fichtenpflanzung. Insgesamt dominieren die Kunstwerke eindeutig die Anlage, was nicht als Einschränkung gemeint ist, sondern nur das ihr eigene Erscheinungsbild beschreiben soll.

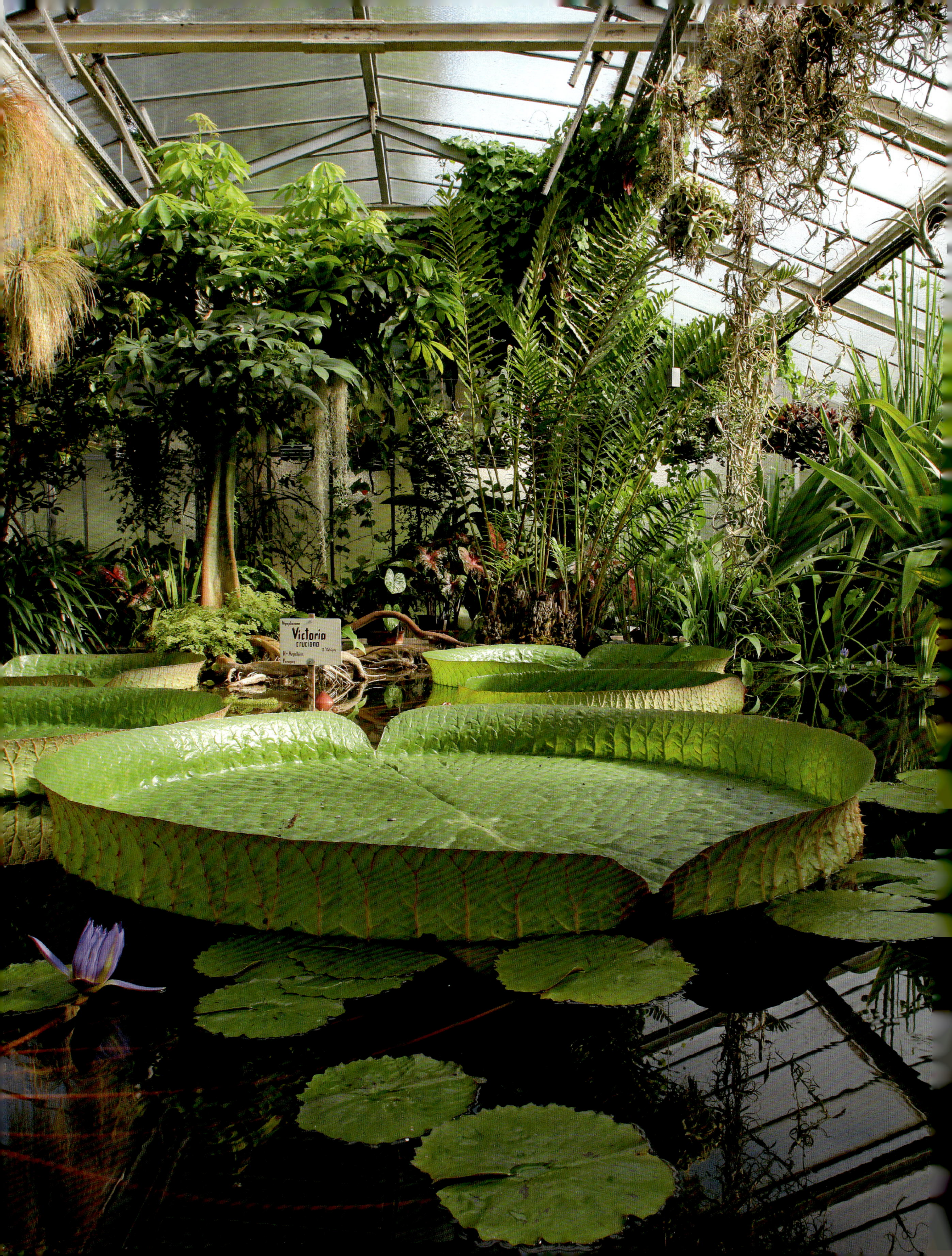
Victoria
cruciana

Sammelleidenschaft und Naturliebhaberei –
Botanische Gärten und Aboreten

Eine Voraussetzung für das Entstehen einer über die reine Versorgungsfunktion hinausgehenden Gartenkultur war das Interesse der Menschen an der Botanik, etwa an der Vielfalt der Gehölze, an ihrer Zucht, Vermehrung und Veredelung. Gesellt sich noch eine gewisse Sammelleidenschaft hinzu, so ist die Grundlage gelegt für eine besondere Sparte der grünen Kunst: die botanischen Gärten, die Sichtungsgärten, das Arboretum und das Pinetum, die Versuchs-, die Schulgärten und andere mehr, die in erster Linie der Betrachtung der Pflanzen in ihrer faszinierenden Vielgestaltigkeit dienen. Vermutlich sind solche Sammlungen so alt wie die Menschheit selbst.

Die ersten botanischen Gärten der Neuzeit entstanden im Italien der Renaissance, seitdem gehören sie zum festen Bestandteil der abendländischen Gartenkunst. Die Blütezeit der klassischen Botanik war das 18. Jahrhundert, jenes Zeitalter der Aufklärung, das alles in eine systematische, klare Ordnung bringen wollte. Freilich nicht als Selbstzweck und nicht mit dem Ziel der dogmatischen Beherrschung, sondern aus dem Wunsch des Verstehens und der tiefen Überzeugung heraus, dass ein Erkenntnisgewinn dem Wohle der Menschheit dienen könne. Carl von Linné, der geniale Botaniker, hat mit seinem ab 1758 erschienenen Werk »Systema Naturae« nicht nur eine Systematik der Pflanzen und Tiere geliefert, sondern zugleich auch ein humanistisches Abbild der Weltbevölkerung geschaffen: So wie Linné dem Veilchen die gleiche Bedeutung beimaß wie dem Mammutbaum und beide in ihrer Verschiedenheit würdigte, so ließen sich auch die Menschen betrachten, ohne Wertung, aber mit Interesse an ihrer Verschiedenartigkeit. Für Linné war das alles noch reine Wissenschaft. Die Verbindung zum Leben haben andere hergestellt, beispielsweise Künstler wie Johann Wolfgang von Goethe, für den die Botanik ein Spiegelbild der menschlichen Entwicklung darstellte und der im geteilten Blatt des Ginkgobaumes den Zwiespalt seines eigenen Lebens erblickte.

GÖTTINGEN, ALTER BOTANISCHER GARTEN
Eine Pflanzensammlung allein ist noch kein Garten. Sie muss nach bestimmten Gesetzen aufgebaut sein und durch entsprechende Gestaltung eine Form erhalten. Soll die Sammlung in erster Linie dazu dienen, dem Betrachter die Systematik des Pflanzenreichs zu vermitteln, so bietet sich eine streng geordnete Präsentation an, wie sie in den alten botanischen Gärten der Universitäten noch zu finden ist.

In Göttingen hat sich ein besonders schönes Beispiel dieser Gattung erhalten, die als eine letzte Zufluchtsstätte für manche vom Aussterben bedrohte Art heute selbst gefährdet ist. Denn im Zeitalter der Wissensvermittlung durch neue Medien scheint die alte Systematik mit ihren rechteckigen Beeten ausgedient zu haben. Die klassische Botanik ist durch die Biochemie abgelöst worden und die Betrachtung der Pflanzen ohne Elektronenmikroskop hat inzwischen etwas Unzeitgemäßes.

Da nützen alle Superlative nichts: Der 1736 eröffnete Garten, der einer der ältesten bestehenden ist und auf nur 5 Hektar Größe über 14 000 Arten zeigt, verfügt über die zweitgrößte Pflanzensammlung Deutschlands mit einer einmaligen Vielfalt an Moosen und Farnen. Er wurde bereits ein Jahr vor der Gründung der ehrwürdigen Universität Georgia Augusta angelegt und ist auch heute noch als ein wichtiger Teil der biologischen Fakultät ein Hort der Wissenschaft, des Sammelns und der Pflanzenbetrach-

◀ Alter Botanischer Garten Göttingen, das Viktoriahaus, benannt nach der Riesenseerose Victoria cruciana

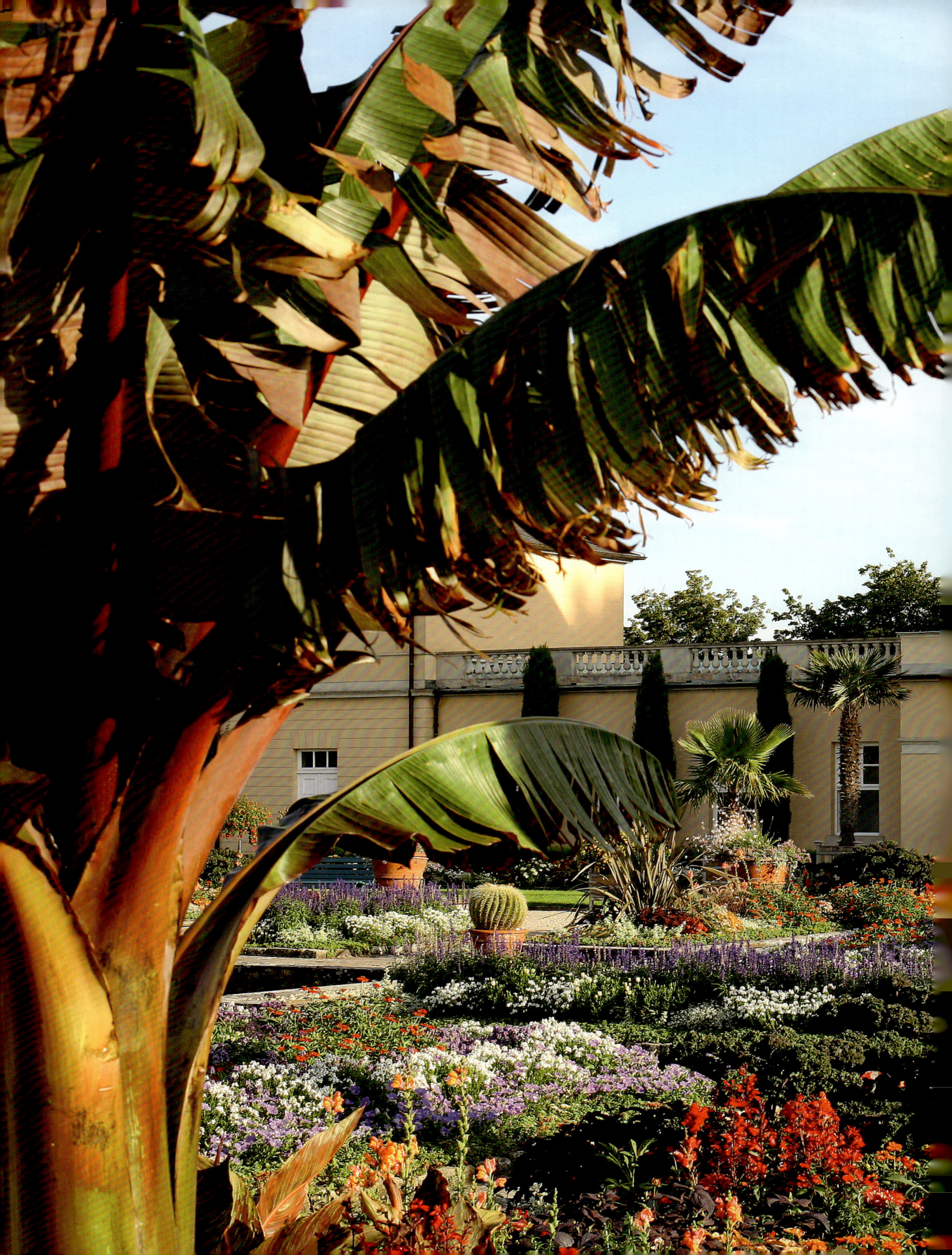

Berggarten Hannover-Herrenhausen, der Schmuckhof

Bildunterschrift
Bildunterschrift

Hannover, Berggarten

tung. Die unvermeidliche Anpassung an neueste Methoden und wissenschaftliche Erkenntnisse ist auch in Göttingen erfolgt, allerdings unter Wahrung des Vorhandenen, so dass die ruhmreiche Vergangenheit spürbar blieb. Darin besteht der besondere Reiz dieser Anlage: die Verbindung zu einer der großen Wissenschaften, die die Menschheit schon immer beschäftigt haben. Auch aus diesem Grund ist der botanische Garten ein von den Göttingern geliebter Ort.

Darüber hinaus ist der Garten auch ein Stück lebendige Stadtgeschichte. Denn er befindet sich direkt im Bereich der alten Wallanlagen. Der älteste Teil ist der innerhalb des Walls gelegene Bereich, außerhalb trifft man auf die später hinzugekauften Flächen. Der frühere Stadtwall ist hier vollständig erhalten. Drei enge Tunnel verbinden die beiden Teile des Gartens miteinander und führen dem Betrachter unmittelbar die Ausmaße der alten Befestigung vor Augen.

HANNOVER, BERGGARTEN

Die Anfänge des Berggartens, der heute die bedeutendste Pflanzensammlung Niedersachsens beherbergt, sind in einer zu Beginn des 18. Jahrhunderts entstandenen Maulbeerplantage zu suchen. Sie sollte die Grundlage für die vermutlich von Gottfried Wilhelm Leibniz angeregte Seidenproduktion bilden. Bis 1779 fügte man der Plantage diverse Flächen für den Anbau von Obst und Gemüse, aber auch für die Vermehrung verschiedener Gehölze hinzu und errichtete eine Reihe an Glashäusern zur Anzucht und Überwinterung von Kübelpflanzen. In dieser Zeit wurde aus den Gärten »auf dem Berge«, die Bezeichnung einer früheren Sanddüne, der Berggarten. Ab 1790 gab man den Anbau von Gemüse auf und entwickelte den Garten bis zur Mitte des 19. Jahrhunderts zu einer landschaftlich gestalteten Parkanlage mit einem besonderen botanischen Sortiment. Treibende Kraft war der Gartendirektor Christian Ludwig von Hake, der gemeinsam mit engagierten Gärtnern die Arbeiten forcierte. Von einem Botanischen Garten im engeren Sinn mit einer systematischen Übersicht der Pflanzenfamilien kann jedoch nicht gesprochen werden. Außerdem diente die Anlage nach wie vor als Baumschule und sollte entsprechende Erträge bringen. Den Schwerpunkt legte man auf die Anpflanzung von nordamerikanischen Gehölzen und einige spezielle Sammlungen (Eriken u. a.). Weltruhm allerdings genossen die Gewächshauskulturen, die Ananaszucht, die Palmen- und Orchideensammlungen und die Zitrusgewächse, die bereits kurz nach dem Amtsantritt des Orangeriegärtners Georg Ernst Tatter (1734) internationales Niveau erreichten.

Nach der französischen Besatzung 1815 und auch noch während der Preußischen Verwaltung konnte der Berggarten seine Stellung als eine der führenden botanischen Sammlungen in Europa behaupten. Schwierige Zeiten brachen hingegen nach dem Ersten Weltkrieg an, der große Einschnitte bei der Pflege und der Betreuung der Gewächshauskulturen zur Folge hatte. Vor allem die berühmten, über 200 Jahre alten Ananas-, Orchideen- und Palmensammlungen mussten aufgegeben werden – ein schwerer Schlag, der das Herz des Berggartens traf. Zwar konnte nach dem Erwerb des Ensembles durch die Stadt 1936 an einen Neuanfang gedacht werden, jedoch machten die Zerstörungen des Zweiten Weltkriegs erste Erfolge schnell wieder zunichte. Diese und ein gewandeltes Sammlungskonzept veränderten den Berggarten grundlegend. Unter der Leitung von Karl-Heinrich Meyer erhielt er ein neues Gesicht und sollte nun »nicht mehr ein Garten der reinen Wissenschaft sein, sondern ein Garten des angewandten Wissens, […] ein Diener der Haus- und Kleingärten. Daher wurde die Schaustellung aller Pflanzen gemieden, die Spitzenkönnen in ihrer Pflege voraussetzen.« In den letzten Jahren sind verstärkt neue Aspekte in die weitere Entwicklung des Berggartens eingeflossen, nicht immer erfolgreich, wie der Versuch des Regenwaldhauses zeigt.

Die Geschichte des Berggartens ist reich an botanischen Sensationen mit teils anekdotischem, teils aber auch wissenschaftlichem Wert. Zu den verbürgten herausragenden Ereignissen gehörte die erste Blüte der Victoria regia in Deutschland (1851), eine der größten Blüten der Welt; weiterhin ist auf die früheste Kultivierung der Flamingoblume (Anthurium scherzerianum, ab 1858), heute eine der beliebtesten Topfpflanzen, und auf die Zucht des Usambaraveilchens hinzuweisen, dessen erste Blüte sich 1891 zeigte. Der Garten besaß zeitweise die größten Glashäuser Europas sowie die artenreichsten Orchideen- und Palmensammlungen.

MELZINGEN, ARBORETUM
Die Freude an den Unterschieden der einzelnen Gehölzgattungen, der Wunsch, einen bislang unbekannten Baum in seiner vollen Erscheinung zu sehen, das kindliche Glücksgefühl, wenn ein aus einem fernen Land mitgebrachter Samen keimt: All dies muss zusammenkommen, um ein privates Arboretum anzulegen. Im Gegensatz zu den bekannten Arboreten der großen Baumschulfirmen und anderer Unternehmen zeichnet sich eine aus persönlichem Interesse hervorgegangene Sammlung meist durch eine weniger systematische, dafür mehr durch die Besitzer geprägte Ordnung (oder auch Unordnung) und Zusammenstellung aus. Oft sind diese Anlagen eng mit der Lebensgeschichte ihrer Schöpfer verbunden, wie im Fall des kleinen Arboretums der Christa von Winning in Melzingen.

Für die resolute und tatkräftige Dame war die Beschäftigung mit der Botanik schon früh ein starkes Bedürfnis. Zum Entsetzen ihrer Eltern lehnte die aus »gutem Hause« stammende Christa die für Frauen ihrer Generation eigentlich vorgesehene schöngeistige Beschäftigung ab und absolvierte eine Lehre an der renommierten Gärtnerei des Berliner Tiergartens. Der Zweite Weltkrieg durchkreuzte ihre weiteren Zukunftspläne, sie floh mit ihrem Mann und vier Kindern nach Westen und fand Aufnahme in einem Lager bei Ebstorf westlich von Uelzen. Ohne größere Überlegungen pachtete sie ein Stück Land, um zur Versorgung der Familie etwas Gemüse anzubauen, dessen Verkauf den Lebensunterhalt der ersten Jahre sicherte.

1950 erhielt Christa von Winning eine Nebenerwerbsstelle einschließlich Haus und Land und konnte nun die Gärtnerei auf eine breitere Grundlage stellen. Bald kam zum Anbau von Obst und Gemüse auch die Blumenzucht, der sich die begeisterte und lebenszugewandte Frau mit großem Engagement widmete. Aus dem Garten dieser Zeit blieben noch einige Gebüsche und Hecken erhalten, aber sie lassen den früheren Gärtnereibetrieb nicht mehr ahnen. Denn sie sind in dem Arboretum aufgegangen, das ab 1968 allmählich entstand. Ausgangspunkt waren die vielen Reisen, die Christa von Winning unternahm und die sie in ferne Länder führten. Mitgebrachte Sämlinge, Ableger und Samen pflanzte sie zunächst unsystematisch, später – nach der Aufgabe des Erwerbsanbaus – mit dem Ziel, eine gestaltete Sammlung all

Melzingen, das Arboretum der Christa von Winning

ihrer lebenden Souvenirs anzulegen. Über 30 Jahre nahm diese Arbeit in Anspruch, an deren Ende ein sehr persönliches, die Lebensgeschichte und vor allem den Charakter seiner Schöpferin widerspiegelndes Werk stand. Es wird heute als Stiftung liebevoll gepflegt und weitergeführt.

HAMELN, PARK AUF DEM OHRBERG

Der Ohrberg, eine südlich von Hameln unmittelbar am Ufer der Weser aufragende Kuppe, gehörte ursprünglich zu den forstlich genutzten Flächen des Guts Ohr, das sich seit 1307 im Besitz der Familie von Hake befindet. 500 Jahre lang diente die bewaldete Anhöhe der Tiermast und dem Holzeinschlag, bis im späten 18. Jahrhundert wohl als erster Hausherr Christian Ludwig von Hake die Schönheit der natürlichen Lage von Gut und Berg bewusst wahrnahm und daraufhin Überlegungen zur Umwandlung des Forstes in eine Parklandschaft anstellte. Christian Ludwig hatte einen besonderen Blick für diese Dinge, denn seit 1779 leitete er das königliche Hofbau- und Gartendepartement in Hannover.

Begonnen wurde mit dem Anpflanzen erster Gehölze und der Anlage einiger Wege, die das Areal für Spaziergänge erschlossen. Der Sohn, Georg Adolph, setzte die Arbeiten fort und intensivierte diese deutlich. Ab 1818 erfolgte eine planmäßige Umgestaltung zu einem großzügigen Park, die wegen der Lage besonders begünstigt wurde. Denn es gab die Möglichkeit, an verschiedenen Stellen Aussichtspunkte zu schaffen, die weite Blicke in das Wesertal erlaubten. Sie gehören auch heute noch zu den schönsten Parkaussichten Niedersachsens und sind immer wieder in Bildern festgehalten worden.

Wie bei keiner anderen Anlage ist auf dem Ohrberg die Gestaltung ganz aus der örtlichen Situation heraus entwickelt, was vor allem ein geschultes Auge und eine gute Beobachtungsgabe voraussetzte. Eine immer wieder erhobene Forderung der Theoretiker des Landschaftsgartens, dass die Kunst vor allem die vorhandene Schönheit der Natur verstärken und dem Betrachter erschließen solle, ist hier in idealer Weise umgesetzt worden. Die Qualität der Planungen zeigt, dass sich Georg Adolph von Hake früh und intensiv mit der Gartenkunst beschäftigt und das Sta-

Ohrberg, Blick auf die Weser

dium der Liebhaberei, des Dilettantismus, hinter sich gelassen hatte. So verfasste er denn auch ein Traktat, in dem er seine Erfahrungen und Gedanken zur Gestaltung von Parkanlagen zusammenfasste. Es erschien 1842, zwei Jahre nach seinem Tod, unter dem Titel »Über höhere Gartenkunst«. Dort ist zum Thema »Park und Umgebung« zu lesen: »Der ästhetische Werth eines Gartens beruht vorzüglich auf der geistigen Unterhaltung, die er gewährt, und hiezu bietet er in Verbindung mit interessanten Umgebungen einen reichhaltigern Stoff, als wenn er, ohne deren Berücksichtigung, ein in sich abgeschlossenes Ganzes bildet. Die Umgebungen eines Gartens haben daher einen entscheidenden Einfluss auf dessen Annehmlichkeit, und in deren weiser und geschmackvoller Benutzung bewährt sich vorzüglich das Talent eines Gartenkünstlers zum Landschaftsgärtner.«

Die frühe Phase der Gestaltung des Ohrbergs ist ein gutes Beispiel für die veränderte Wahrnehmung der Landschaft. Diese wird nicht mehr ignoriert, nicht als bedrohlich oder übermenschlich angesehen. Sie verliert ihren Status als reines Wirtschaftsgut und erhält erstmals eine nur ihr eigene Qualität zugesprochen.

Die folgenden Generationen setzten die Arbeiten unter dieser Prämisse fort. Ernst Adolph von Hake begann ab 1841 mit der weiteren Anpflanzung von Gehölzen, vorwiegend nordamerikanischer Herkunft. Spätestens in dieser Zeit entwickelte sich der Park zu einem bekannten Werk der Gartenkunst, das zahlreiche Besucher anzog. Auch wenn die Pflege vor allem in den Jahren nach dem Zweiten Weltkrieg reduziert wurde, lässt sich die ursprüngliche Gestaltung heute noch gut nachvollziehen. Die Ausblicke über die Weser haben trotz moderner Zubauten nichts von ihrem Reiz verloren.

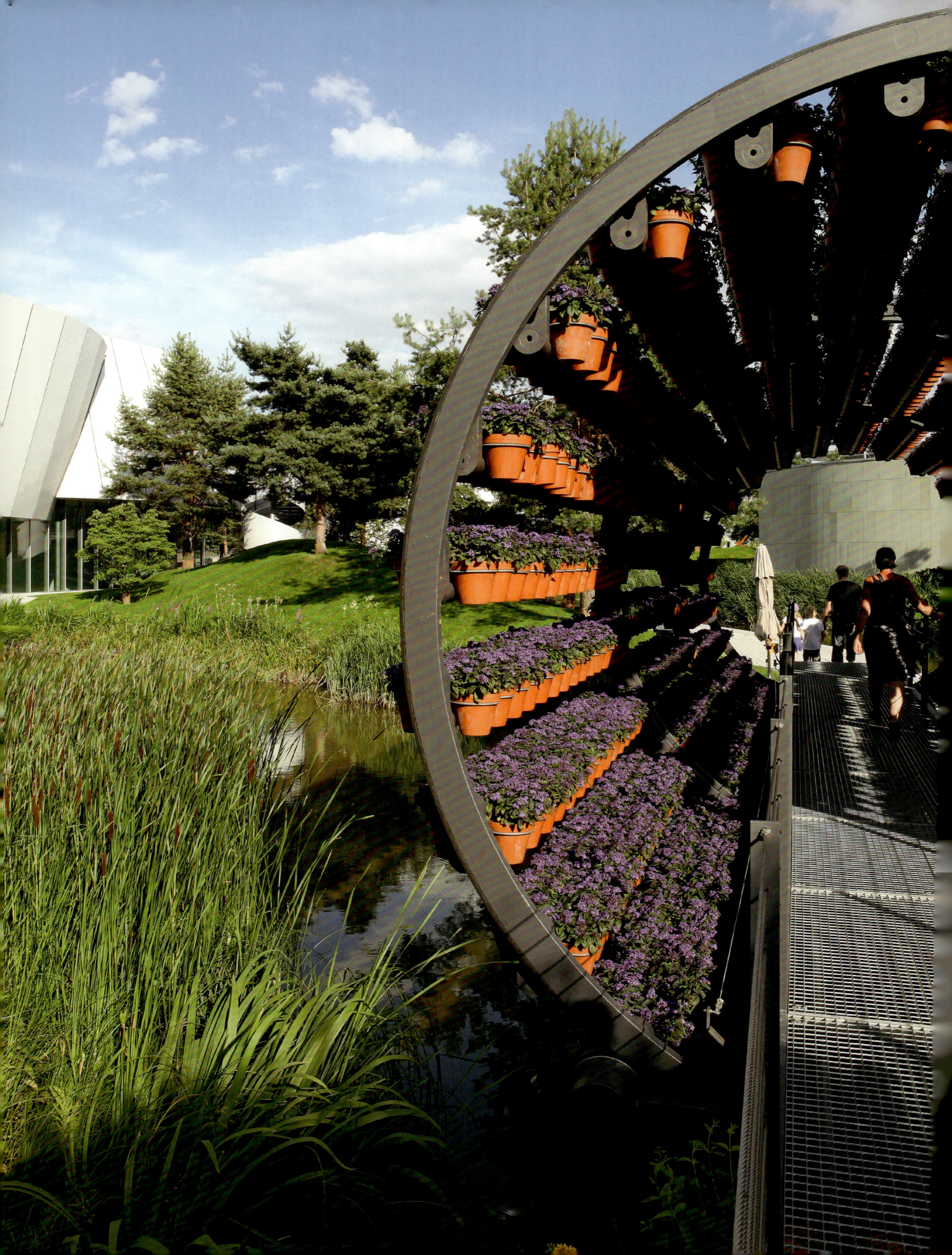

Gartenkunst im 20. Jahrhundert –
Neue Außenräume

Der Beginn des 20. Jahrhunderts war, wie bereits kurz beschrieben, in Deutschland eine Zeit großer künstlerischer Experimente gewesen, die weltweit Beachtung gefunden und neue kreative Kräfte freigesetzt hatten. Vielleicht wurde dadurch die Erwartung geweckt, auch das Ende des Jahrhunderts, das gleichzeitig das Ende eines Jahrtausends darstellte, könnte eine ähnlich produktive Zeit ankündigen. Zudem schien die Differenzierung der gesellschaftlichen Interessen ein Maß erreicht zu haben, dem nur mit einem Neuanfang auf vielen Gebieten der Planung begegnet werden konnte. Eine Gelegenheit zur Erprobung entsprechender Konzepte bot die im symbolträchtigen Jahr 2000 in Hannover durchgeführte Weltausstellung. Bezüglich der Gestaltung von Freiräumen wurde die Chance genutzt und eine Vielzahl sehr unterschiedlicher, ungewöhnlicher Anlagen verwirklicht. Dass nicht nur ein beliebiger Reigen zusammenhangloser Teile entstand, ist dem damaligen Leiter des hannoverschen Grünflächenamtes, Kaspar Klaffke, zu danken, der mit der Formel »die Stadt als Garten« nicht nur eine geniale Klammer für die diversen Projekte fand, sondern vor allem einen veränderten Blick auf die Freiraumplanung ermöglichte.

Dennoch zeigt sich bei näherer Betrachtung der im Zuge der EXPO und in den Jahren danach realisierten Gärten und Parkanlagen, dass nicht alles Neue diese Bezeichnung wirklich verdient hat. Auch sehr alte Formen und Konzepte kamen zur Anwendung und erwiesen sich immer noch als tauglich. So bewahrheitet sich wieder die Erkenntnis, dass auch neueste Entwicklungen häufig an historische Traditionen anknüpfen. Die Frage, ob der Mensch des 21. Jahrhunderts völlig andere Grünanlagen benötigt und wie diese aussehen sollen, muss vorläufig offen bleiben. Deutlich wird aber, dass auch der Homo sapiens nach wie vor Freiräume unterschiedlicher Art zur Anregung und zur Entspannung braucht und diese einfordern muss.

HANNOVER, GÄRTEN AUF DEM EXPO-GELÄNDE
Mit Gärten, die für eine Ausstellung konzipiert werden, verbinden sich im Allgemeinen höchste Erwartungen in Bezug auf Originalität, Raffinesse und vor allem Innovation – auch dies ein Wort, das in den letzten Jahren von den technischen auf die kreativen Gewerbe übertragen wurde. Tatsächlich bieten Ausstellungsgärten die Möglichkeit, äußerst fragile und vergängliche Elemente zu verwenden, da die meist temporären Anlagen keinen Anspruch auf eine allzu lange Lebensdauer erheben. Dafür fehlt ihnen jedoch meist die Prägung durch die Zeit, denn die Pflanzen werden in der Regel höchstens zwei Jahre vor der Eröffnung eingebracht und verschwinden nach einer Ausstellungssaison oft wieder. Allerdings ist in der Vergangenheit immer darauf geachtet worden, auch mit einer kurzlebigen Veranstaltung bleibende Werte zu schaffen. Dennoch: Die interessantesten, überraschendsten und amüsantesten Dinge, die im Gedächtnis der Besucher verbleiben, sind die Ergebnisse der spielerischen, leicht hingeworfenen Skizzen, der heiteren Laune, der blühenden Fantasie, die oft nicht bis ins Letzte durchdacht sind und gerade darum die Betrachter entzücken.

Auf dem Gelände der Weltausstellung EXPO 2000 in Hannover war von beidem genügend zu sehen: das Kurzlebig-Träumerische, das bald wieder verschwand, und das Vertraut-Solide, das bis heute existiert. Eine Zwischenstellung nahm eine Kette von kleinen Anlagen ein, die man durch das Motto »Gärten im Wandel« miteinander verband. Es war nicht leicht, ohne Zuhilfenahme entsprechender Fachliteratur alle Bezüge und Hinweise zu entschlüsseln; letzte

◄ Autostadt Wolfsburg

Hannover, EXPO-Gelände, der zentrale Bereich der »Gärten im Wandel«

Zweifel blieben, was den »Schwarzen Garten« mit der anschließenden »Piazza« sowie den folgenden Teilen verband, dem »Abgesenkten Garten«, »Mediterranen Garten«, »Klanggarten« bis hin zu den »Dünen« und dem abschließenden »Obstgarten«. Nachdem aber die anfängliche Verwunderung und auch Ratlosigkeit über die Absichten des federführenden Berliner Gartenarchitekten Kamel Louafi verflogen waren, öffneten sich plötzlich Deutungsmöglichkeiten und ästhetische Bezüge, die weit über das Alltägliche hinausgingen. Beim Durchschreiten der »Gärten im Wandel« von Nord nach Süd wurde auch der Betrachter einem Wandel unterworfen, dessen Ausgang zunächst offen blieb und der sich je nach Persönlichkeit unterschiedlich auswirkte. Wie auch immer das Ergebnis dieses Experimentes ausfiel: Eine Bereicherung und Veränderung der Wahrnehmung war in jedem Fall erfolgt.

Damit stellen sich die »Gärten im Wandel« in eine der großen Traditionslinien der hannoverschen Gartenkunst. Denn am Prinzentor des Großen Gartens hängt ein Reglement aus dem Jahr 1777, dessen erster Satz zu einer Art Topos geworden ist: »Jedermann ist erlaubt, sich im königl. Garten eine Veränderung zu machen.« Selbst wenn sich dieser Satz als einfache Aufforderung zum Besuch der Gartenanlage lesen lässt, dringt er doch in Wirklichkeit zu einer tieferen Bedeutungsebene vor. Denn der Gang durch einen Garten, die aufmerksame Wahrnehmung der Umgebung und die Offenheit für die Reize und Sinneneindrücke führen tatsächlich zu einer Veränderung. Selbst wenn sich diese in der Entdeckung der bis dahin nicht bemerkten Schönheit einer Blüte erschöpft: Der Betrachter verlässt die Anlage als ein anderer. In gleicher Weise ermöglichen die »Gärten im Wandel« – auch wenn sie heute nicht mehr dieselben sind wie vor zehn Jahren – den Menschen Erfahrungen, hinter die sie nicht mehr zurück können. Dies verbindet sie mit den besten Schöpfungen der Gartenkunst.

WOLFSBURG, GRÜNANLAGEN DER AUTOSTADT
Zu den außerhalb der Stadt Hannover in Zusammenhang mit der EXPO 2000 entstandenen Projekten gehören die Grünanlagen der Autostadt Wolfsburg. Das 25 Hektar große Areal, das dem VW-Konzern zuletzt als Lagerplatz für Kohlen gedient hatte, wurde nach einem Entwurf des Hamburger Büros Wehberg, Eppinger, Schmidtke und Partner völlig neu gestaltet. Die Frage, ob es sich hier um einen Park im eigentlichen Sinn oder doch nur um – freilich sehr anspruchsvolle – Außenanlagen des Werksgeländes handelt, lässt sich nicht eindeutig beantworten, ebenso wenig diejenige nach dem Charakter des Ensembles selbst, das irgendwo zwischen Freizeitpark und Verkaufsausstellung anzusiedeln ist.

Dabei liefert diese Mehrdeutigkeit bereits einen Hinweis auf den Zeitgeist der Wende zum 21. Jahrhundert. Denn die Ansprüche, die an eine moderne Grünanlage gestellt werden, sind so differenziert wie kurzlebig. Und auch die klassischen Aufgaben eines Parks – Kontemplation, Entspannung, sanfte Anregung – lassen sich heute nicht mehr allein durch die Bereitstellung von ausreichenden Sitzgelegenheiten erfüllen. Die Inszenierung besonderer Erlebnisräume, Offenheit für die Aneignung durch die Nutzer und übersteigerte Bedeutungszuweisung an einzelne Elemente kennzeichnen viele in den letzten Jahren entstandene Grünanlagen. Es bleibt abzuwarten, ob diese Eigenschaften auch in der Zukunft noch tragfähig sind und von den nachfolgenden Generationen als zu erhaltende Qualitäten wahrgenommen werden. Auf jeden Fall ist der Park der Autostadt ein hervorragendes Studienobjekt.

Trefflich streiten lässt sich angesichts der immer noch jungen Anlage über das Verhältnis von Natur und Kunst, eines der ältesten Themen der Gartenkunst überhaupt. Dabei ist es vor allem ein Disput um Nuancen, aber auch dieser kann reizvoll sein. Grundsätzlich ist zu keiner Zeit bestritten worden, dass es sich bei einem Garten um ein von Menschen geschaffenes, also künstliches Gebilde handelt, das, wenn es eine gewisse Qualität besitzt, zur Kunst zu zählen ist. Konsens herrscht auch darüber, dass das Material der Natur entnommen ist.

Während zur Barockzeit gerade das Kunstvolle, die künstlerische Leistung des Gärtners gerühmt wurde und als Kennzeichen eines schönen Gartens galt, sollte in der Hochzeit des Landschaftsgartens die gestaltende Hand des Künstlers möglichst unsichtbar sein. In Wolfsburg ist die Künstlichkeit der Gestaltung so offensichtlich, dass darüber nicht diskutiert werden muss. Und es gibt sogar Symbolistisches, das sich nur den Eingeweihten erschließt, beispielsweise die an die Rennstrecke von Le Mans erinnernde Form des Hügels, in dem man den Bentley-Pavillon platzierte – war doch der französische Ort Schauplatz früherer Bentley-Triumphe. Ähnliches gilt für die Zuordnung bestimmter Baumgattungen zu den einzelnen Automarken, die sich erst nach dem Studium der Planunterlagen erschließt. Be-

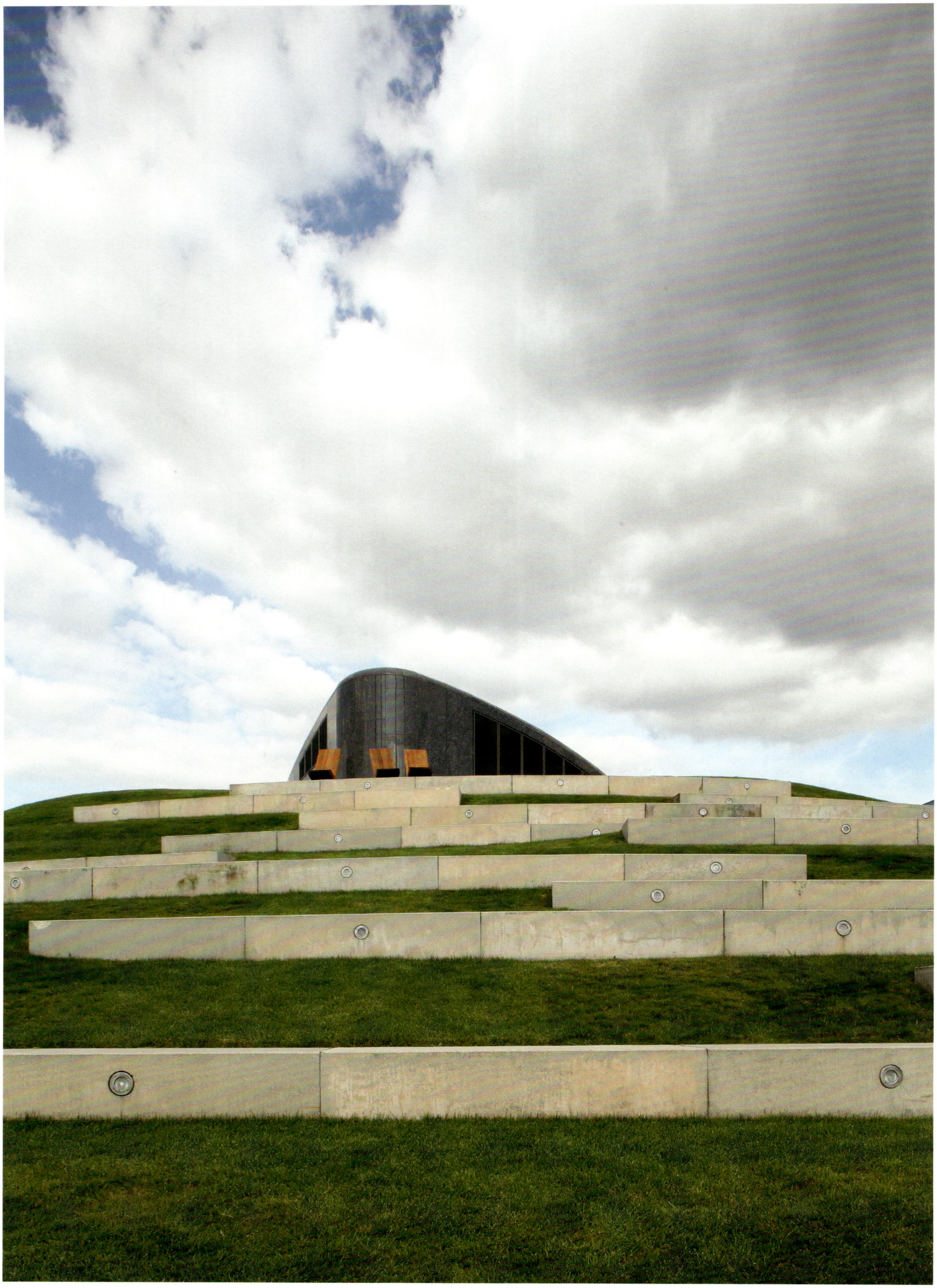

Autostadt Wolfsburg, Partie am Mittellandkanal

◀ Autostadt Wolfsburg

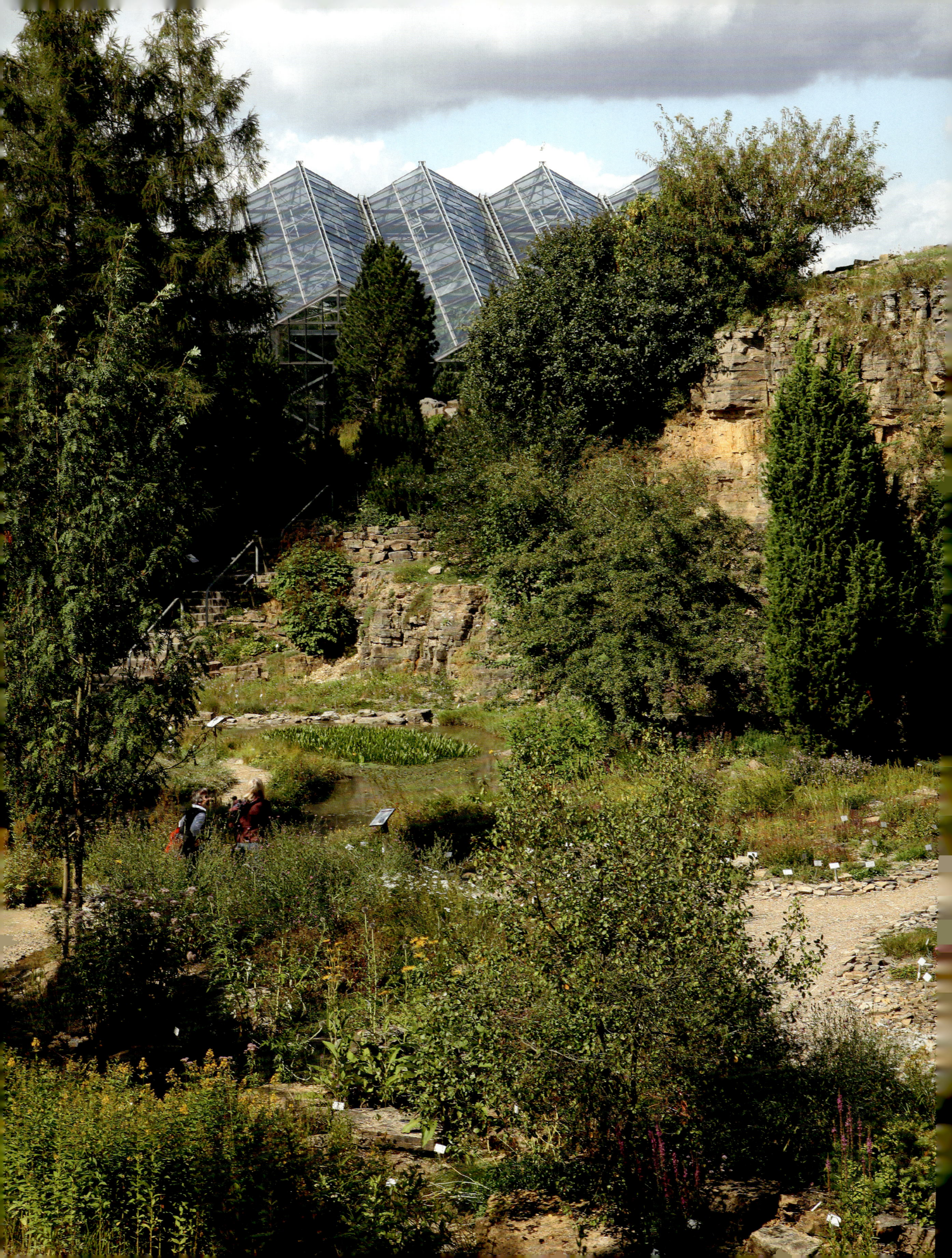

merkenswert ist allerdings, dass die gesamte Komposition trotz aller geometrischen Elemente und trotz der »unnatürlichen« Gestaltung dennoch ganz in der Tradition des englischen Landschaftsgartens steht. Denn eine seiner wichtigsten Eigenschaften wird in Wolfsburg exemplarisch sichtbar: die Fähigkeit zur Integration, zur natürlich wirkenden Aufnahme unterschiedlicher Kleinarchitekturen. Dies vor allem unterscheidet die landschaftliche von der geometrischen Gartenkunst.

OSNABRÜCK, NEUER BOTANISCHER GARTEN

Der botanische Garten der Neuzeit hat weniger die Aufgabe, dem Betrachter die Vielfalt des Pflanzenreichs an sich zu vermitteln und zu erschließen, sondern die Bedeutung des biologischen Spektrums zu erklären und auf dessen Bedrohung durch das menschliche Eingreifen in natürliche Kreisläufe aufmerksam zu machen – dies alles jedoch nicht in einem blutleeren Laboratorium, sondern in der ganzen Schönheit einer Grünanlage. Damit greift auch der moderne botanische Garten pädagogische Erkenntnisse auf, die bereits im 18. Jahrhundert formuliert wurden, vermittelt Wissen über die eigene Anschauung und die Emotion. Denn nur wer die Farbenpracht der Blüten, die bizarren Formen der Blätter, die faszinierende Anpassungsfähigkeit und die fortwährende Erneuerung der Pflanzen selbst gesehen hat, kann auch deren tiefere Bedeutung und Wertigkeit jenseits aller wirtschaftlichen Berechnungen erkennen. Ein besonders guter Ort, sich diese Erkenntnis anzueignen oder aufzufrischen, ist der botanische Garten in Osnabrück, der 1984 gegründet wurde.

Schon das Ambiente ist ungewöhnlich: In einem aufgegebenen Steinbruch angelegt, ermöglicht der Spaziergang über das Gelände einen Einblick in die tieferen Schichten der Erde – wobei der Bezug zur Stadt unmittelbar gegeben ist, da die hier gebrochenen Steine als Baumaterial für Teile der dortigen Fortifikation verwendet wurden. Der zurückgebliebene Kessel ist durch verschiedene Wege geschickt erschlossen, an einer Stelle überwindet eine Wendeltreppe den Höhenunterschied vom Rand bis zum Grund. Die durch ihr unterschiedliches Kleinklima charakterisierten Bereiche sind mit Pflanzengesellschaften aus verschiedenen Ländern bepflanzt, den Schwerpunkt bilden das nördliche Amerika

◄ Osnabrück, Neuer Botanischer Garten

und die klimatisch gemäßigten Zonen Asiens. Der noch junge Gehölzbestand lässt die interessanten, zirka 230 Millionen Jahre alten Gesteinsformationen überall durchschimmern. Auch dies trägt zur besonderen Atmosphäre bei.

Der eigentliche Schatz des Gartens aber ist das große Gewächshaus, eine bemerkenswerte Konstruktion aus Stahl und Glas, die unmittelbar an eine fast senkrechte Felswand angelehnt wurde. Die Gestaltung des Inneren entwickelte man ganz aus den Felsen heraus, so dass der überzeugende Eindruck einer tatsächlichen Naturszenerie entstand. Alle Versuche in anderen Gärten, mit der Aufschichtung von Gesteinsformationen Ähnliches zu schaffen, verblassen angesichts dieser zwar nicht großen, aber in ihrer Einfachheit genialen Situation.

GÄRTEN DER IPPENBURG

»Verde! Verde! – Gärten von Morgen«, lautete das Motto der Ippenburger Schaugärten 2009 und formulierte damit den Anspruch, einen Blick in die Gartengestaltung der näheren Zukunft zu werfen. Dabei kann die Ippenburg auf eine stattliche grüne Vergangenheit zurückblicken, denn die seit über 600 Jahren im Besitz der Familie von dem Bussche befindliche Gutsanlage hat vermutlich immer über Nutzgärten und ein gestaltetes Umfeld verfügt. Eine neue Zeitrechnung begann Mitte des 19. Jahrhunderts, als das barocke Herrenhaus abgerissen und an seiner Stelle fast zeitgleich mit der Marienburg ein Neubau in Formen der englischen Gotik errichtet wurde (1867 fertig gestellt). In der Folgezeit dürften auch die Außenanlagen um- bzw. neugestaltet worden sein. So entstand ein weitläufiger Park, der sich vor dem Panorama des Wiehengebirges in der Niederung der Hunte erstreckte. Mehr als einhundert Jahre später fing die gegenwärtige Besitzerin Viktoria von dem Bussche an, zunächst noch zögerlich, dann planvoll und immer zielstrebiger, die Ippenburg zu dem zu machen, was sie heute ist: dem führenden und schönsten Ort der inzwischen zahllosen Gartenfestivals in Deutschland. Möglich war dies nur, weil Frau von dem Bussche offensichtlich über die Tugenden verfügt, die vier barocke Figuren auf der Schlossbrücke verkörpern: Beständigkeit im Tun, Klugheit und Einsicht in die unveränderlichen Gesetze der Gärtnerei, Gerechtigkeit auch gegenüber dem Gänseblümchen und Barmherzigkeit, falls ein schwaches Gewächs noch einen Haltestab mehr benötigt.

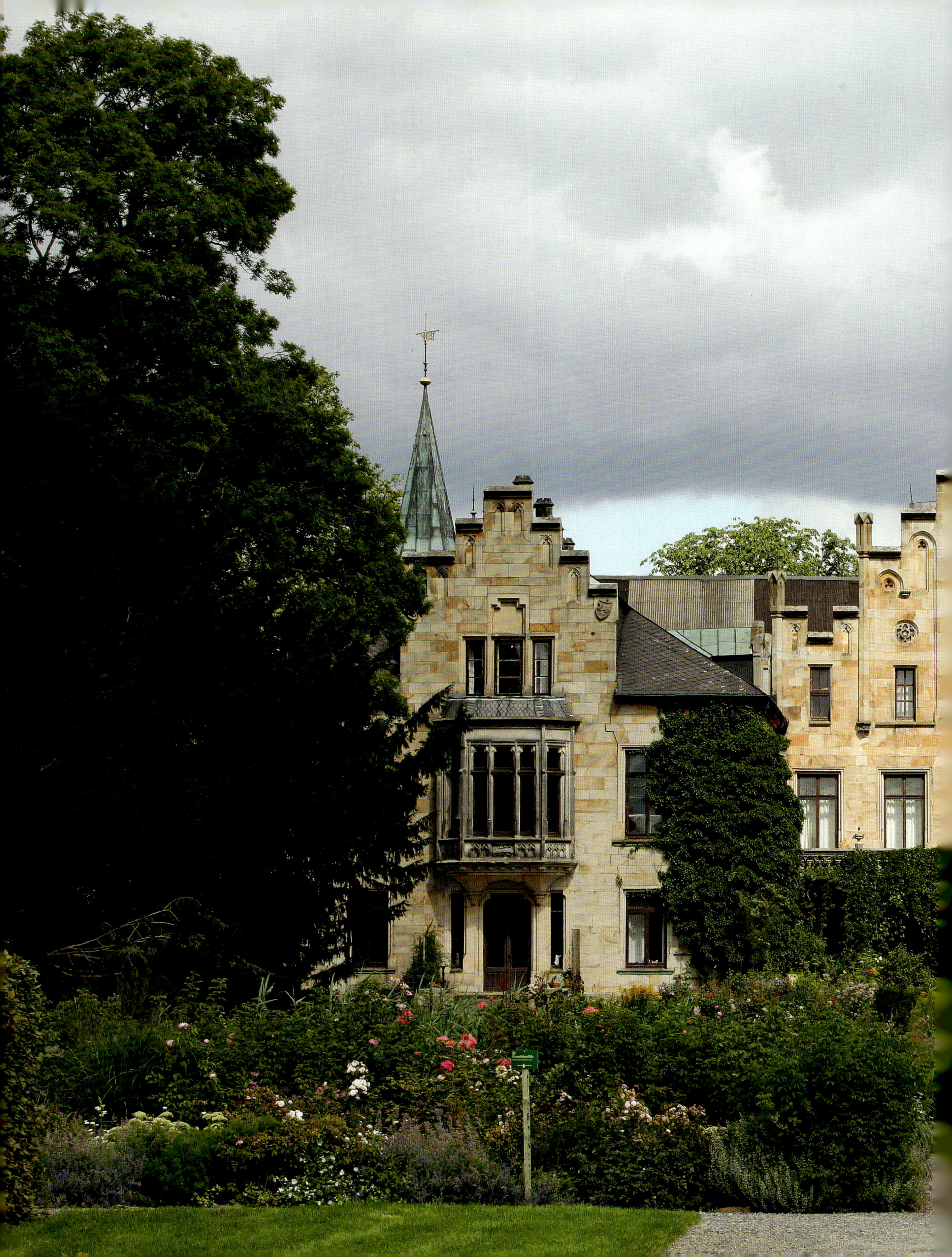

Ippenburg, die Gartenseite des Schlosses

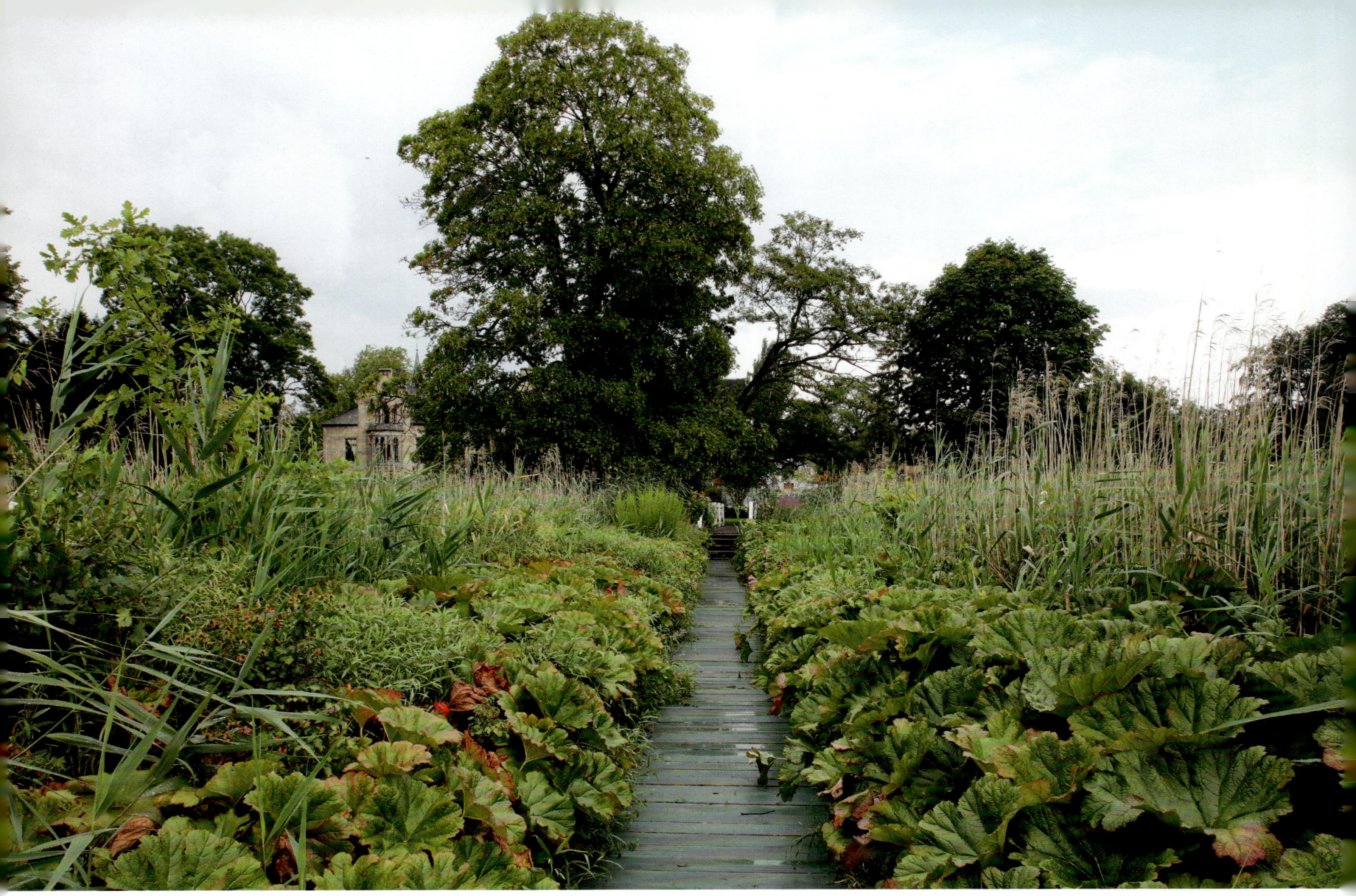
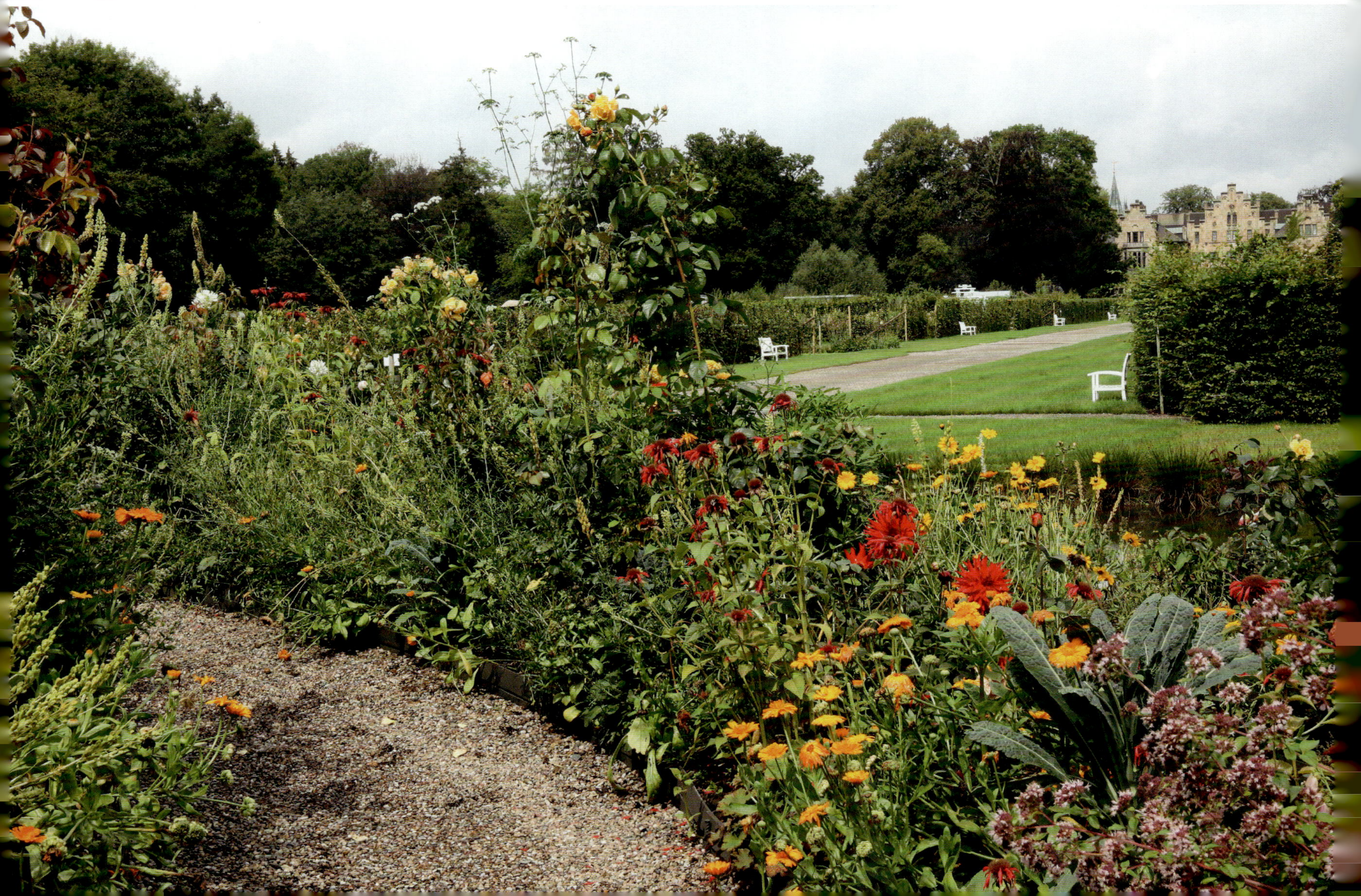

Ippenburg, Partie bei der Figurenbrücke

◀ Ippenburg, Blick in die Gärten

Celle, das Rondell im Heilpflanzengarten

1998 organisierte sie die erste Veranstaltung dieser Art in der Bundesrepublik und gab damit den Anstoß zu einer Welle ähnlicher Unternehmen, die jedoch qualitativ nicht mit dem Ippenburger Festival vergleichbar sind. Denn Viktoria von dem Bussche ist vor allem eine große Liebhaberin der Gartenkunst und nicht so sehr an dem interessiert, was sich unter dem Begriff »Accessoire« zusammenfassen lässt. Ihr geht es um neue Ideen und künstlerische Einfälle zum Thema Gartengestaltung, wie das bereits angeführte Motto zeigt. Es könnte auch der Titel ihres Lebenswerkes sein.

Da es sich um ein künstlerisches Credo handelt, stehen weniger trockene gesellschaftspolitische Studien über die Bedürfnisse und Ansprüche der Menschen bezüglich ihrer Außenräume im Mittelpunkt, vielmehr ist das kreative und spielerische Überschreiten gewohnter Begrenzungen im Denken und Handeln das Ziel. Die 29 Gärten, die inmitten der parkartigen Umgebung liegen und teilweise jährlich neu gestaltet werden, sind das überzeugende Resultat des Festivalgedankens. Insofern liefern die Ippenburger Anlagen den Maßstab, an dem sich andere Veranstaltungen dieser Art messen lassen müssen – leider bisher mit wenig erfreulichem Ergebnis, da andere Festivals meist auf dem Niveau reiner Verkaufsveranstaltungen verharren und keine Impulse für einen innovativen Umgang mit dem alten Thema Garten geben.

CELLE, HEILPFLANZENGARTEN

Die Bedeutung der Heilpflanzen für das menschliche Wohlbefinden zu vermitteln – vermutlich eines der ältesten Themen in der Gartenkultur –, ist das Anliegen dieses Gartens. Denn trotz modernster Medizin besteht auch im 21. Jahrhundert das Bedürfnis, das Wissen über die Wirkung der Pflanzen nicht in Vergessenheit geraten zu lassen. Dabei ist das nördlich der Celler Altstadt gelegene Areal kein Ort der trockenen, akademischen Lehre, im Gegenteil: Es beherbergt eine der interessantesten Neuanlagen der letzten Jahre in der Region Hannover. Hervorgegangen aus einem Projekt zur EXPO 2000, greift die Gestaltung auf sehr alte Formen der Gartenkunst zurück. Die über 300 Heilpflanzen sind in kleinen eckigen Beeten zu verschiedenen thematischen Gruppen zusammengestellt. Besonders schön zeigen sich

Celle, alte Platane im Heipflanzengarten

die dem Schaffen bestimmter Personen gewidmeten Beete, in denen beispielsweise Pflanzen wachsen, die in der Lehre des Sebastian Kneipp oder des Matthias Leisen und in der spirituellen Heilkunde der Hildegard von Bingen eine Rolle spielen. Eingebunden sind sie in eine an englische Staudengärten des frühen 20. Jahrhunderts erinnernde Partie mit einem schmalen Kanal als primärem Ordnungselement. Durch geschnittene, die einzelnen Beete trennende Hecken entsteht eine rhythmische Struktur. Das Ende des Kanals wird mit zwei unterschiedlichen Plätzen betont, deren größerer an der Westseite durch einen Pavillon bereichert ist. Das fast nostalgisch wirkende Ensemble an Beeten ist in die freie, landschaftliche Gestaltung integriert, die den größten Teil des Geländes ausfüllt. Durch die Lage an einem Nordhang der Aller sind auch diese Partien von großem Reiz.

Mit dem Heilpflanzengarten schließt sich in gewisser Weise ein Kreis, denn einer der ältesten Gärten Europas, der 1545 gegründete und immer noch existierende Botanische Garten in Padua, diente ursprünglich ebenfalls der Anzucht von Heilpflanzen. Zudem greift die norddeutsche Anlage auf die Celler Geschichte zurück und auf das Wirken des großen Mediziners Albrecht Thaer, der von 1786 bis 1803 das in Sichtweite liegende Anwesen besaß. Obwohl Thaer heute primär als einer der Väter der modernen Landwirtschaft gilt, hat er sich Zeit seines Lebens auch mit der Wirkung von Pflanzen auf die Gesundheit des Menschen beschäftigt und in seinem Garten eigene Studien betrieben.

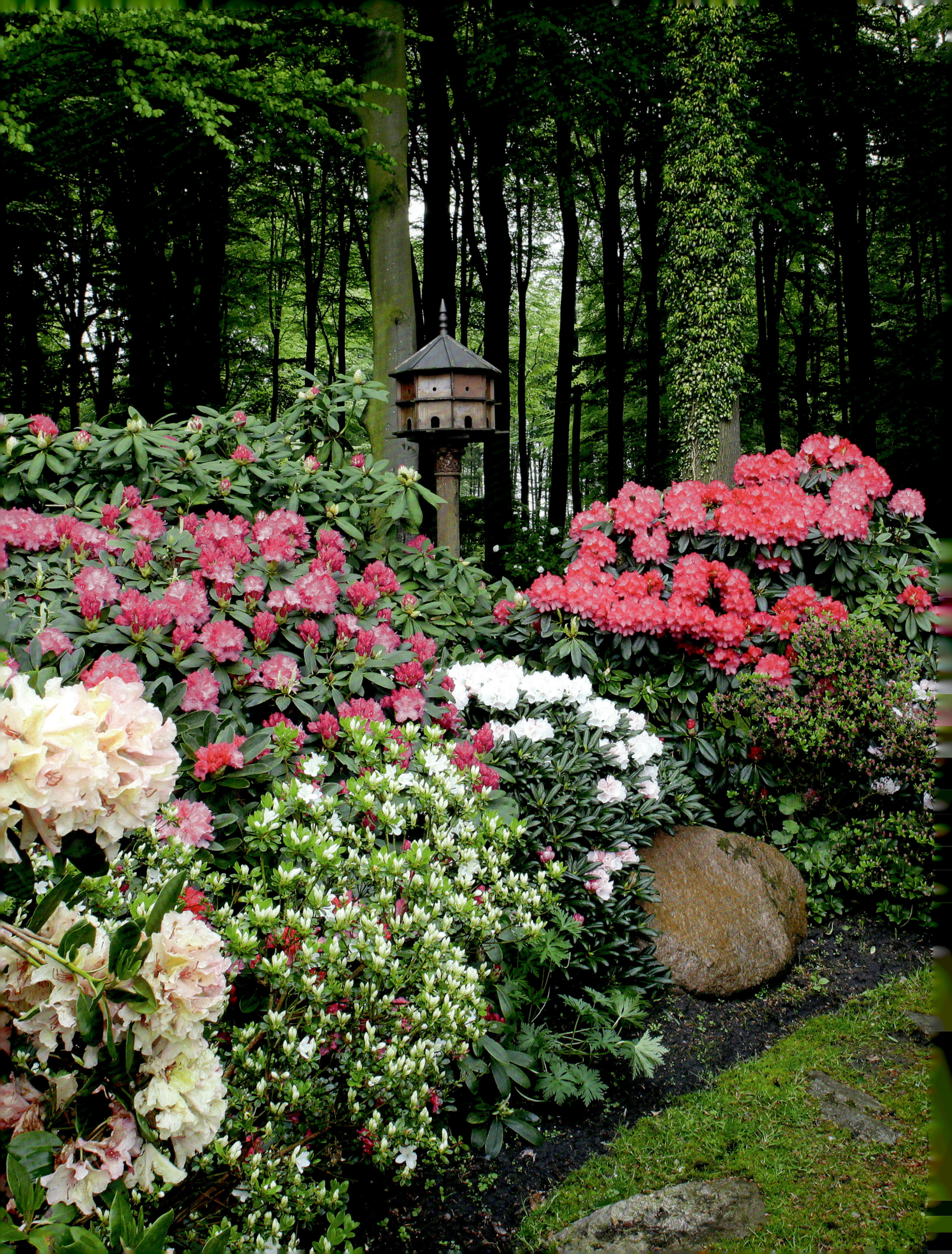

Der Lieblingsgarten des Autors –
Horneburg

Die Geschichte der alten Försterei in Horneburg-Horst am Rande des Alten Landes ist auch ein Stück deutscher Geschichte. Das unscheinbare Vorwerk des einst bedeutenden Guts Horneburg I, das sich seit dem 16. Jahrhundert im Besitz der Familie von Düring befindet, wurde nach dem Zweiten Weltkrieg zum Lebensmittelpunkt zweier Menschen, die ihre vertraute Heimat verlassen mussten. Friedrich Karl von Düring hatte kaum Zeit, seine Spielsachen einzusammeln, als 1945 das Gutshaus von britischen Truppen beschlagnahmt wurde. Die Familie zog in das Forsthaus und gab damit ihren geschichtsträchtigen Wohnort mit all seinen Erinnerungen auf. Friedrich Karl von Dürings spätere Ehefrau Christiane hatte die Schrecken der Zerstörung Dresdens unmittelbar miterlebt und die Stätten ihrer Kindheit in zweifacher Hinsicht verloren. Nicht zu nehmen war ihr jedoch ihr Lebensmut und die frühe große Begeisterung für die Gartenkunst. So kann sie getrost zu den geistigen Verwandten der Kurfürstin Sophie gezählt werden, denn was wird sie bei ihrer Ankunft im Horneburger Forsthaus vorgefunden haben? Wenig mehr als die paar Blumentöpfe, mit denen sie sich ähnlich der ehemaligen Regentin nicht zufrieden geben wollte. Das Bau lag damals, wie es sich für eine Försterei gehört, mitten im Wald, auf einer kleinen Lichtung zwar, aber diese wurde von den locker um den offenen Hof gruppierten Wirtschaftsgebäuden eingenommen. Hohe, dunkle Buchen umgaben das Anwesen und die Rehe kamen in der Schonzeit bis an das Esszimmerfenster heran. An einen Garten war hier eigentlich nicht zu denken.

Dennoch machte sich Christiane von Düring sofort ans Werk. Nach und nach fielen die Bäume in der Umgebung des Hauses, bis auf wenige sorgfältig ausgesuchte, die später die Grundstruktur des Gartens bilden sollten. Schrittweise wurde dieser angelegt und vergrößert, wobei man alles, was störend war, beseitigte oder liebevoll mit Rosen umpflanzte. Große Rhododendrongruppen und weite Staudenflächen, Rabatten und mit Buchsbaum eingefasste Beete wurden angelegt und einzelne, ausgefallene Gehölze gesetzt. So ist im Laufe vieler Jahre eine an englische Vorbilder erinnernde, sehr abwechslungsreiche Anlage entstanden. Kleinräumige Gartenszenen mit sehr unterschiedlichem Charakter sind geschickt zusammengefügt und mit der größten, um eine zentrale Rasenfläche angeordneten Partie verbunden. Ein Teich bildet den Übergang in den angrenzenden Wald. Dazwischen finden sich verschiedene architektonische Elemente – eine Pergola, ein Rosenbogen, ein Taubenhaus und ein historischer Steintisch. Auch der Wirtschaftshof ist von der Gestaltung nicht ausgeschlossen worden und mit Pflanzungen aufgeschmückt, was das gesamte Anwesen in die Nähe der englischen »ornamented farms« rückt.

Obwohl es in diesem Garten nichts gibt, was es so oder ähnlich anderswo nicht auch gäbe, ist er kein gewöhnlicher Ort. Sein eigentümlicher Zauber entsteht durch die Persönlichkeit seiner Schöpferin, die alles mit traumwandlerischer Sicherheit arrangiert, verändert und neu zusammenstellt. Ihr gelingt es, den verschiedenen Partien eine Lebendigkeit und Eigenart zu geben, die sich unmittelbar auf den Betrachter überträgt. Je nach Jahres- und Tageszeit wechseln die Stimmungen: schattige Schwermut, leichte Heiterkeit, einsame Stille und fröhliche Übermut. Es sind beseelte Bilder, aufgereiht wie in einer Galerie.

Gärten sind keine Paradiese, das weiß jeder, der einmal selbst zum Spaten gegriffen hat. Ihre Erschaffung und Erhaltung ist mit so viel Arbeit verbunden, dass schon aus diesem Grund die biblische Bezeichnung als falsch angesehen werden muss. Dennoch ist der Horneburger Garten etwas Ähnliches: das persönliche Elysium der Christiane von Düring.

◀ Seiten 138 – 143: Der Garten der Christiane von Düring, Horneburg-Horst ▶

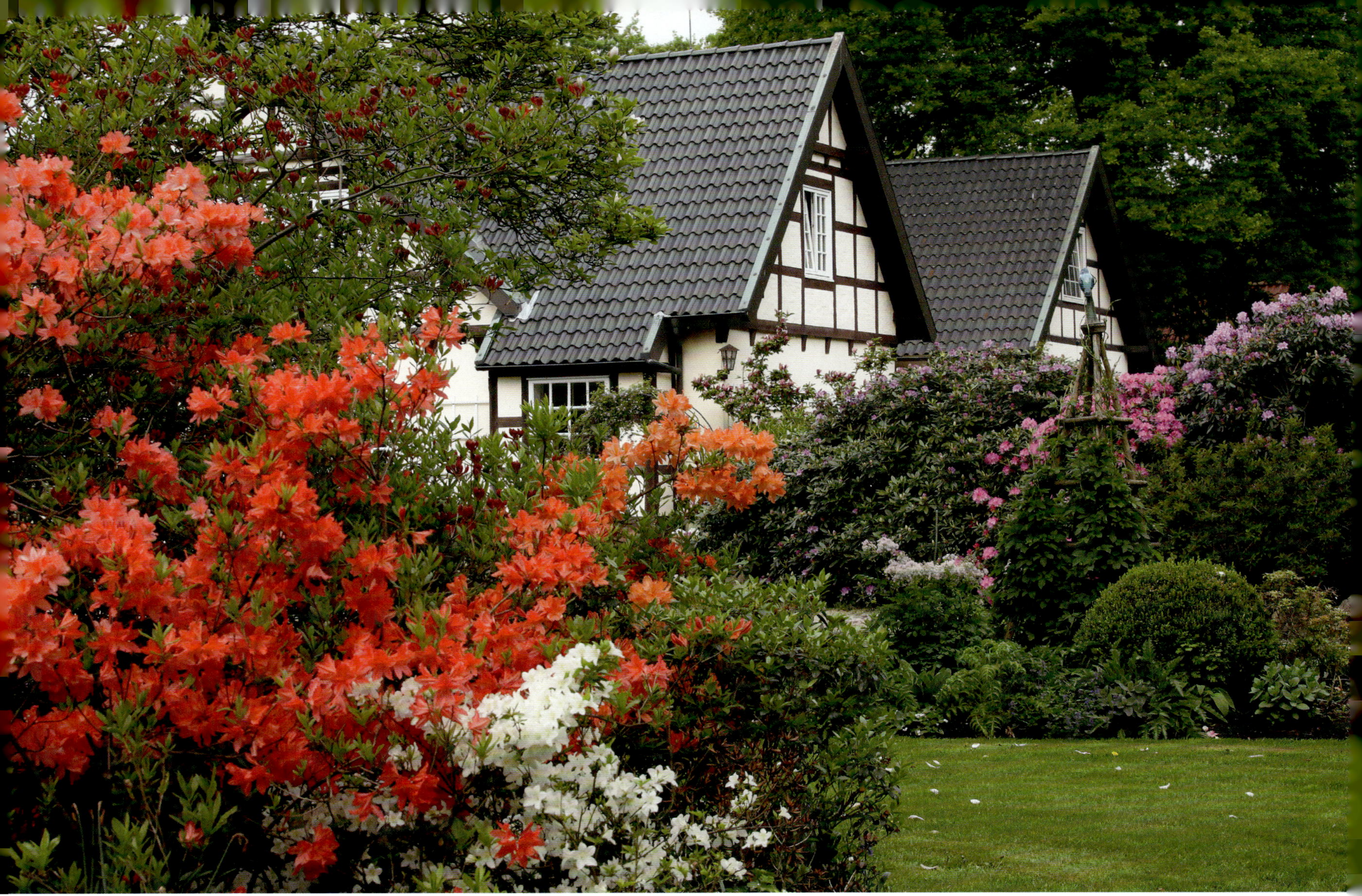

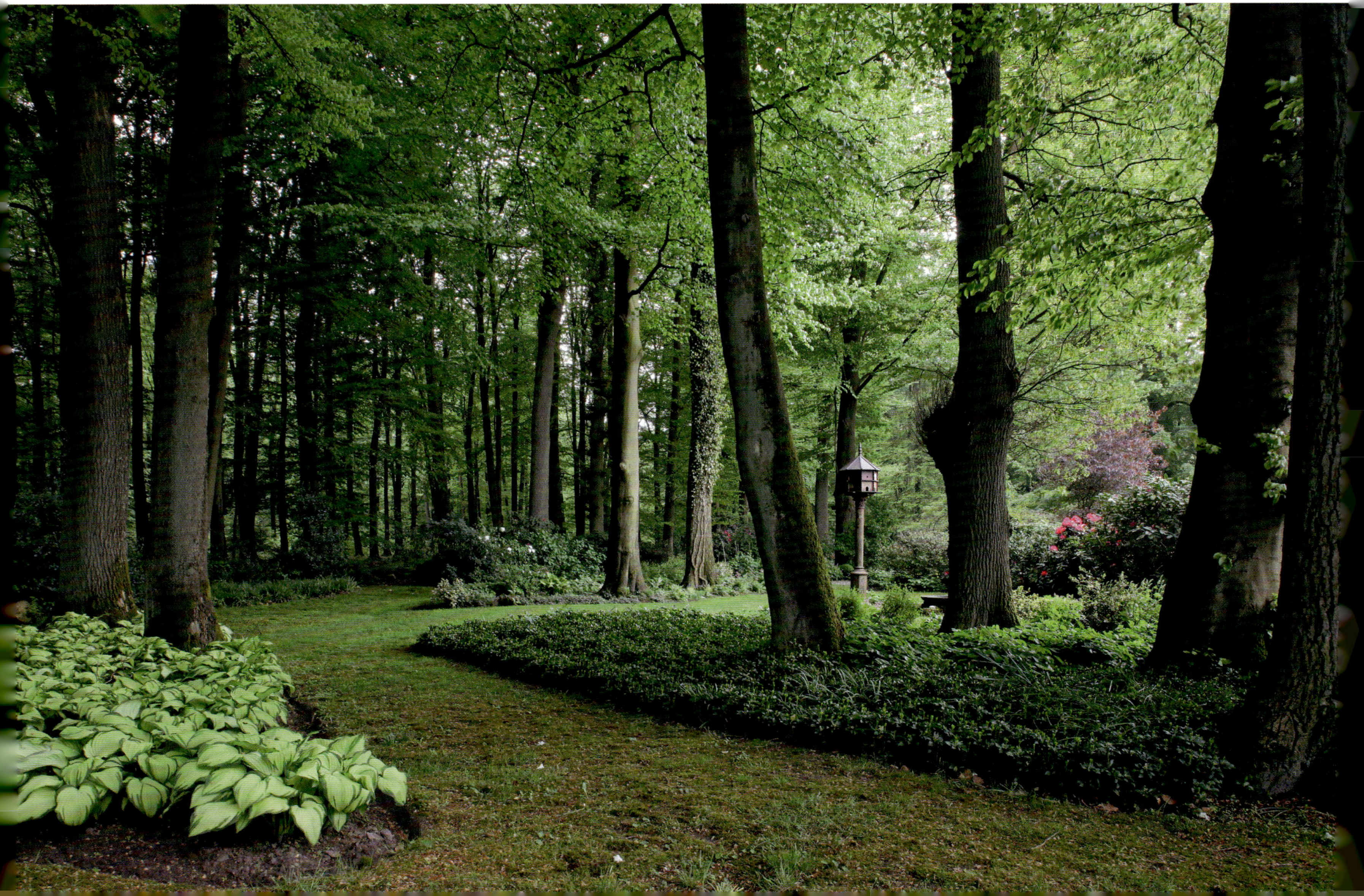

Horneburg

Mit freundlicher Unterstützung der NORD/LB

NORD/LB

Finanzgruppe
GFI – Gesellschaft zur Förderung
der kommunalen Infrastruktur

Die Deutsche Nationalbibliothek verzeichnet diese Publikation in der Deutschen Nationalbibliografie; detaillierte bibliografische Daten sind im Internet über http://dnb.ddb.de abrufbar.

Alle Rechte vorbehalten. Reproduktionen, Speicherungen in Datenverarbeitungsanlagen, Wiedergabe auf fotomechanischen, elektronischen oder ähnlichen Wegen, Vortrag und Funk – auch auszugsweise – nur mit Genehmigung des Verlages.

© Hinstorff Verlag GmbH, Rostock 2010
www.hinstorff.de

1. Auflage 2010

Titelbild:	Hannover-Herrenhausen, Aussichtsterrasse im Großen Garten
Seite 1:	Clemenswerth
Seiten 2/3:	Hannover-Herrenhausen, Luststück im Großen Garten, Allegorie des Erdteils Europa

Herstellung:	Hinstorff Verlag GmbH
Lektorat:	Thomas Gallien
Titelgestaltung und Layout:	Beatrix Dedek
Karte:	Stefan Jarmer
Druck und Bindung:	Neumann & Nürnberger

Printed in Germany
ISBN 978-3-356-01344-3